毛泽东用典

MAO
ZEDONG
YONGDIAN

李洪峰 编著

学习出版社

图书在版编目（CIP）数据

毛泽东用典 / 李洪峰编著. --北京：学习出版社，2023.12（2024.9重印）
ISBN 978-7-5147-1251-3

Ⅰ. ①毛… Ⅱ. ①李… Ⅲ. ①毛泽东著作－典故－研究
Ⅳ. ①A841

中国国家版本馆CIP数据核字（2023）第242457号

毛泽东用典

MAO ZEDONG YONGDIAN

李洪峰　编著

责任编辑：宋　飞　徐　阳
技术编辑：刘　硕

出版发行：学习出版社
北京市崇外大街11号新成文化大厦B座11层（100062）
010-66063020　010-66061634　010-66061646
网　　址：http://www.xuexiph.cn
经　　销：新华书店
印　　刷：北京联兴盛业印刷股份有限公司

开　　本：710毫米×1000毫米　1/16
印　　张：33.5
字　　数：486千字
版次印次：2023年12月第1版　2024年9月第3次印刷

书　　号：ISBN 978-7-5147-1251-3
定　　价：98.00元

序 言

毛泽东同志是伟大的马克思主义者，伟大的无产阶级革命家、战略家、理论家，是马克思主义中国化的伟大开拓者，是近代以来中国伟大的爱国者和民族英雄，是党的第一代中央领导集体的核心，是领导中国人民彻底改变自己命运和国家面貌的一代伟人。

毛泽东最重大的文化贡献，是他创造了博大精深的理论世界、雄视千古的诗词世界和大气磅礴的书法世界。毛泽东思想是被实践证明了的关于中国革命和建设的正确的理论原则和经验总结。“三大战役一根白发，四卷雄文万古江山”。毛泽东诗词和毛泽东书法是中国革命和建设的文化表达。“推翻历史三千载，自铸雄奇瑰丽词”，“史坛千秋两司马，词苑万古一毛公”。而贯穿毛泽东理论世界和诗词世界的一个最显著特色，是他满腹经纶、信手拈来，炉火纯青、妙趣横生，挥洒自如、神采飞扬，俯拾皆是、气象万千的毛泽东用典。

毛泽东用典，是毛泽东著作的有机组成部分，是毛泽东诗词的有机组成部分，是中国历史文化的有机组成部分，也是世界历史文化的有机组成部分，更是马克思主义思想宝库和人类文明宝库的瑰丽珍宝。

毛泽东用典，是古为今用、洋为中用的典范，是历史和现实相结合、理论和实践相结合的典范，也是中国历史文化创造性转化、创新性发展的典范。学习毛泽东用典，是学习毛泽东同志的著作和思想的必然要求，也是学习中华民族历史文化传统、学习党史、学习新中国史的必然要求。

由毛泽东极其深厚丰富的实践积累和生活积累所决定，由毛泽东极其深邃广博的理论修养、历史文化修养所决定，由毛泽东实事求是、有的放矢、推陈出新的科学思想方法所决定，毛泽东用典的领域是全面的，涉及政治、经济、军事、文化、社会、外交、党的建设等方方面面，又是纵深的，贯通了中国各个历史时期；内容是丰富的，经史子集无所不有，诗词歌赋多有涉猎；形式是多样的，不拘一格，生动活泼；风格既坚持了马克思主义立场、观点、方法，又是典型的中国作风、中国气派。毛泽东用典本身就是一座巨大宝库。初步学习，毛泽东用典有许多鲜明特色。

一、以讲好中国革命道理、中国革命故事为中心

这是毛泽东用典的最主要特色。毛泽东著作（包括毛泽东诗词）本身就是一部鲜活的中国革命史，就是一部鲜活的中国共产党历史，也是马克思主义基本原理同中国革命具体实际相结合的历史，是马克思主义中国化的历史。毛泽东用典的鲜明目的和主题，就是解决半殖民地半封建社会的中国革命问题，就是解决农民占人口绝大多数、工人阶级人数很少社会历史条件下的党的建设问题，就是解决把马克思主义教条化、把共产国际决议和苏联经验神圣化的错误倾向，对中国长期革命实践中的一系列独创性经验作出理论概括，实现马克思主义中国化问题。

1936年12月12日，发生了震惊中外的西安事变。这天凌晨，国民党爱国将领张学良和杨虎城采取果断行动，在西安扣留了坚持反共卖国的蒋介石等数十名国民党军政要员，并通电全国，提出改组南京政府、停止内战、释放全国一切政治犯等8项主张，随即，他们致电毛泽东、周恩来说："吾等为中华民族及抗日前途利益计，不顾一切，今已将蒋及重要将领陈诚、朱绍良、蒋鼎文、卫立煌等扣留，迫其释放爱国分子，改组联合政府。兄等有何高见，速复。"稍后，张学良、杨虎城再次联合致电，邀请中共中央派人来西安共商大计。

毛泽东对西安事变的意义给予很高评价。他说："西安事变成为国民党转变的关键。""就内战来说，十年的内战，以什么来结束内战？就是西安事变。西安事变结束了内战，也就是抗战的开始。"但在当时，党内许多人并没有认识到这一点，想不通。

12月20日，为了统一党内的认识，毛泽东来到保安车头寨子山

下的窑洞前，给红军大学的学员作报告，他风趣地说："陕北的毛驴很多，毛驴驮了东西是不愿上山的。让毛驴上山有三个办法，一拉，二推，三打。蒋介石是不愿意抗战的，我们就采取对付毛驴一样的办法，拉他，推他，再不干就打他。西安事变就是这样。当前，日本帝国主义和中华民族的矛盾是主要矛盾，我们党领导全国人民抗战是主要矛盾的主要方面。起决定作用的是我们，国共合作是大势所趋。但是，驴子是会踢人的，我们又要提防它。这就要又联合又斗争。"毛泽东一番话，既理直气壮，又生动形象，陕北毛驴和逼蒋抗日就这样奇妙地组合在一起，说得大家心服口服。

战争问题，是检验一位伟大人物领导艺术的最好试金石。列宁领导的反对白党的内战，反对14个资本主义国家的武装干涉，用了3年多时间。斯大林领导苏联反法西斯战争取得胜利，用了4年多时间。而毛泽东领导了国内革命战争、抗日战争、解放战争、抗美援朝战争，以及援越抗法战争、援越抗美战争等，他的战争生活包括国内国际的战争生活，有近半个世纪。作为伟大的战略家，毛泽东的一整套战略思想、战争艺术，达到了出神入化的地步。

抗日战争进入相持阶段后，由于日本当局加紧对国民党实施政治诱降为主、军事打击为辅的新战略，国民党内出现了"降将如潮、降官如毛"的局面。1938年12月，国民党副总裁汪精卫离开重庆，经河内公开投降日本侵略者。这说明全国抗战的政治形势在继续恶化。国际国内形势的恶化，使毛泽东更多地思考靠什么打败日本帝国主义。1939年夏，由于形势变化和斗争需要，中央决定将陕北公学、延安鲁艺、安吴堡战时青年训练班、延安工人学校合并，成立华北联合大学，并全部开赴晋东南前线。7月9日，毛泽东等中央领导人在桥儿沟为即将出征的师生们送行。师生们赠给毛泽东一面锦旗，并请毛泽东讲话。毛泽东发表即席讲话。他一边走动，一边做手势，谈笑风生。他用古典小说《封神榜》里的一个故事作比喻说："当年姜子牙下昆仑山，元始天尊送他杏黄旗、方天印、打神鞭三样法宝，姜子牙用这三样法宝打败了所有敌人。今天，你们也要下山了，要去前线跟日本侵略者作战，我也赠你们三个法宝，这就是：统一战线、游击战争和革命团结。”

毛泽东首先讲了统一战线问题。他说：“汪精卫已叛变，统一战线中的张精卫、李精卫、赵精卫、钱精卫，也想做一出张松献地图。要去总是去，再三留不住，任他们走吧！但是，地主资产阶级不会全走，有的还要抗日，长期合作是可能的。因此一定要坚持统一战线。对同盟者，凡是可多留他一天，我们就留他一天。能够争取他半天，一夜，都是好的。甚至留他吃了早饭再去，也是好的。”毛泽东拿起桌子上的茶壶说：“团结也不是不要斗争，国民党拿棍子打我们，我们逼上梁山，就拿起茶壶反攻他一下。人不犯我，我不犯人，人若犯我，我必犯人，这是圣人之言，哪有不听之理，这也是使同盟者进步的好方法。”毛泽东把统一战线比作姜子牙的“打神鞭”。他指出：“这是孙中山革命40年在临终时悟出的道理，是我们的法宝，掌握好这个法宝，就可以把日寇赶出中国。”

接着，毛泽东又讲了游击战争问题。他指出：“游击战也是共产党18年来学得的法宝，为了得到这个法宝，我们不知流了多少血，死了多少人。解决中国的问题，不但用口，而且要用物。你们有两件武器，一件是口，一件是手。没有武装的话，一切都搞不好。你们出去，什么工作都好，不管三七二十一，要跟武装联系起来，才有出路。我们应该紧紧抓住，决不放松。”毛泽东把游击战争比作姜子牙的“方天印”，认为有了这个法宝，游击战配合正规战就可以把日本帝国主义打倒，独立自由幸福的新中国就可以出现。

最后，毛泽东讲了革命团结问题。他指出：“革命的团结是非常要紧的，没有这个，统一战线就搞不好，游击战争就不能打。要告诉共产党员和非共产党员，告诉老百姓。这也是我们共产党18年来很好的经验。”毛泽东说：“革命队伍的团结，也有团结与斗争问题，但斗争不是动手动脚，而是批评与自我批评。”毛泽东把革命团结比作姜子牙的“杏黄旗”。他指出：“我们的革命队伍里，要有这个旗。八路军、新四军、共产党，就是因为有这个革命的中心团结，才能够对于任何困难都不怕。”

统一战线、游击战争和革命团结是毛泽东对三大法宝的最初表达。3个月后，1939年10月，毛泽东在《〈共产党人〉发刊词》中，从正反两个方面深入系统地总结了中国共产党在大革命时期、土地革命战争时期以及抗日战争初期进行新民主主义革命的丰富经验，提出了“统一战线，武装斗争，党的建设，是中国共产党在中国革命中战胜敌人的三个法宝，三个主要的法宝”。

毛泽东是“三大法宝”的概括者，也是“三大法宝”的主要运用者。“三大法宝”的概括和运用，反映了毛泽东高超的战略智慧，也反映了毛泽东无与伦比的语言艺术。

二、活用历史典籍和中国成语、中国寓言

这是毛泽东用典又一个突出特点。毛泽东一生酷爱读书、博览群书、生命不息、学习不止，尤其喜爱“二十四史”、《资治通鉴》、《左传》、《庄子》等重要典籍。有人统计过，一部“二十四史”，毛泽东至少读了4遍，《资治通鉴》读了17遍。所以古典、史典成为毛泽东用典的主体。收入本书的有关典籍的典故有100多条。限于篇幅，除个别以外，成语未收入。

1945年4月21日，毛泽东在党的七大预备会上作报告，在回顾党的历史时，他说：“1921年，我们党开第一次代表大会。在12个代表中，现在活着的还是共产党员的（叛变了的如张国焘之流不算），一个是陈潭秋，现在被国民党关在新疆监牢里，一个是董必武，现在飞到旧金山去了，我也是一个。12个代表中现在在南京当汉奸的就有两个，一个是周佛海，一个是陈公博。会是在7月间开的，我们现在定7月1日为党的周年纪念日。本来是在上海开的，因为巡捕房要捉人，跑到浙江嘉兴南湖，是在船上开的。发了宣言没有？我不记得了。当时对马克思主义有多少，世界上的事如何办，也还不甚了了。所谓代表，哪有同志们现在这样高明，懂得这样，懂得那样。什么经济、文化、党务、整风等等，一样也不晓得。当时我就是这样，其他人也差不多。当时陈独秀没有到会，他在广东当教育厅长。我们中国《庄子》上有句话说：‘其

作始也简，其将毕也必巨。’现在我们还没有‘毕’，已经很大。《联共党史》开卷第1页第1行说，苏联共产党是由马克思主义的小组发展成为领导苏维埃联邦的党。我们也是由小组到建立党，经过根据地发展到全国，现在还是在根据地，还没有到全国。我们开始的时候，也是很小的小组。这次大会发给我一张表，其中一项要填何人介绍入党。我说我没有介绍人。我们那时候就是自己搞的，知道的事也并不多，可谓年幼无知，不知世事。但是这以后24年就不得了，翻天覆地！整个世界也是翻天覆地的。中国是翻天覆地的24年，世界是翻天覆地的28年。这28年是苏联共产党取得革命胜利后的28年，中国共产党的24年也是同过去大不相同的24年。这一点是要使广大人民知道的。”毛泽东这里用了庄子的“其作始也简，其将毕也必巨”的典故，来概括中国共产党的24年，是十分贴切也是发人深思的。

1945年4月24日，毛泽东在党的七大上的口头政治报告中，用3句中国古语讲了我们对付国民党反动派进攻的方针。他说：“关于自卫与反击。我们要站在自卫的立场反击国民党的进攻，一个是自卫，一个是反击。一切国民党的大小进攻，必须给以反击，给以回答。不论是文的也好，武的也好，特别是武的，只要它进攻，就要把它消灭干净。我们曾经提出，要坚决、彻底、干净、全部消灭之。我和国民党的联络参谋也这样讲过，我说我们的方针：第一条，就是老子的哲学，叫做‘不为天下先’。就是说，我们不打第一枪。第二条，就是《左传》上讲的‘退避三舍’。你来，我们就向后转开步走，走一舍是三十里，三舍是九十里，不过这也不一定，要看地方大小。我们讲退避三舍，就是你来了，我们让一下的意思。第三条，是《礼记》上讲的‘礼尚往来’。来而不往非礼也，往而不来亦非礼也，就是说‘人不犯我，我不犯人；人若犯我，我必犯人’。还在1939年我们就提出了这个口号，现在还是这个方针。好比说，我们有一百条枪，你们缴了我们九十九条，我们当然不高兴，但是不怪你们，因为你们本领大，高明得很。但是，就是只剩一条枪，我们也要打到底的。”

接下去，毛泽东讲了愚公移山的故事。他说：“只要我们手里还有一条枪，我们被打倒了，就把枪交给我们的儿子，儿子再交给孙子。有一个愚公移山的故事，说在山西有一座太行山和一座王屋山，现在这两座山比较矮，从前比较高，不大好走路。有一个人名叫愚公，是一个很笨的老头，在他附近还住着一个老头名叫智叟，是一个很聪明的老头。有一天他们两个人吵起架来了，为什么吵架呢？因为愚公要把太行山、王屋山移掉，带着他的儿子孙子挖山、挑土。那个聪明的老头就告诉他不必挖了，太行山、王屋山这样高，怎么能挖掉呢？愚公说：这两座山虽然高，但是我死了还有儿子，儿子死了还有儿子的儿子，儿子的儿子死了还有儿子的儿子的儿子，父而子，子而孙，孙孙子子，子子孙孙无尽，而山是不会再增高的。后来，有一个神仙为愚公的精神所感动，报告了上帝，上帝就派人把山移走了！”这个愚公移山的故事，毛泽东多次讲过。他在党的七大的闭幕词，题目就叫《愚公移山》，愚公移山成为中国共产党动员全党全国人民战胜困难的最响亮口号！

1962 年 1 月 30 日，毛泽东在扩大的中央工作会议上讲话，在讲民主集中制时，讲了霸王别姬的故事。他说：“我们的集中制，是建立在民主基础上的集中制。无产阶级的集中，是在广泛民主基础上的集中。各级党委是执行集中领导的机关。但是，党委的领导，是集体领导，不是第一书记个人独断。在党委会内部只应当实行民主集中制。第一书记同其他书记和委员之间的关系是少数服从多数。拿中央常委或者政治局来说，常常有这样的事情，我讲的话，不管是对的还是不对的，只要大家不赞成，我就得服从他们的意见，因为他们是多数。听说现在有一些省委、地委、县委，有这样的情况：一切事情，第一书记一个人说了就算数。这是很错误的。哪有一个人说了就算数的道理呢？我这是指的大事，不是指有了决议之后的日常工作。只要是大事，就得集体讨论，认真地听取不同的意见，认真地对于复杂的情况和不同的意见加以分析。要想到事情的几种可能性，估计情况的几个方面，好的和坏的，顺利的和困难的，可能办到的和不可能办到的。尽可能地慎重一些，周到一些。如果不是这样，就是一人称霸。这样的第一书记，应当叫做霸王，不是民主集中制的‘班长’。从前有个项羽，叫做西楚霸王，他就不爱听别人的不同意见。他那里有个范增，给他出过些主意，可是项羽不听范增的话。另外一个人叫刘邦，就是汉高祖，他比较能够采纳各种不同的意见。有个知识分子名叫郦食其，去见刘邦。初一报，说是读书人，孔夫子这一派的。回答说，现在军事时期，不见儒生。这个郦食其就发了火，他向管门房的人说，你给我滚进去报告，老子是高阳酒徒，不是儒生。管门房的人进去照样报告了一篇。好，请。请了进去，刘邦正在洗脚，连忙起来欢迎。郦食其因为刘邦不见儒生的事，心中还有火，批评了刘邦一顿。他说，你究竟要不要取天下，你为什么轻视长者！这时候，郦食其已经六十多岁了，刘邦比他年轻，所以他自称长者。刘邦一听，向他道歉，立即采纳了郦食其夺取陈留县的意见。此事见《史记》郦生陆贾列传。刘邦是在封建时代被历史家称为'豁达大度，从谏如流'的英雄人物。刘邦同项羽打了好几年仗，结果刘邦胜了，项羽败了，不是偶然的。我们现在有些第一书记，连封建时代的刘邦都不如，倒有点象项羽。这些同志如果不改，最后要垮台的。不是有一出戏叫《霸王别姬》吗？这些同志如果总是不改，难免有一天要'别姬'就是了。（笑声）我为什么要讲得这样厉害呢？是想讲得挖苦一点，对一些同志戳得痛一点，让这些同志好好地想一想，最好有两天睡不着觉。他们如果睡得着觉，我就不高兴，因为他们还没有被戳痛。"

毛泽东讲的这个霸王别姬的故事，影响深远，也成为他用典的一个典范。

三、运用基本历史事实、重大历史事件、重要历史人物说明问题

毛泽东讲过，一个革命政党，没有革命理论，没有历史知识，没有对于实际运动的深刻了解，要取得胜利是不可能的。摆事实，讲道理，是毛泽东讲话、写文章的基本方法。除了对现实情况的深刻了解洞察，毛泽东特别注意运用基本历史事实、重大历史事件和重要历史人物说明问题。这一点，在他的诗词中也有极充分的体现。人们说杜甫的诗是诗史，我们说毛泽东诗词是前无古人的壮丽的中国革命史诗。《七律·长征》短短56个字，概括了艰苦曲折、波澜壮阔的中国工农红军长征壮

举。《七律·人民解放军占领南京》，同样用56个字，留下了推翻蒋家王朝的宏大历史画面。

毛泽东运用史典，不是简单地照抄照转，而是有分析，有批判，取其精华，去其糟粕。《沁园春·雪》批判了几千年封建主义的一个侧面。“惜秦皇汉武，略输文采；唐宗宋祖，稍逊风骚。一代天骄，成吉思汗，只识弯弓射大雕。俱往矣，数风流人物，还看今朝。”讴歌了无产阶级的英雄人物。在《渔家傲·反第一次大“围剿”》中，他用了共工头触不周山的故事。关于共工头触不周山的故事，《淮南子·天文训》、《国语·周语》、《史记》司马贞补《三皇本纪》都有记载，但诸说不同。毛泽东经过认真比较，用了《淮南子·天文训》的记载。毛泽东说：“诸说不同。我取《淮南子·天文训》，共工是胜利的英雄。你看，‘怒而触不周之山，天柱折，地维绝。天倾西北，故日月星辰移焉；地不满东南，故水潦尘埃归焉。’他死了没有呢？没有说。看来是没有死，共工是确实胜利了。”“唤起工农千百万，同心干，不周山下红旗乱。”毛泽东用这个典故，指红军起来革命，要打破反动派所统治的天下，歌颂了工农红军推翻蒋家王朝的革命斗争精神。

作为战略家，毛泽东特别善于总结历代战争的成败经验，在他的著作中引用了许多历史上的著名战例。他还特别重视历代农民起义失败的教训。在《中国共产党红军第四军第九次代表大会决议案》中《关于流寇思想》一节，他尖锐指出，“肃清流寇思想，实为红军党内思想斗争的一个重要目标。应当认识，历史上黄巢、李闯式的流寇主义，已为今日的环境所不许可”。用这两个典故，非常有说服力。1944年3月，郭沫若在重庆《新华日报》发表《甲申三百年祭》。1944年4月12日，毛泽东在延安高级干部会议上说：“近日我们印了郭沫若论李自成的文章，也是叫同志们引为鉴戒，不要重犯胜利时骄傲的错误。”1949年3月23日，中央机关离开西柏坡进入北平。出发前，毛泽东说：“今天是进京‘赶考’嘛！”周恩来说：“我们应当都能考试及格，不要退回来。”毛泽东说：“退回来就失败了。我们决不当李自成，我们都希望考个好成绩。”这就是著名的“赶考对”。

熟悉历史，自然熟悉历史人物。《毛泽东选集》《毛泽东文集》涉及历史人物数百人。毛泽东特别推崇鲁迅，他写过《论鲁迅》《七绝二首·纪念鲁迅八十寿辰》。他在演讲和文章中多次引用鲁迅的文章。1938年4月28日，毛泽东在鲁迅艺术学院讲话。他说："你们鲁迅艺术学院要遵循鲁迅先生的方向。""鲁迅先生在《毁灭》的后记中说到，《毁灭》的作者法捷耶夫是身经游击战争的，他描写调马之术写得很内行。像上马鞍子这类细微的动作，《毁灭》的作者都注意到了，鲁迅先生也注意到了。这告诉我们，大作家不是坐在屋子里凭想像写作的，那样写出来的东西是不行的。《红楼梦》这部书，现在许多人鄙视它，不愿意提到它，其实《红楼梦》是一部很好的小说，特别是它有极丰富的社会史料。比如它描写柳湘莲痛打薛蟠以后便'牵马认镫去了'，没有实际经验是写不出'认镫'二字的。事非经过不知难，每每一件小事却有丰富的内容，要从实际生活经验中才会知道。你们是青年艺术工作者，现在的大千世界都是属于你们的，都是你们活动的园地。你们的艺术作品要有充实的内容，便要到实际生活中去汲取养料。你们不能终身在这里学习，不久就要奔赴各地，到实际斗争中去，正如你们唱的《游击队员之歌》中所说的，'我们都是飞行军，哪怕那山高水又深'。你们不但要在口里唱，而且要实际地去那样做。没有丰富的实际生活经验，无从产生内容充实的艺术作品。要创造伟大的作品，首先要从实际斗争中去丰富自己的经验。艺术家固然要有伟大的理想，但像上马鞍子一类的小事情也要实际地研究。过去一个研究《红楼梦》的人说，他曾切实地把大观园考察过一番。现在你们的'大观园'是全中国，你们这些青年艺术工作者个个都是大观园中的贾宝玉或林黛玉，要切实地在这个大观园中生活一番，考察一番。你们的作品，'大纲'是全中国，'小纲'是五台山。要把中国考察一番，单单采取新闻记者的方法是不行的，因为他们的工作带有'过路人'的特点。俗话说：'走马看花不如驻马看花，驻马看花不如下马看花。'我希望你们都要下马看花。"毛泽东的演讲是多么地丰富多彩，多么地引人入胜，这里他不但讲了鲁迅，讲了《毁灭》，还讲了《红楼梦》、大观园，围绕和落脚在深入生活上。

四、运用马克思、恩格斯、列宁等马克思主义经典作家的重要论述、重要观点

毛泽东是伟大的马克思主义者，是马克思主义中国化的伟大开拓者。从接触马克思主义著作以来，毛泽东一生没有放弃对马列著作的钻研。他多次向全党或党的高级干部推荐马列著作。毛泽东概括了我们党实事求是的思想路线，概括了马克思主义立场、观点和方法。

1959 年 12 月至 1960 年 2 月，毛泽东在《读苏联〈政治经济学教科书〉的谈话》中指出："我们党里有人说，学哲学只要读《反杜林论》、《唯物主义和经验批判主义》就够了，其他的书可以不必读。这种观点是错的。马克思这些老祖宗的书，必须读，他们的基本原理必须遵守，这是第一。但是，任何国家的共产党，任何国家的思想界，都要创造新的理论，写出新的著作，产生自己的理论家，来为当前的政治服务，单靠老祖宗是不行的。""只有马克思和恩格斯，没有列宁，不写出《两个策略》等著作，就不能解决 1905 年和以后出现的新问题。单有 1908 年的《唯物主义和经验批判主义》，还不足以对付十月革命前后发生的新问题。适应这个时期革命的需要，列宁就写了《帝国主义论》、《国家与革命》等著作。列宁死了，又需要斯大林写出《论列宁主义基础》和《论列宁主义的几个问题》这样的著作，来对付反对派，保卫列宁主义。我们在第二次国内战争末期和抗战初期写了《实践论》、《矛盾论》，这些都是适应于当时的需要而不能不写的。现在，我们已经进入社会主义时代，出现了一系列的新问题，如果单有《实践论》、《矛盾论》，不适应新的需要，写出新的著作，形成新的理论，也是不行的。"坚持马克思主义，发展马克思主义，坚持运用马克思主义基本原理和马克思主义立场、观点、方法，研究解决中国革命和建设中的新情况、新问题，是毛泽东毕生的事业。因此，运用马克思、恩格斯、列宁等马克思主义经典作家的重要论述、重要观点，成为毛泽东著作的重要特色，也是毛泽东用典的重要内容。

《毛泽东选集》4 卷 159 篇文章，有 80 多篇文章引用了马克思、恩

格斯、列宁、斯大林的重要论述和观点。毛泽东引用马克思主义经典作家的论述或观点，一般都十分简略，基本没有大段引用。毛泽东引用最多的文章是《矛盾论》，主要是马克思、恩格斯、列宁关于历史唯物论和唯物辩证法的论述和观点。这些，在本书中都有详细的内容。

毛泽东用典，除了具有以上4个鲜明特点，还有就是毛泽东大量使用民间口语、俗语和谚语，这大大增加了毛泽东著作的生动性。考虑到篇幅，这部分内容没有编入本书，中国成语、中国寓言，除个别条目外，也没有编入，这是需要提醒广大读者在阅读时注意的。

这部《毛泽东用典》，主要从《毛泽东选集》(一至四卷)、《毛泽东文集》(一至八卷)、《毛泽东诗词》中编选。

李洪峰

2020年3月于北京

目　录

一 《毛泽东选集》用典

赵公元帅

《中国社会各阶级的分析》

原文

这个小资产阶级内的各阶层虽然同处在小资产阶级经济地位，但有三个不同的部分。第一部分是有余钱剩米的，即用其体力或脑力劳动所得，除自给外，每年有余剩。这种人发财观念极重，对赵公元帅礼拜最勤，虽不妄想发大财，却总想爬上中产阶级地位。他们看见那些受人尊敬的小财东，往往垂着一尺长的涎水。

《毛泽东选集》第1卷，人民出版社1991年版，第5页

注释

(1) 赵公元帅是中国民间传说的财神，叫赵公明。

矫枉过正

《湖南农民运动考察报告》

原文

革命不是请客吃饭，不是做文章，不是绘画绣花，不能那样雅致，那样从容不迫，文质彬彬，那样温良恭俭让。革命是暴动，是一个阶级推翻一个阶级的暴烈的行动。农村革命是农民阶级推翻封建地主阶级的权力的革命。农民若不用极大的力量，决不能推翻几千年根深蒂固的地主权力。农村中须有一个大的革命热潮，才能鼓动成千成万的群众，形成一个大的力量。上面所述那些所谓“过分”的举动，都是农民在乡村中由大的革命热潮鼓动出来的力量所造成的。这些举动，在农民运动第二时期（革命时期）是非常之需要的。在第二时期内，必须建立农民的绝对权力。必须不准人恶意地批评农会。必须把一切绅权都打倒，把绅士打在地下，甚至用脚踏上。所有一切所谓“过分”的举动，在第二时期都有革命的意义。质言之，每个农村都必须造成一个短时期的恐怖现象，非如此决不能镇压农村反革命派的活动，决不能打倒绅权。矫枉必须过正，不过正不能矫枉。

《毛泽东选集》第 1 卷，人民出版社 1991 年版，第 17 页

注释

（2）“矫枉过正”是一句成语，原意是纠正错误而超过了应有的限度。但旧时有人常用这句话去拘束人们的活动，要人们只在修正旧成规的范围内活动，而不许完全破坏旧成规。在修正旧成规的范围内活动，叫做合乎“正”，如果完全破坏旧成规，就叫做“过正”。这也正是改

良派和革命队伍内机会主义者的理论。毛泽东在这里驳斥了这类改良派的理论。这里说“矫枉必须过正，不过正不能矫枉”，就是说，要终结旧的封建秩序，必须用群众的革命方法，而不是用修正的——改良的方法。

引而不发，跃如也

《湖南农民运动考察报告》

原文

菩萨是农民立起来的，到了一定时期农民会用他们自己的双手丢开这些菩萨，无须旁人过早地代庖丢菩萨。共产党对于这些东西的宣传政策应当是：“引而不发，跃如也。”菩萨要农民自己去丢，烈女祠、节孝坊要农民自己去摧毁，别人代庖是不对的。

《毛泽东选集》第1卷，人民出版社1991年版，第33页

注释

（3）这句话引自《孟子·尽心上》，大意是说善于教人射箭的人，引满了弓，却不射出去，只摆着跃跃欲动的姿势。毛泽东在这里是借来比喻共产党人应当善于教育和启发农民，使农民自觉地去破除迷信和其他不良的风俗习惯，而不是不顾农民的觉悟程度，靠发号施令代替农民去破除。

叶公好龙

《湖南农民运动考察报告》

原文

总上十四件事，都是农民在农会领导之下做出来的。就其基本的精神说来，就其革命意义说来，请读者们想一想，哪一件不好？说这些事不好的，我想，只有土豪劣绅们吧！很奇怪，南昌方面传来消息，说蒋介石、张静江诸位先生的意见，颇不以湖南农民的举动为然。湖南的右派领袖刘岳峙辈，与蒋、张诸公一个意见，都说："这简直是赤化了！"我想，这一点子赤化若没有时，还成个什么国民革命！嘴里天天说"唤起民众"，民众起来了又害怕得要死，这和叶公好龙有什么两样！

《毛泽东选集》第1卷，人民出版社1991年版，第41—42页

注释

（4）叶公好龙，见汉朝刘向所作《新序·杂事》："叶公子高好龙，钩以写龙，凿以写龙，屋室雕文以写龙。于是天龙闻而下之，窥头于牖，施尾于堂。叶公见之，弃而还走，失其魂魄，五色无主。是叶公非好龙也，好夫似龙而非龙者也。"毛泽东在这里用以比喻蒋介石辈口谈革命，实际上畏惧革命，反对革命。

黄巢 李闯

《关于纠正党内的错误思想》

原文

由于红军中游民成分占了很大的数量和全国特别是南方各省有广大游民群众的存在，就在红军中产生了流寇主义的政治思想。这种思想表现在：一，不愿意做艰苦工作建立根据地，建立人民群众的政权，并由此去扩大政治影响，而只想用流动游击的方法，去扩大政治影响。二，扩大红军，不走由扩大地方赤卫队、地方红军到扩大主力红军的路线，而要走“招兵买马”“招降纳叛”的路线。三，不耐烦和群众在一块作艰苦的斗争，只希望跑到大城市去大吃大喝。凡此一切流寇思想的表现，极大地妨碍着红军去执行正确的任务，故肃清流寇思想，实为红军党内思想斗争的一个重要目标。应当认识，历史上黄巢、李闯式的流寇主义，已为今日的环境所不许可。

《毛泽东选集》第1卷，人民出版社1991年版，第94页

注释

（5）黄巢（？——八八四），曹州冤句（今山东菏泽）人，唐朝末年农民起义领袖。公元八七五年，即唐僖宗乾符二年，黄巢聚众响应王仙芝领导的起义。公元八七八年，王仙芝被杀后，黄巢收集王的余部，被推为领袖，号“冲天大将军”。他领导的起义队伍，曾经多次出山东流动作战，转战于山东、河南、安徽、江苏、湖北、湖南、江西、浙江、福建、广东、广西、陕西等省。公元八八〇年，黄巢攻破潼关，不久占领长安，建立齐国，自称皇帝。后因内部分裂（大将朱温降唐），

又受到李克用沙陀军及诸道军队的进攻，黄巢被迫退出长安，转入河南，由河南回到山东，于公元八八四年失败自杀。黄巢领导的农民战争持续了十年，是中国历史上有名的农民战争之一。它沉重地打击了当时的封建统治阶级，受到贫苦农民的拥护。由于黄巢起义军只是简单地进行流动的战争，没有建立过比较稳固的根据地，所以被封建统治者称为“流寇”。

（6）李闯即李自成（一六〇六——一六四五），陕西米脂人，明朝末年农民起义领袖。一六二八年，即明思宗崇祯元年，陕西北部形成农民起义的潮流。李自成参加高迎祥的起义队伍，曾经由陕西入河南，到安徽，折回陕西。一六三六年高迎祥死，李自成被推为闯王。李自成在群众中的主要口号是“迎闯王，不纳粮”；同时他不准部下扰害群众，曾经提出“杀一人如杀我父，淫一妇如淫我母”的口号，来约束自己的部队。因此，拥护他的人很多，成为当时农民起义的主流之一。但他也没有建立过比较稳固的根据地，总是流动作战。他在被推为闯王后，率部入川，折回陕南，经湖北又入川，又经湖北入河南，旋占湖北襄阳、安陆等地，再经河南攻陕占西安，于一六四四年经山西攻入北京。不久，在明将吴三桂勾引清兵联合进攻下失败。

每事问

《反对本本主义》

■ 原文

许多做领导工作的人，遇到困难问题，只是叹气，不能解决。他恼火，请求调动工作，理由是“才力小，干不下”。这是懦夫讲的话。迈开你的两脚，到你的工作范围的各部分各地方去走走，学个孔夫子的“每事问”，任凭什么才力小也能解决问题，因为你未出门时脑子是空的，归来时脑子已经不是空的了，已经载来了解决问题的各种必要材料，问题就是这样子解决了。

《毛泽东选集》第 1 卷，人民出版社 1991 年版，第 110 页

注释

（7）见《论语·八佾》。原文是：“子入太庙，每事问。”

李逵

《反对本本主义》

原文

你试试离开实际调查去估量政治形势，去指导斗争工作，是不是空洞的唯心的呢？这种空洞的唯心的政治估量和工作指导，是不是要产生机会主义错误，或者盲动主义错误呢？一定要弄出错误。这并不是他在行动之前不留心计划，而是他于计划之前不留心了解社会实际情况，这是红军游击队里时常遇见的。那些李逵式的官长，看见弟兄们犯事，就懵懵懂懂地乱处置一顿。结果，犯事人不服，闹出许多纠纷，领导者的威信也丧失干净，这不是红军里常见的吗？

《毛泽东选集》第 1 卷，人民出版社 1991 年版，第 112 页

注释

（8）李逵是《水浒传》中的一个英雄人物。他朴直豪爽，对农民革命事业很忠诚，但是处事鲁莽。

春秋无义战 反鸦片战争 太平天国战争 义和团战争

《论反对日本帝国主义的策略》

原文

自从帝国主义这个怪物出世之后，世界的事情就联成一气了，要想割开也不可能了。我们中华民族有同自己的敌人血战到底的气概，有在自力更生的基础上光复旧物的决心，有自立于世界民族之林的能力。但是这不是说我们可以不需要国际援助；不，国际援助对于现代一切国家一切民族的革命斗争都是必要的。古人说："春秋无义战。"于今帝国主义则更加无义战，只有被压迫民族和被压迫阶级有义战。全世界一切由人民起来反对压迫者的战争，都是义战。俄国的二月革命和十月革命是义战。第一次世界大战后欧洲各国人民的革命是义战。中国的反鸦片战争，太平天国战争，义和团战争，辛亥革命战争，一九二六年至一九二七年的北伐战争，一九二七年至现在的土地革命战争，今天的抗日和讨伐卖国贼的战争，都是义战。在目前的全中国抗日高潮和全世界反法西斯高潮中，义战将遍于全中国，全世界。凡义战都是互相援助的，凡非义战都是应该使之转变成为义战的，这就是列宁主义的路线。

《毛泽东选集》第 1 卷，人民出版社 1991 年版，第 161 页

注释

（9）"春秋无义战"，见《孟子·尽心下》。春秋时代（公元前七二二——前四八一），中国许多诸侯相互不间断地进行争权夺利的战

争，所以孟子有此说法。

（10）反鸦片战争。一八四〇年至一八四二年，英国因中国人反对输入鸦片，就借口保护通商，派兵侵略中国。中国军队在林则徐领导下曾经进行了抵抗。广州人民自发地组织武装抗英团体，使英国侵略军受到很大的打击。福建、浙江、江苏等地人民也自发地掀起了抗英斗争。一八四二年英国军队侵入长江，迫使腐朽的清朝政府和英国侵略者签订中国近代史上的第一个不平等条约——《南京条约》。这个条约的主要内容是：中国割让香港，给英国大量赔款，开放上海、福州、厦门、宁波、广州为通商口岸，抽收英商进出口货物的税率由中英双方共同议定。

（11）太平天国战争是发生于十九世纪中叶的反对清朝封建统治和民族压迫的农民革命战争。一八五一年一月，这次革命的领导者洪秀全、杨秀清等，在广西桂平县的金田村起义，建号“太平天国”。一八五二年太平军出广西，攻入湖南、湖北。一八五三年，经江西、安徽，攻克南京，并在这里建都。随后从南京分出一部兵力北伐和西征，北伐军一直打到天津附近。但太平军在它占领的地方都没有建立起巩固的根据地，建都南京后它的领导集团又犯了许多政治上和军事上的错误。在清朝军队和英、美、法等国侵略军的联合进攻下，太平天国战争于一八六四年失败。

（12）义和团战争是一九〇〇年发生在中国北部的反对帝国主义的武装斗争。参加这次战争的，有广大的农民、手工业者和其他群众，他们用宗教迷信互相联系，在秘密结社的基础上组织起来，对英、美、德、法、俄、日、意、奥的联合侵略军进行了英勇的斗争。八国的联合侵略军在占领天津、北京以后，极残酷地镇压了这个运动。

孙武子

《中国革命战争的战略问题》

原文

军事的规律，和其他事物的规律一样，是客观实际在我们头脑中的反映，除了我们的头脑以外，一切都是客观实际的东西。因此，学习和认识的对象，包括敌我两方面，这两方面都应该看成研究的对象，只有我们的头脑（思想）才是研究的主体。有一种人，明于知己，暗于知彼，又有一种人，明于知彼，暗于知己，他们都是不能解决战争规律的学习和使用的问题的。中国古代大军事学家孙武子书上“知彼知己，百战不殆”这句话，是包括学习和使用两个阶段而说的，包括从认识客观实际中的发展规律，并按照这些规律去决定自己行动克服当前敌人而说的；我们不要看轻这句话。

《毛泽东选集》第 1 卷，人民出版社 1991 年版，第 181—182 页

注释

（13）孙武子即孙武，中国春秋时代的著名军事学家，著《孙子》十三篇。“知彼知己，百战不殆”，见《孙子·谋攻》。

马克思主义的最本质的东西，马克思主义的活的灵魂，就在于具体地分析具体的情况

《中国革命战争的战略问题》

原文

然而当着敌人改变其军事原则使之适合于同红军作战的情况的时候，我们队伍中却出现了回到“老套”的人们。他们主张回到一般情况的方面去，拒绝了解任何的特殊情况，拒绝红军血战史的经验，轻视帝国主义和国民党的力量，轻视国民党军队的力量，对敌人采用的反动的新原则视若无睹。结果，是丧失了除了陕甘边区以外的一切革命根据地，使红军由三十万人降到了几万人，使中国共产党由三十万党员降到了几万党员，而在国民党区域的党组织几乎全部丧失。总之，是受了一次极大的历史性的惩罚。他们自称为马克思列宁主义者，其实一点马克思列宁主义也没有学到。列宁说：马克思主义的最本质的东西，马克思主义的活的灵魂，就在于具体地分析具体的情况。我们的这些同志恰是忘记了这一点。

《毛泽东选集》第 1 卷，人民出版社 1991 年版，第 187 页

注释

（14）参见列宁《共产主义》。在该文中列宁批评匈牙利共产党员库恩·贝拉说：“他忽略了马克思主义的精髓，马克思主义的活的灵魂：对具体情况作具体分析。”（《列宁全集》第 39 卷，人民出版社 1986 年版，第 128 页）

布列斯特条约

《中国革命战争的战略问题》

原文

革命和革命战争是进攻的——这种说法当然有它的正确性。革命和革命战争从发生到发展，从小到大，从没有政权到夺取政权，从没有红军到创造红军，从没有革命根据地到创造革命根据地，总是要进攻的，是不能保守的，保守主义的倾向是应该反对的。

革命和革命战争是进攻的，但是也有防御和后退——这种说法才是完全正确的。为了进攻而防御，为了前进而后退，为了向正面而向侧面，为了走直路而走弯路，是许多事物在发展过程中所不可避免的现象，何况军事运动。

上述两个论断中的前一论断，在政治上说来可以是对的，移到军事上就不对了。在政治上，也只是在某一种情况说来（革命前进时）是对的，移到另一种情况（革命退却时：全部退却，例如俄国在一九〇六年、中国在一九二七年；局部退却，例如俄国在一九一八年的布列斯特条约时）也就不对了。只有后一论断，才是全部地正确的真理。一九三一年至一九三四年的“左”倾机会主义，机械地反对使用军事防御的手段，不过是一种非常幼稚的思想。

《毛泽东选集》第1卷，人民出版社1991年版，第195—196页

注释

（15）布列斯特条约是一九一八年三月苏俄在俄国西部布列斯特—里托夫斯克（今布列斯特）同德国、奥匈帝国、保加利亚、土耳其订立的和约。当时，德帝国主义的军队正侵入苏维埃共和国境内，前线的俄国旧军队已经瓦解，新的革命军队还没有组织起来。为了使刚成立的苏维埃共和国避免在德军的打击下夭折，列宁主张暂时退却，接受德帝国主义提出的割地、赔款等条件，立刻签订和约。这个和约的签订，使苏维埃共和国赢得了时间去巩固无产阶级的政权，调整经济，建立红军，使无产阶级保持了对农民的领导，集聚了力量，得以在一九一八年至一九二〇年击溃白军和英、美、法、日、波等国武装干涉者。

武装起义之后一刻也不应该停止进攻

《中国革命战争的战略问题》

原文

马克思说的武装起义之后一刻也不应该停止进攻，这是说乘敌不备而突然起义的群众，应该不让反动的统治者有保守政权或恢复政权的机会，趁此一瞬间把国内反动的统治势力打个措手不及，而不要满足于已得的胜利，轻视敌人，放松对于敌人的进攻，或者畏缩不前，坐失消灭敌人的时机，招致革命的失败。这是正确的。然而不是说，敌我双方已在军事对抗中，而且敌人是优势，当受敌人压迫时，革命党人也不应该采取防御手段。如果这样想，那就是第一号的傻子。

《毛泽东选集》第 1 卷，人民出版社 1991 年版，第 199—200 页

注释

（16）见马克思一八七一年四月十二日致库格曼论巴黎公社的信（《马克思恩格斯选集》第 4 卷，人民出版社 1972 年版，第 392—393 页）；参见恩格斯《德国的革命和反革命》第十七节（《马克思恩格斯选集》第 1 卷，人民出版社 1972 年版，第 585—586 页）。

《水浒传》

《中国革命战争的战略问题》

原文

战略退却，是劣势军队处在优势军队进攻面前，因为顾到不能迅速地击破其进攻，为了保存军力，待机破敌，而采取的一个有计划的战略步骤。可是，军事冒险主义者则坚决反对此种步骤，他们的主张是所谓“御敌于国门之外”。

谁人不知，两个拳师放对，聪明的拳师往往退让一步，而蠢人则其势汹汹，辟头就使出全副本领，结果却往往被退让者打倒。

《水浒传》上的洪教头，在柴进家中要打林冲，连唤几个“来”“来”“来”，结果是退让的林冲看出洪教头的破绽，一脚踢翻了洪教头。

《毛泽东选集》第1卷，人民出版社1991年版，第203页

注释

（17）《水浒传》是中国描写农民战争的著名小说，相传为公元十四世纪元末明初人施耐庵所作。林冲、柴进都是书中的英雄人物。洪教头是柴进家里的一个武术教师。关于林冲和洪教头比武的故事，见《水浒传》第九回《柴进门招天下客，林冲棒打洪教头》。

鲁与齐战

左丘明

楚汉成皋之战

新汉昆阳之战

袁曹官渡之战

吴魏赤壁之战

吴蜀彝陵之战

秦晋淝水之战

《中国革命战争的战略问题》

■ 原文

春秋时候，鲁与齐战，鲁庄公起初不待齐军疲惫就要出战，后来被曹刿阻止了，采取了“敌疲我打”的方针，打胜了齐军，造成了中国战史中弱军战胜强军的有名的战例。请看历史家左丘明的叙述：

“春，齐师伐我。公将战。曹刿请见。其乡人曰：肉食者谋之，又何间焉？刿曰：肉食者鄙，未能远谋。乃入见。问：何以战？公曰：衣食所安，弗敢专也，必以分人。对曰：小惠未遍，民弗从也。公曰：牺牲玉帛，弗敢加也，必以信。对曰：小信未孚，神弗福也。公曰：小大之狱，虽不能察，必以情。对曰：忠之属也。可以一战。战则请从。公与之乘。战于长勺。公将鼓之。刿曰：未可。齐人三鼓。刿曰：可矣。齐师败绩。公将驰之。刿曰：未可。下视其辙，登轼而望之，曰：可矣。遂逐齐师。既克，公问其故。对曰：夫战，勇气也。一鼓作气，再而衰，三而竭。彼竭我盈，故克之。夫大国难测也，惧有伏焉。吾视其辙乱，望其旗靡，故逐之。”

当时的情况是弱国抵抗强国。文中指出了战前的政治准备——取信于民，叙述了利于转入反攻的阵地——长勺，叙述了利于开始反攻的时机——彼竭我盈之时，叙述了追击开始的时机——辙乱旗靡之时。虽然是一个不大的战役，却同时是说的战略防御的原则。中国战史中合此原则而取胜的实例是非常之多的。楚汉成皋之战、新汉昆阳之战、袁曹官渡之战、吴魏赤壁之战、吴蜀彝陵之战、秦晋淝水之战等等有名的大战，都是双方强弱不同，弱者先让一步，后发制人，因而战胜的。

《毛泽东选集》第1卷，人民出版社1991年版，第203—204页

注释

（18）鲁与齐战。鲁和齐是中国春秋时代（公元前七二二——前四八一）的两个国家。齐是大国，在今山东省的中部和东北部；鲁国较小，在今山东省的南部。鲁庄公，公元前六九三年至前六六二年鲁国的国君。

（19）左丘明，春秋末期鲁国人，相传是春秋时代著名编年史《左传》的作者。本文引的《曹刿论战》见《左传·庄公十年》。

（20）楚汉成皋之战。成皋故城在今河南省荥阳县西北部，为古代军事重地。公元前二〇三年，汉王刘邦和楚王项羽曾相持于此。当时项羽接连攻下荥阳、成皋，刘邦几乎溃不成军。但后来刘邦终于等待到楚军在汜水半渡的时机，大破楚军，复取成皋。

（21）新汉昆阳之战。昆阳故城在今河南省叶县境内。公元二三年，刘秀（后称东汉光武帝）在这里击破王莽（公元八年称帝，定国号为新）的军队。这次战争双方军力强弱悬殊，刘秀只有八九千人，而王莽有四十余万人。但刘秀利用王莽的将军王寻、王邑轻敌懈怠，以精兵三千突破王莽军队的中坚，乘锐进击，大破敌军。

（22）袁曹官渡之战。官渡在今河南省中牟县东北。公元二〇〇年，曹操军队和袁绍军队战于此处。当时袁绍拥军十万，而曹操兵少粮尽。但曹操利用袁军的轻敌无备，实行轻兵偷袭，烧了袁军的辎重。袁军慌乱，曹军出击，歼灭了袁军主力。

（23）吴魏赤壁之战。吴指孙权方面，魏指曹操方面。赤壁在今湖北省蒲圻县西北长江南岸。公元二〇八年，曹操率兵数十万进攻孙权。孙权出兵三万，并且同刘备联合，利用曹军有疫疾，又不习水战，在赤壁一带用火攻烧曹军船只，大破曹军。

（24）吴蜀彝陵之战。彝陵在今湖北省宜昌县境内。公元二二二

年，吴将陆逊在这里大败蜀汉的刘备。这次战争开始，蜀军连战皆捷，进到彝陵，已入吴境五六百里。陆逊守七八月不战，直待刘备“兵疲意沮，计不复生”，利用顺风放火，大破蜀军。

（25）秦晋淝水之战。公元三八三年，东晋将军谢玄大败秦王苻坚于安徽淝水。当时苻坚有步兵六十余万、骑兵二十七万、卫队三万余骑，东晋只有水陆军八万。在两军隔淝水对峙的时候，晋军将领要求淝水以北的秦军让出一片战场来，以便晋军渡水决战。秦军应允后撤，但一退即不可遏止，晋军乘机渡水攻击，大败秦军。

灭此朝食

《中国革命战争的战略问题》

原文

因为反动势力的雄厚，革命势力是逐渐地生长的，这就规定了战争的持久性。在这上面性急是要吃亏的，在这上面提倡“速决”是不正确的。干了十年的革命战争，对于别的国家也许是值得惊奇的，对于我们却好似八股文章还只作了破题、承题和起讲，许多热闹文章都还在后面。往后的发展，在一切内外条件的影响下，无疑地将比过去有大大地增高速度的可能。因为国际和国内的环境已经起了变化，而且会有更大的变化要到来，可以说我们已经脱离了过去的那种慢慢发展的孤军作战的景况。然而不应该打算明天就会成功。“灭此朝食”的气概是好的，“灭此朝食”的具体计划是不好的。因为中国的反动势力，是许多帝国主义支持的，国内革命势力没有聚积到足以突破内外敌人的主要阵地以前，国际革命势力没有打破和钳制大部分国际反动势力以前，我们的革命战争依然是持久的。从这一点出发，规定我们长期作战的战略方针，是战略指导的重要方针之一。

《毛泽东选集》第 1 卷，人民出版社 1991 年版，第 233—234 页

注释

（26）见《左传·成公二年》。公元前五八九年，齐、晋两国的军队会战于鞌（今属山东省历城县）。战斗一开始，齐顷公以为胜敌至易，说：“余姑翦灭此而朝食”。“此”，指这些敌人。这句话的意思是：先消灭了这些敌人，再吃早饭。结果齐军被晋军打败。后来人们常以此形容斗志坚决，要立即消灭敌人。

人而无信，不知其可

《关于蒋介石声明的声明》

原文

蒋氏已因接受西安条件而恢复自由了。今后的问题是蒋氏是否不打折扣地实行他自己“言必信，行必果”的诺言，将全部救亡条件切实兑现。全国人民将不容许蒋氏再有任何游移和打折扣的余地。蒋氏如欲在抗日问题上徘徊，推迟其诺言的实践，则全国人民的革命浪潮势将席卷蒋氏以去。语曰：“人而无信，不知其可。”蒋氏及其一派必须深切注意。

《毛泽东选集》第 1 卷，人民出版社 1991 年版，第 247 页

注释

（27）见《论语·为政》。

阿Q主义

《中国共产党在抗日时期的任务》

原文

在特区和红军中共产党领导的保持，在国共两党关系上共产党的独立性和批评自由的保持，这就是让步的限度，超过这种限度是不许可的。让步是两党的让步：国民党抛弃内战、独裁和对外不抵抗政策，共产党抛弃两个政权敌对的政策。我们以后者换得前者，重新与国民党合作，为救亡而奋斗。如果说这是共产党的投降，那只是阿Q主义和恶意的污蔑。

《毛泽东选集》第1卷，人民出版社1991年版，第258—259页

注释

（28）阿Q是中国伟大作家鲁迅的著名小说《阿Q正传》中的主角。他的突出特点是习惯于用自己安慰自己的方法，在任何情形下都自以为是胜利者即“精神胜利”者。阿Q主义就是指这种“精神上的胜利法”。

干部决定一切

《为争取千百万群众进入抗日民族统一战线而斗争》

原文

指导伟大的革命，要有伟大的党，要有许多最好的干部。在一个四亿五千万人的中国里面，进行历史上空前的大革命，如果领导者是一个狭隘的小团体是不行的，党内仅有一些委琐不识大体、没有远见、没有能力的领袖和干部也是不行的。中国共产党早就是一个大政党，经过反动时期的损失它依然是一个大政党，它有了许多好的领袖和干部，但是还不够。我们党的组织要向全国发展，要自觉地造就成万数的干部，要有几百个最好的群众领袖。这些干部和领袖懂得马克思列宁主义，有政治远见，有工作能力，富于牺牲精神，能独立解决问题，在困难中不动摇，忠心耿耿地为民族、为阶级、为党而工作。党依靠着这些人而联系党员和群众，依靠着这些人对于群众的坚强领导而达到打倒敌人之目的。这些人不要自私自利，不要个人英雄主义和风头主义，不要懒惰和消极性，不要自高自大的宗派主义，他们是大公无私的民族的阶级的英雄，这就是共产党员、党的干部、党的领袖应该有的性格和作风。我们死去的若干万数的党员，若干千数的干部和几十个最好的领袖遗留给我们的精神，也就是这些东西。我们无疑地应该学习这些东西，把自己改造得更好一些，把自己提高到更高的革命水平。但是还不够，还要作为一种任务，在全党和全国发现许多新的干部和领袖。我们的革命依靠干部，正像斯大林所说的话："干部决定一切。"

《毛泽东选集》第1卷，人民出版社1991年版，第277页

注释

（29）见一九三五年五月四日斯大林在克里姆林宫举行的红军学院学员毕业典礼上的讲话。原文如下：“人才，干部是世界上所有宝贵的资本中最宝贵最有决定意义的资本。应该了解：在我们目前的条件下，‘干部决定一切’。”（《斯大林选集》下卷，人民出版社 1979 年版，第 373 页）

实践高于（理论的）认识，因为它不但有普遍性的品格，而且还有直接现实性的品格

《实践论》

原文

马克思主义者认为，只有人们的社会实践，才是人们对于外界认识的真理性的标准。实际的情形是这样的，只有在社会实践过程中（物质生产过程中，阶级斗争过程中，科学实验过程中），人们达到了思想中所预想的结果时，人们的认识才被证实了。人们要想得到工作的胜利即得到预想的结果，一定要使自己的思想合于客观外界的规律性，如果不合，就会在实践中失败。人们经过失败之后，也就从失败取得教训，改正自己的思想使之适合于外界的规律性，人们就能变失败为胜利，所谓“失败者成功之母”，“吃一堑长一智”，就是这个道理。辩证唯物论的认识论把实践提到第一的地位，认为人的认识一点也不能离开实践，排斥一切否认实践重要性、使认识离开实践的错误理论。列宁这样说过：“实践高于（理论的）认识，因为它不但有普遍性的品格，而且还有直接现实性的品格。”马克思主义的哲学辩证唯物论有两个最显著的特点：一个是它的阶级性，公然申明辩证唯物论是为无产阶级服务的；再一个是它的实践性，强调理论对于实践的依赖关系，理论的基础是实践，又转过来为实践服务。判定认识或理论之是否真理，不是依主观上觉得如何而定，而是依客观上社会实践的结果如何而定。真理的标准只能是社会的实践。实践的观点是辩证唯物论的认识论之第一的和基本的观点。

《毛泽东选集》第 1 卷，人民出版社 1991 年版，第 284 页

注释

（30）见列宁《黑格尔〈逻辑学〉一书摘要》。新的译文是："实践高于（理论的）认识，因为它不仅具有普遍性的品格，而且还具有直接现实性的品格。"（《列宁全集》第 55 卷，人民出版社 1990 年版，第 183 页）

物质的抽象，自然规律的抽象，价值的抽象以及其他等等，一句话，一切科学的（正确的、郑重的、非瞎说的）抽象，都更深刻、更正确、更完全地反映着自然

《实践论》

原文

这种基于实践的由浅入深的辩证唯物论的关于认识发展过程的理论，在马克思主义以前，是没有一个人这样解决过的。马克思主义的唯物论，第一次正确地解决了这个问题，唯物地而且辩证地指出了认识的深化的运动，指出了社会的人在他们的生产和阶级斗争的复杂的、经常反复的实践中，由感性认识到论理认识的推移的运动。列宁说过："物质的抽象，自然规律的抽象，价值的抽象以及其他等等，一句话，一切科学的（正确的、郑重的、非瞎说的）抽象，都更深刻、更正确、更完全地反映着自然。"马克思列宁主义认为：认识过程中两个阶段的特性，在低级阶段，认识表现为感性的，在高级阶段，认识表现为论理的，但任何阶段，都是统一的认识过程中的阶段。感性和理性二者的性质不同，但又不是互相分离的，它们在实践的基础上统一起来了。我们的实践证明：感觉到了的东西，我们不能立刻理解它，只有理解了的东西才更深刻地感觉它。感觉只解决现象问题，理论才解决本质问题。这些问题的解决，一点也不能离开实践。

《毛泽东选集》第 1 卷，人民出版社 1991 年版，第 286 页

注释

（31）见列宁《黑格尔〈逻辑学〉一书摘要》(《列宁全集》第 55 卷，人民出版社 1990 年版，第 142 页）。

无数相对的真理之总和，就是绝对的真理

《实践论》

原文

唯心论和机械唯物论，机会主义和冒险主义，都是以主观和客观相分裂，以认识和实践相脱离为特征的。以科学的社会实践为特征的马克思列宁主义的认识论，不能不坚决反对这些错误思想。马克思主义者承认，在绝对的总的宇宙发展过程中，各个具体过程的发展都是相对的，因而在绝对真理的长河中，人们对于在各个一定发展阶段上的具体过程的认识只具有相对的真理性。无数相对的真理之总和，就是绝对的真理。客观过程的发展是充满着矛盾和斗争的发展，人的认识运动的发展也是充满着矛盾和斗争的发展。一切客观世界的辩证法的运动，都或先或后地能够反映到人的认识中来。社会实践中的发生、发展和消灭的过程是无穷的，人的认识的发生、发展和消灭的过程也是无穷的。根据于一定的思想、理论、计划、方案以从事于变革客观现实的实践，一次又一次地向前，人们对于客观现实的认识也就一次又一次地深化。客观现实世界的变化运动永远没有完结，人们在实践中对于真理的认识也就永远没有完结。马克思列宁主义并没有结束真理，而是在实践中不断地开辟认识真理的道路。我们的结论是主观和客观、理论和实践、知和行的具体的历史的统一，反对一切离开具体历史的"左"的或右的错误思想。

《毛泽东选集》第1卷，人民出版社1991年版，第295—296页

注释

（32）参见列宁《唯物主义和经验批判主义》第二章第五节。原文是：“人类思维按其本性是能够给我们提供并且正在提供由相对真理的总和所构成的绝对真理的。”（《列宁全集》第18卷，人民出版社1988年版，第135页）

就本来的意义讲，辩证法是研究对象的本质自身中的矛盾

列宁常称这个法则为辩证法的本质，又称之为辩证法的核心

《矛盾论》

原文

事物的矛盾法则，即对立统一的法则，是唯物辩证法的最根本的法则。列宁说：“就本来的意义讲，辩证法是研究对象的本质自身中的矛盾。”列宁常称这个法则为辩证法的本质，又称之为辩证法的核心。

《毛泽东选集》第 1 卷，人民出版社 1991 年版，第 299 页

注释

（33）“就本来的意义讲，辩证法是研究对象的本质自身中的矛盾”，见列宁《黑格尔〈哲学史讲演录〉一书摘要》(《列宁全集》第 55 卷，人民出版社 1990 年版，第 213 页）。

（34）“列宁常称这个法则为辩证法的本质，又称之为辩证法的核心”，参见列宁《谈谈辩证法问题》：“统一物之分为两个部分以及对它的矛盾着的部分的认识……，是辩证法的实质（是辩证法的‘本质’之一，是它的基本的特点或特征之一，甚至可说是它的基本的特点或特征）。”并参见《黑格尔〈逻辑学〉一书摘要》中关于“辩证法的要素”部分：“可以把辩证法简要地规定为关于对立面的统一的学说。这样就会抓住辩证法的核心，可是这需要说明和发挥。”(《列宁全集》第 55 卷，人民出版社 1990 年版，第 305、192 页）

德波林

《矛盾论》

原文

苏联哲学界在最近数年中批判了德波林学派的唯心论，这件事引起了我们的极大的兴趣。德波林的唯心论在中国共产党内发生了极坏的影响，我们党内的教条主义思想不能说和这个学派的作风没有关系。因此，我们现在的哲学研究工作，应当以扫除教条主义思想为主要的目标。

《毛泽东选集》第1卷，人民出版社1991年版，第299页

注释

（35）德波林（一八八一——一九六三），苏联哲学家。一九二九年当选为苏联科学院院士。三十年代初，苏联哲学界发动对德波林学派的批判，认为他们犯了理论脱离实践、哲学脱离政治等唯心主义性质的错误。

对于发展（进化）所持的两种基本的（或两种可能的？或两种在历史上常见的？）观点是：（一）认为发展是减少和增加，是重复；（二）认为发展是对立的统一（统一物分成为两个互相排斥的对立，而两个对立又互相关联着）

《矛盾论》

原文

在人类的认识史中，从来就有关于宇宙发展法则的两种见解，一种是形而上学的见解，一种是辩证法的见解，形成了互相对立的两种宇宙观。列宁说："对于发展（进化）所持的两种基本的（或两种可能的？或两种在历史上常见的？）观点是：（一）认为发展是减少和增加，是重复；（二）认为发展是对立的统一（统一物分成为两个互相排斥的对立，而两个对立又互相关联着）。"列宁说的就是这两种不同的宇宙观。

《毛泽东选集》第1卷，人民出版社1991年版，第300页

注释

（36）见列宁《谈谈辩证法问题》。新的译文是："有两种基本的（或两种可能的？或两种在历史上常见的？）发展（进化）观点：认为发展是减少和增加，是重复；以及认为发展是对立面的统一（统一物之分为两个互相排斥的对立面以及它们之间的相互关系）。"（《列宁全集》第55卷，人民出版社1990年版，第306页）

天不变，道亦不变

《矛盾论》

原文

在中国，则有所谓“天不变，道亦不变”的形而上学的思想，曾经长期地为腐朽了的封建统治阶级所拥护。近百年来输入了欧洲的机械唯物论和庸俗进化论，则为资产阶级所拥护。

《毛泽东选集》第1卷，人民出版社1991年版，第301页

注释

（37）见《汉书·董仲舒传》。董仲舒（公元前一七九——前一〇四）是孔子学派在西汉的主要代表，他曾经对汉武帝说：“道之大原出于天，天不变，道亦不变。”“道”是中国古代哲学家的通用语，它的意义是“道路”或“道理”，可作“法则”或“规律”解说。

运动本身就是矛盾

承认（发现）自然界（精神和社会两者也在内）的一切现象和过程都含有互相矛盾、互相排斥、互相对立的趋向

《矛盾论》

原文

恩格斯说："运动本身就是矛盾。"列宁对于对立统一法则所下的定义，说它就是"承认（发现）自然界（精神和社会两者也在内）的一切现象和过程都含有互相矛盾、互相排斥、互相对立的趋向"。这些意见是对的吗？是对的。一切事物中包含的矛盾方面的相互依赖和相互斗争，决定一切事物的生命，推动一切事物的发展。没有什么事物是不包含矛盾的，没有矛盾就没有世界。

《毛泽东选集》第1卷，人民出版社1991年版，第305页

注释

（38）"运动本身就是矛盾"，见恩格斯《反杜林论》第一编第十二节《辩证法。量和质》（《马克思恩格斯选集》第3卷，人民出版社1972年版，第160页）。

（39）"承认（发现）自然界（精神和社会两者也在内）的一切现象和过程都含有互相矛盾、互相排斥、互相对立的趋向"，见列宁《谈谈辩证法问题》。新的译文是："承认（发现）自然界的（也包括精神的和社会的）一切现象和过程具有矛盾着的、相互排斥的、对立的倾向。"（《列宁全集》第55卷，人民出版社1990年版，第306页）

恩格斯的三段话

《矛盾论》

原文

恩格斯这样说明过矛盾的普遍性："如果简单的机械的移动本身包含着矛盾，那末，物质的更高的运动形式，特别是有机生命及其发展，就更加包含着矛盾。……生命首先就在于：生物在每一个瞬间是它自身，但却又是别的什么。所以，生命也是存在于物体和过程本身中的不断地自行产生并自行解决的矛盾；这一矛盾一停止，生命亦即停止，于是死就来到。同样，我们看到了，在思维的范围以内我们也不能避免矛盾，并且我们看到了，例如，人的内部无限的认识能力与此种认识能力仅在外部被局限的而且认识上也被局限的个别人们身上的实际的实现二者之间的矛盾，是在人类世代的无穷的——至少对于我们，实际上是无穷的——连续系列之中，是在无穷的前进运动之中解决的。"

"高等数学的主要基础之一，就是矛盾……"

"就是初等数学，也充满着矛盾。……"

《毛泽东选集》第1卷，人民出版社1991年版，第305—306页

注释

（40）以上所引恩格斯的三段话，均见恩格斯《反杜林论》第一编第十二节《辩证法。量和质》。其中第二段"高等数学的主要基础之一，就是矛盾……"，《反杜林论》中的原文是："我们已经提到，高等

数学的主要基础之一是这样一个矛盾：在一定条件下直线和曲线应当是一回事。高等数学还有另一个矛盾：在我们眼前相交的线，只要离开交点五六厘米，就应当认为是平行的、即使无限延长也不会相交的线。可是，高等数学利用这些和其他一些更加尖锐的矛盾获得了不仅是正确的、而且是初等数学所完全不能达到的成果。”（《马克思恩格斯选集》第 3 卷，人民出版社 1972 年版，第 160—161 页）

在数学中，正和负，微分和积分。在力学中，作用和反作用。在物理学中，阳电和阴电。在化学中，原子的化合和分解。在社会科学中，阶级斗争

《矛盾论》

原文

列宁也这样说明过矛盾的普遍性：“在数学中，正和负，微分和积分。

在力学中，作用和反作用。

在物理学中，阳电和阴电。

在化学中，原子的化合和分解。

在社会科学中，阶级斗争。”

《毛泽东选集》第 1 卷，人民出版社 1991 年版，第 306 页

注释

（41）见列宁《谈谈辩证法问题》(《列宁全集》第 55 卷，人民出版社 1990 年版，第 305—306 页)。

马克思在《资本论》中，首先分析的是资产阶级社会（商品社会）里最简单的、最普通的、最基本的、最常见的、最平常的、碰到亿万次的关系——商品交换

《矛盾论》

原文

事物发展过程的自始至终的矛盾运动，列宁指出马克思在《资本论》中模范地作了这样的分析。这是研究任何事物发展过程所必须应用的方法。列宁自己也正确地应用了它，贯彻于他的全部著作中。

“马克思在《资本论》中，首先分析的是资产阶级社会（商品社会）里最简单的、最普通的、最基本的、最常见的、最平常的、碰到亿万次的关系——商品交换。这一分析在这个最简单的现象之中（资产阶级社会的这个‘细胞’之中）暴露了现代社会的一切矛盾（以及一切矛盾的胚芽）。往后的叙述又向我们表明了这些矛盾和这个社会各个部分总和的自始至终的发展（增长与运动两者）。”

列宁说了上面的话之后，接着说道：“这应该是一般辩证法的……叙述（以及研究）方法。”

中国共产党人必须学会这个方法，才能正确地分析中国革命的历史和现状，并推断革命的将来。

《毛泽东选集》第1卷，人民出版社1991年版，第307—308页

注释

（42）见列宁《谈谈辩证法问题》(《列宁全集》第55卷，人民出版社1990年版，第307页)。

知彼知己，百战不殆

魏徵

《水浒传》

木马计

要真正地认识对象，就必须把握和研究它的一切方面、一切联系和『媒介』。我们决不会完全地作到这一点，可是要求全面性，将使我们防止错误，防止僵化

《矛盾论》

原文

孙子论军事说："知彼知己，百战不殆。"他说的是作战的双方。唐朝人魏徵说过："兼听则明，偏信则暗。"也懂得片面性不对。可是我们的同志看问题，往往带片面性，这样的人就往往碰钉子。《水浒传》上宋江三打祝家庄，两次都因情况不明，方法不对，打了败仗。后来改变方法，从调查情形入手，于是熟悉了盘陀路，拆散了李家庄、扈家庄和祝家庄的联盟，并且布置了藏在敌人营盘里的伏兵，用了和外国故事中所说木马计相像的方法，第三次就打了胜仗。《水浒传》上有很多唯物辩证法的事例，这个三打祝家庄，算是最好的一个。列宁说："要真正地认识对象，就必须把握和研究它的一切方面、一切联系和'媒介'。我们决不会完全地作到这一点，可是要求全面性，将使我们防止错误，防止僵化。"我们应该记得他的话。

《毛泽东选集》第 1 卷，人民出版社 1991 年版，第 313 页

注释

（43）"知彼知己，百战不殆"，见《孙子·谋攻》。

（44）魏徵（五八〇——六四三），唐代初期的政治活动家和历史学家。本文引语见《资治通鉴》卷一百九十二。

（45）《水浒传》是中国描写农民战争的著名小说。宋江是这部小说

中农民武装的主要领袖。祝家庄在农民武装根据地梁山泊的附近，这个庄的统治者祝朝奉，是一个大恶霸地主。

（46）木马计是希腊神话中的一个著名故事。据传说，古希腊人攻打特洛伊城，很久打不下来。后来，他们伪装撤退，在城下营房中留下了一匹腹内藏有一批勇士的大木马。特洛伊人不知道这是敌人的计策，把木马作为战利品拉进城去。深夜，勇士们走出木马，利用特洛伊人毫无戒备的时机，配合城外的军队，迅速地夺取了特洛伊城。

（47）“要真正地认识对象，就必须把握和研究它的一切方面、一切联系和‘媒介’。我们决不会完全地作到这一点，可是要求全面性，将使我们防止错误，防止僵化”，见列宁《再论工会、目前局势及托洛茨基同志和布哈林同志的错误》。新的译文是：“要真正地认识事物，就必须把握住、研究清楚它的一切方面、一切联系和‘中介’。我们永远也不会完全做到这一点，但是，全面性这一要求可以使我们防止犯错误和防止僵化。”（《列宁全集》第40卷，人民出版社1986年版，第291页）

没有革命的理论，就不会有革命的运动

《矛盾论》

原文

当着不变更生产关系，生产力就不能发展的时候，生产关系的变更就起了主要的决定的作用。当着如同列宁所说“没有革命的理论，就不会有革命的运动”的时候，革命理论的创立和提倡就起了主要的决定的作用。当着某一件事情（任何事情都是一样）要做，但是还没有方针、方法、计划或政策的时候，确定方针、方法、计划或政策，也就是主要的决定的东西。当着政治文化等等上层建筑阻碍着经济基础的发展的时候，对于政治上和文化上的革新就成为主要的决定的东西了。

《毛泽东选集》第 1 卷，人民出版社 1991 年版，第 325—326 页

注释

（48）见列宁《俄国社会民主党人的任务》(《列宁全集》第 2 卷，人民出版社 1984 年版，第 443 页）；并见列宁《怎么办?》第一章第四节（《列宁全集》第 6 卷，人民出版社 1986 年版，第 23 页）。

辩证法是这样的一种学说：它研究对立怎样能够是同一的，又怎样成为同一的（怎样变成同一的），——在怎样的条件之下它们互相转化，成为同一的，——为什么人的头脑不应当把这些对立看作死的、凝固的东西，而应当看作生动的、有条件的、可变动的、互相转化的东西

《矛盾论》

原文

列宁说：“辩证法是这样的一种学说：它研究对立怎样能够是同一的，又怎样成为同一的（怎样变成同一的），——在怎样的条件之下它们互相转化，成为同一的，——为什么人的头脑不应当把这些对立看作死的、凝固的东西，而应当看作生动的、有条件的、可变动的、互相转化的东西。”

列宁这段话是什么意思呢？

一切过程中矛盾着的各方面，本来是互相排斥、互相斗争、互相对立的。世界上一切事物的过程里和人们的思想里，都包含着这样带矛盾性的方面，无一例外。单纯的过程只有一对矛盾，复杂的过程则有一对以上的矛盾。各对矛盾之间，又互相成为矛盾。这样地组成客观世界的一切事物和人们的思想，并推使它们发生运动。

《毛泽东选集》第1卷，人民出版社1991年版，第327页

注释

（49）见列宁《黑格尔〈逻辑学〉一书摘要》。新的译文是：“辩证法是一种学说，它研究对立面怎样才能够同一，是怎样（怎样成为）同一的——在什么条件下它们是相互转化而同一的，——为什么人的头脑不应该把这些对立面看作僵死的、凝固的东西，而应该看作活生生的、

有条件的、活动的、彼此转化的东西。”（《列宁全集》第55卷，人民出版社1990年版，第90页）

《山海经》

羿射九日

《西游记》

《聊斋志异》

任何神话都是用想象和借助想象以征服自然力，支配自然力，把自然力加以形象化；因而，随着这些自然力之实际上被支配，神话也就消失了

最好的神话具有「永久的魅力」

《矛盾论》

原文

神话中的许多变化，例如《山海经》中所说的“夸父追日”，《淮南子》中所说的“羿射九日”，《西游记》中所说的孙悟空七十二变和《聊斋志异》中的许多鬼狐变人的故事等等，这种神话中所说的矛盾的互相变化，乃是无数复杂的现实矛盾的互相变化对于人们所引起的一种幼稚的、想象的、主观幻想的变化，并不是具体的矛盾所表现出来的具体的变化。马克思说：“任何神话都是用想象和借助想象以征服自然力，支配自然力，把自然力加以形象化；因而，随着这些自然力之实际上被支配，神话也就消失了。”这种神话中的（还有童话中的）千变万化的故事，虽然因为它们想象出人们征服自然力等等，而能够吸引人们的喜欢，并且最好的神话具有“永久的魅力”（马克思），但神话并不是根据具体的矛盾之一定的条件而构成的，所以它们并不是现实之科学的反映。这就是说，神话或童话中矛盾构成的诸方面，并不是具体的同一性，只是幻想的同一性。科学地反映现实变化的同一性的，就是马克思主义的辩证法。

《毛泽东选集》第 1 卷，人民出版社 1991 年版，第 330—331 页

注释

（50）《山海经》是一部中国古代地理著作，其中记载了不少远古的神话传说。夸父是《山海经・海外北经》上记载的一个神人。据说：“夸

父与日逐走。入日，渴欲得饮，饮于河渭。河渭不足，北饮大泽。未至，道渴而死。弃其杖，化为邓林。”

（51）“羿射九日”。羿是中国古代传说中的英雄，“射日”是关于他善射的著名故事。据西汉淮南王刘安（公元前二世纪人）及其门客所著《淮南子》一书说：“尧之时，十日并出，焦禾稼，杀草木，而民无所食。猰貐、凿齿、九婴、大风、封豨、修蛇，皆为民害。尧乃使羿……上射十日而下杀猰貐。……万民皆喜。”东汉著作家王逸（公元二世纪人）关于屈原诗篇《天问》的注释说：“淮南言，尧时十日并出，草木焦枯。尧命羿仰射十日，中其九日……留其一日。”

（52）《西游记》是明代作家吴承恩著的一部神话小说。孙悟空是书中的主角。他是一个神猴，有七十二变的法术，能够随意变成各式各样的鸟兽虫鱼草木器物或者人形。

（53）《聊斋志异》是清代文学家蒲松龄著的短篇小说集，大部分是叙述神仙狐鬼的故事。

（54）“任何神话都是用想象和借助想象以征服自然力，支配自然力，把自然力加以形象化；因而，随着这些自然力之实际上被支配，神话也就消失了”，见马克思《〈政治经济学批判〉导言》（《马克思恩格斯选集》第2卷，人民出版社1972年版，第113页）。

（55）“最好的神话具有‘永久的魅力’”，见马克思《〈政治经济学批判〉导言》（《马克思恩格斯选集》第2卷，人民出版社1972年版，第114页）。

对立的统一（一致、同一、合一），是有条件的、一时的、暂存的、相对的。互相排斥的对立的斗争则是绝对的，正如发展、运动是绝对的一样

《矛盾论》

原文

列宁说："对立的统一（一致、同一、合一），是有条件的、一时的、暂存的、相对的。互相排斥的对立的斗争则是绝对的，正如发展、运动是绝对的一样。"

列宁这段话是什么意思呢？

一切过程都有始有终，一切过程都转化为它们的对立物。一切过程的常住性是相对的，但是一种过程转化为他种过程的这种变动性则是绝对的。

《毛泽东选集》第1卷，人民出版社1991年版，第332页

注释

（56）见列宁《谈谈辩证法问题》。新的译文是："对立面的统一（一致、同一、均势）是有条件的、暂时的、易逝的、相对的。相互排斥的对立面的斗争是绝对的，正如发展、运动是绝对的一样。"（《列宁全集》第55卷，人民出版社1990年版，第306页）

相反相成

在相对的东西里面有着绝对的东西

《矛盾论》

原文

我们中国人常说："相反相成。"就是说相反的东西有同一性。这句话是辩证法的，是违反形而上学的。"相反"就是说两个矛盾方面的互相排斥，或互相斗争。"相成"就是说在一定条件之下两个矛盾方面互相联结起来，获得了同一性。而斗争性即寓于同一性之中，没有斗争性就没有同一性。

在同一性中存在着斗争性，在特殊性中存在着普遍性，在个性中存在着共性。拿列宁的话来说，叫做"在相对的东西里面有着绝对的东西"。

《毛泽东选集》第 1 卷，人民出版社 1991 年版，第 333 页

注释

（57）"相反相成"，见东汉著名史学家班固（三二——九二）所著《汉书·艺文志》，原文是："诸子十家，其可观者，九家而已。皆起于王道既微，诸侯力政，时君世主，好恶殊方。是以九家之术，蜂出并作，各引一端，崇其所善，以此驰说，取合诸侯。其言虽殊，辟犹水火，相灭亦相生也。仁之与义，敬之与和，相反而皆相成也。"

（58）"在相对的东西里面有着绝对的东西"，见列宁《谈谈辩证法问题》。新的译文是："相对中有绝对。"（《列宁全集》第 55 卷，人民出版社 1990 年版，第 307 页）

对抗和矛盾断然不同。在社会主义下，对抗消灭了，矛盾存在着

《矛盾论》

原文

列宁说："对抗和矛盾断然不同。在社会主义下，对抗消灭了，矛盾存在着。"这就是说，对抗只是矛盾斗争的一种形式，而不是它的一切形式，不能到处套用这个公式。

《毛泽东选集》第 1 卷，人民出版社 1991 年版，第 336 页

注释

（59）见列宁《在尼·布哈林〈过渡时期经济学〉一书上作的批注和评论》。新的译文是："对抗和矛盾完全不是一回事。在社会主义下，对抗将会消失，矛盾仍将存在。"（《列宁全集》第 60 卷，人民出版社 1990 年版，第 281—282 页）

马德里

《为动员一切力量争取抗战胜利而斗争》

原文

为了挽救祖国的危亡，抵御强寇的进攻，保卫华北和沿海，收复平津和东北，全国人民和国民党当局必须深切地认识东北平津丧失的教训，认识阿比西尼亚亡国的覆辙，认识苏联过去战胜外敌的历史，认识西班牙现在胜利地保卫马德里的经验，坚固地团结起来，为保卫祖国而作战到底。

《毛泽东选集》第 2 卷，人民出版社 1991 年版，第 353 页

注释

（60）马德里是西班牙的首都。一九三六年七月，德意法西斯支持西班牙佛朗哥法西斯势力发动叛乱，并武装干涉西班牙内政。西班牙人民在人民阵线政府领导之下，进行了保卫民主反对侵略的英勇抗战。这个战争，以马德里的保卫战最为激烈。保卫马德里的战争，从一九三六年十月起，前后坚持两年又五个月的时间。由于英法等帝国主义国家用虚伪的所谓“不干涉”政策帮助侵略者，又由于人民阵线内部发生了分化，马德里在一九三九年三月陷落。

做眼

《抗日游击战争的战略问题》

原文

从整个抗日战争看来，由于敌之战略进攻和外线作战，我处战略防御和内线作战地位，无疑我是处在敌之战略包围中。这是敌对于我的第一种包围。由于我以数量上优势的兵力，对于从外线分数路向我前进之敌采取战役和战斗的进攻和外线作战的方针，就使各个分进之敌的每一个处于我之包围中。这是我对于敌的第一种包围。再从敌后游击战争的根据地看来，每一孤立的根据地都处于敌之四面或三面包围中，前者例如五台山地区，后者例如晋西北地区。这是敌对于我的第二种包围。但若将各个根据地联系起来看，并将各个游击战争根据地和正规军的战线联系起来看，我又把许多敌人都包围起来。例如在山西，我已三面包围了同蒲路（路之东西两侧及南端），四面包围了太原城；在河北、山东等省，亦有许多这样的包围。这是我对于敌的第二种包围。由是敌我各有加于对方的两种包围，大体上好似下围棋一样，敌对于我我对于敌之战役和战斗的作战好似吃子，敌之据点和我之游击根据地则好似做眼。在这个“做眼”的问题上，表示了敌后游击战争根据地之战略作用的重大性。这个问题，提在抗日战争面前，就是一方面在全国军事当局，又一方面在各地的游击战争领导者，均须把在敌后发展游击战争和在一切可能地方建立根据地的任务，放在自己的议事日程上，把它作为战略任务执行起来。如果我们能在外交上建立太平洋反日阵线，把中国作为一个战略单位，又把苏联及其他可能的国家也各作为一个战略单位，我们就比敌人多了一个包围，形成了一个太平洋的外线作战，可以围剿法西斯日本。这一点在今天当然还没有实际意义，但不是没有这种前途的。

《毛泽东选集》第 2 卷，人民出版社 1991 年版，第 426—427 页

注释

（61）“做眼”。围棋是中国的一种很古老的棋。双方的棋子互相包围，一方的一个或一群子被对方所包围，就被“吃”掉。但如果在被包围的一群子中保有必要的空格（“眼”），这群子就是“活”的，不被“吃”掉。

围魏救赵

《抗日游击战争的战略问题》

原文

在反围攻的作战计划中，我之主力一般是位于内线的。但在兵力优裕的条件下，使用次要力量（例如县和区的游击队，以至从主力中分出一部分）于外线，在那里破坏敌之交通，钳制敌之增援部队，是必要的。如果敌在根据地内久踞不去，我可以倒置地使用上述方法，即以一部留在根据地内围困该敌，而用主力进攻敌所从来之一带地方，在那里大肆活动，引致久踞之敌撤退出去打我主力；这就是“围魏救赵”的办法。

《毛泽东选集》第 2 卷，人民出版社 1991 年版，第 429 页

注释

（62）公元前三五四年，魏军围攻赵国都城邯郸（今河北省邯郸市西南）。第二年，齐国国君命田忌、孙膑率军救赵。孙膑认为魏军精锐在赵，内部空虚，主张引兵迅速进攻魏都，迫使魏军弃赵自救。田忌采纳了孙膑的意见。魏军果然回救本国。齐军乘魏军疲惫，在桂陵（今河南省长垣县西北）设伏袭击，大败魏军，赵国之围也随着解除。后来中国的军事家就用“围魏救赵”来说明类似的战法。

戊戌维新

《论持久战》

原文

第一，我们是一个半殖民地半封建的国家。从鸦片战争，太平天国，戊戌维新，辛亥革命，直至北伐战争，一切为解除半殖民地半封建地位的革命的或改良的运动，都遭到了严重的挫折，因此依然保留下这个半殖民地半封建的地位。我们依然是一个弱国，我们在军力、经济力和政治组织力各方面都显得不如敌人。战争之不可避免和中国之不能速胜，又在这个方面有其基础。

《毛泽东选集》第 2 卷，人民出版社 1991 年版，第 449 页

注释

（63）戊戌维新也称戊戌变法，是一八九八年（戊戌年）发生的维新运动。当时，中国面临被帝国主义列强瓜分的严重危机。康有为、梁启超、谭嗣同等人，在清朝光绪皇帝的支持下，企图通过自上而下的变法维新，逐步地在中国推行地主阶级和资产阶级联合统治的君主立宪制度，发展民族资本主义，以挽救民族危亡。但是，这个运动缺乏人民群众的基础，又遭到以慈禧太后为首的顽固派的坚决反对。变法三个多月以后，慈禧太后发动政变，幽禁光绪皇帝，杀害谭嗣同等六人，变法遭到失败。

如来佛的手掌

《论持久战》

原文

这样，敌我各有加于对方的两种包围，大体上好似下围棋一样，敌对于我我对于敌之战役和战斗的作战，好似吃子，敌的据点（例如太原）和我之游击根据地（例如五台山），好似做眼。如果把世界性的围棋也算在内，那就还有第三种敌我包围，这就是侵略阵线与和平阵线的关系。敌以前者来包围中、苏、法、捷等国，我以后者反包围德、日、意。但是我之包围好似如来佛的手掌，它将化成一座横亘宇宙的五行山，把这几个新式孙悟空——法西斯侵略主义者，最后压倒在山底下，永世也不得翻身。如果我能在外交上建立太平洋反日阵线，把中国作为一个战略单位，又把苏联及其他可能的国家也各作为一个战略单位，又把日本人民运动也作为一个战略单位，形成一个使法西斯孙悟空无处逃跑的天罗地网，那就是敌人死亡之时了。实际上，日本帝国主义完全打倒之日，必是这个天罗地网大体布成之时。这丝毫也不是笑话，而是战争的必然的趋势。

《毛泽东选集》第2卷，人民出版社1991年版，第472—473页

注释

（64）这个比喻里所引用的神话故事，见明朝吴承恩所著的《西游记》第七回。这个神话故事说，孙悟空本是个猴子，他能够一个筋斗翻十万八千里，但是，他站在如来佛的手心上尽力翻筋斗，总是翻不出去。如来佛翻掌一扑，将五个手指化作五行山，把他压住。

法西斯主义就是战争

《论持久战》

原文

目前的战争的特点是无间断和接近永久和平的性质。为什么无间断？意大利同阿比西尼亚打了之后，接着意大利同西班牙打，德国也搭了股份，接着日本又同中国打。还要接着谁呢？无疑地要接着希特勒同各大国打。“法西斯主义就是战争”，一点也不错。目前的战争发展到世界大战之间，是不会间断的，人类的战争灾难不可避免。

《毛泽东选集》第 2 卷，人民出版社 1991 年版，第 474—475 页

注释

（65）一九三五年八月，季米特洛夫在共产国际第七次代表大会上所作的报告中说：“法西斯是肆无忌惮的沙文主义和侵略战争。”一九三七年七月，他又发表了题为《法西斯主义就是战争》的论文。

战争是政治的特殊手段的继续

《论持久战》

原文

但是战争有其特殊性，在这点上说，战争不即等于一般的政治。“战争是政治的特殊手段的继续”。政治发展到一定的阶段，再也不能照旧前进，于是爆发了战争，用以扫除政治道路上的障碍。例如中国的半独立地位，是日本帝国主义政治发展的障碍，日本要扫除它，所以发动了侵略战争。中国呢？帝国主义压迫，早就是中国资产阶级民主革命的障碍，所以有了很多次的解放战争，企图扫除这个障碍。日本现在用战争来压迫，要完全断绝中国革命的进路，所以不得不举行抗日战争，决心要扫除这个障碍。障碍既除，政治的目的达到，战争结束。障碍没有扫除得干净，战争仍须继续进行，以求贯彻。例如抗日的任务未完，有想求妥协的，必不成功；因为即使因某种缘故妥协了，但是战争仍要起来，广大人民必定不服，必要继续战争，贯彻战争的政治目的。因此可以说，政治是不流血的战争，战争是流血的政治。

《毛泽东选集》第2卷，人民出版社1991年版，第479—480页

注释

（66）参见列宁《第二国际的破产》和《社会主义与战争》(《列宁全集》第26卷，人民出版社1988年版，第235、327页)。

晋楚城濮之战 韩信破赵之战 拿破仑的多数战役

《论持久战》

原文

主观指导的正确与否，影响到优势劣势和主动被动的变化，观于强大之军打败仗、弱小之军打胜仗的历史事实而益信。中外历史上这类事情是多得很的。中国如晋楚城濮之战，楚汉成皋之战，韩信破赵之战，新汉昆阳之战，袁曹官渡之战，吴魏赤壁之战，吴蜀彝陵之战，秦晋淝水之战等等，外国如拿破仑的多数战役，十月革命后的苏联内战，都是以少击众，以劣势对优势而获胜。都是先以自己局部的优势和主动，向着敌人局部的劣势和被动，一战而胜，再及其余，各个击破，全局因而转成了优势，转成了主动。

《毛泽东选集》第 2 卷，人民出版社 1991 年版，第 491 页

注释

（67）晋楚城濮之战。城濮在今山东省鄄城县西南。公元前六三二年，晋楚两国大战于此。战争开始时，楚军占优势。晋军退却九十里，到达城濮一带，先选择楚军力量薄弱的右翼，给以严重的打击。然后，再集中优势兵力击溃了楚军的左翼。楚军终于大败而退。

（68）韩信破赵之战。公元前二〇四年，汉将韩信率部与赵王歇大战于井陉（在今河北省井陉县）。赵军号称二十万，数倍于汉军。韩信

背水为阵，率军奋战；同时，遣兵袭占赵军防御薄弱的后方，使其腹背受敌，遂大破赵军。

（69）“拿破仑的多数战役”。十八世纪末十九世纪初，法国的拿破仑曾与英、普、奥、俄以及欧洲其他很多国家作战。在多次战争中，拿破仑的部队在数量上都不如他的敌人，但都得到了胜利。

八公山上，草木皆兵

《论持久战》

原文

错觉和不意，可以丧失优势和主动。因而有计划地造成敌人的错觉，给以不意的攻击，是造成优势和夺取主动的方法，而且是重要的方法。错觉是什么呢？“八公山上，草木皆兵”，是错觉之一例。“声东击西”，是造成敌人错觉之一法。

《毛泽东选集》第2卷，人民出版社1991年版，第491—492页

注释

（70）公元三八三年，秦王苻坚出兵攻晋。他依仗优势兵力，非常轻视晋军。晋军打败了秦军的前锋，从水陆两路继续前进，隔淝水同秦军对峙。苻坚登寿阳城（今安徽省寿县）瞭望，见晋兵布阵严整，又望见八公山上的草木，以为都是晋兵，觉得是遇到了劲敌，开始有惧色。随后在淝水决战中，强大的秦军终于被晋军打败。

宋襄公

《论持久战》

原文

我们不是宋襄公，不要那种蠢猪式的仁义道德。我们要把敌人的眼睛和耳朵尽可能地封住，使他们变成瞎子和聋子，要把他们的指挥员的心尽可能地弄得混乱些，使他们变成疯子，用以争取自己的胜利。所有这些，也都是主动或被动和主观指导之间的相互关系。战胜日本是少不了这种主观指导的。

《毛泽东选集》第 2 卷，人民出版社 1991 年版，第 492—493 页

注释

（71）宋襄公是公元前七世纪春秋时代宋国的国君。公元前六三八年宋国与强大的楚国作战，宋兵已经排列成阵，楚兵正在渡河。宋国有一个官员认为楚兵多宋兵少，主张利用楚兵渡河未毕的时机出击。但宋襄公说：不可，因为君子不乘别人困难的时候去攻打人家。楚兵渡河以后，还未排列成阵，宋国官员又请求出击。宋襄公又说：不可，因为君子不攻击不成阵势的队伍。一直等到楚兵准备好了以后，宋襄公才下令出击。结果宋国大败，宋襄公自己也受了伤。

运用之妙，存乎一心

《论持久战》

原文

古人所谓“运用之妙，存乎一心”，这个“妙”，我们叫做灵活性，这是聪明的指挥员的出产品。灵活不是妄动，妄动是应该拒绝的。灵活，是聪明的指挥员，基于客观情况，“审时度势”（这个势，包括敌势、我势、地势等项）而采取及时的和恰当的处置方法的一种才能，即是所谓“运用之妙”。

《毛泽东选集》第2卷，人民出版社1991年版，第494页

注释

（72）见《宋史·岳飞传》。

凡事预则立，不预则废

《论持久战》

原文

由于战争所特有的不确实性，实现计划性于战争，较之实现计划性于别的事业，是要困难得多的。然而，“凡事预则立，不预则废”，没有事先的计划和准备，就不能获得战争的胜利。战争没有绝对的确实性，但不是没有某种程度的相对的确实性。我之一方是比较地确实的。敌之一方很不确实，但也有朕兆可寻，有端倪可察，有前后现象可供思索。这就构成了所谓某种程度的相对的确实性，战争的计划性就有了客观基础。近代技术（有线电、无线电、飞机、汽车、铁道、轮船等）的发达，又使战争的计划性增大了可能。但由于战争只有程度颇低和时间颇暂的确实性，战争的计划性就很难完全和固定，它随战争的运动（或流动，或推移）而运动，且依战争范围的大小而有程度的不同。

《毛泽东选集》第 2 卷，人民出版社 1991 年版，第 495 页

注释

（73）见《礼记・中庸》。

历史上，俄国以避免决战，执行了勇敢的退却，战胜了威震一时的拿破仑

《论持久战》

原文

不决战就须放弃土地，这是没有疑问的，在无可避免的情况下（也仅仅是在这种情况下），只好勇敢地放弃。情况到了这种时候，丝毫也不应留恋，这是以土地换时间的正确的政策。历史上，俄国以避免决战，执行了勇敢的退却，战胜了威震一时的拿破仑。中国现在也应这样干。

《毛泽东选集》第 2 卷，人民出版社 1991 年版，第 507 页

注释

（74）一八一二年，拿破仑以五十万大军进攻俄国。当时俄军只有二十万人左右。为了避免不利于自己的决战，俄军实行战略退却，一直到放弃和焚毁了莫斯科。拿破仑的军队在深入俄国国土以后，遭到了俄国广大军民的坚决反抗，陷于饥寒困苦、后路被切断、四面被包围的绝境，最后不得不从莫斯科撤退。这时，俄军乘机大举反攻，拿破仑军仅剩二万余人逃离俄国国境。

政治路线确定之后，干部就是决定的因素

《中国共产党在民族战争中的地位》

原文

中国共产党是在一个几万万人的大民族中领导伟大革命斗争的党，没有多数才德兼备的领导干部，是不能完成其历史任务的。十七年来，我们党已经培养了不少的领导人材，军事、政治、文化、党务、民运各方面，都有了我们的骨干，这是党的光荣，也是全民族的光荣。但是，现有的骨干还不足以支撑斗争的大厦，还须广大地培养人材。在中国人民的伟大的斗争中，已经涌出并正在继续涌出很多的积极分子，我们的责任，就在于组织他们，培养他们，爱护他们，并善于使用他们。政治路线确定之后，干部就是决定的因素。因此，有计划地培养大批的新干部，就是我们的战斗任务。

《毛泽东选集》第2卷，人民出版社1991年版，第526页

注释

（75）一九三四年一月斯大林《在党的第十七次代表大会上关于联共（布）中央工作的总结报告》中说："在正确的政治路线提出以后，组织工作就决定一切，其中也决定政治路线本身的命运，即决定它的实现或失败。"斯大林在这里说到了正确挑选人才的问题。一九三五年五月斯大林《在克里姆林宫举行的红军学院学员毕业典礼上的讲话》中，提出和说明了"干部决定一切"的口号。（《斯大林选集》下卷，人民出版社1979年版，第343、371页）

有所不为而后可以有为

《统一战线中的独立自主问题》

原文

为了长期合作，统一战线中的各党派实行互助互让是必需的，但应该是积极的，不是消极的。我们必须巩固和扩大我党我军，同时也应赞助友党友军的巩固和扩大；人民要求政府满足自己的政治经济要求，同时给政府以一切可能的利于抗日的援助；工人要求厂主改良待遇，同时积极作工以利抗日；地主应该减租减息，同时农民应该交租交息，团结对外。这些都是互助的原则和方针，是积极的方针，不是消极的片面的方针。互让也是如此。彼此不挖墙脚，彼此不在对方党政军内组织秘密支部；在我们方面，就是不在国民党及其政府、军队内组织秘密支部，使国民党安心，利于抗日。“有所不为而后可以有为”，正是这种情形。

《毛泽东选集》第 2 卷，人民出版社 1991 年版，第 537—538 页

注释

（76）见《孟子·离娄下》。原文是：“人有不为也，而后可以有为。”

为了更好的一跃而后退 劳资合作论

《统一战线中的独立自主问题》

原文

没有红军的改编，红色区域的改制，暴动政策的取消，就不能实现全国的抗日战争。让了前者就得了后者，消极的步骤达到了积极的目的。“为了更好的一跃而后退”，正是列宁主义。把让步看作纯消极的东西，不是马克思列宁主义所许可的。纯消极的让步是有过的，那就是第二国际的劳资合作论，把一个阶级一个革命都让掉了。

《毛泽东选集》第 2 卷，人民出版社 1991 年版，第 538 页

注释

（77）“为了更好的一跃而后退”，见列宁《黑格尔〈哲学史讲演录〉一书摘要》(《列宁全集》第 55 卷，人民出版社 1990 年版，第 239 页）。

（78）“劳资合作论”，是第二国际主张在资本主义国家内，无产阶级与资产阶级合作，反对用革命手段推翻资产阶级统治以建立无产阶级专政的一种反动理论。

在战争问题上，那里的共产党是反对自己国家的帝国主义战争；如果这种战争发生了，党的政策是使本国反动政府败北。自己所要的战争只是准备中的国内战争

《战争和战略问题》

原文

革命的中心任务和最高形式是武装夺取政权，是战争解决问题。这个马克思列宁主义的革命原则是普遍地对的，不论在中国在外国，一概都是对的。

但是在同一个原则下，就无产阶级政党在各种条件下执行这个原则的表现说来，则基于条件的不同而不一致。在资本主义各国，在没有法西斯和没有战争的时期内，那里的条件是国家内部没有了封建制度，有的是资产阶级的民主制度；外部没有民族压迫，有的是自己民族压迫别的民族。基于这些特点，资本主义各国的无产阶级政党的任务，在于经过长期的合法斗争，教育工人，生息力量，准备最后地推翻资本主义。在那里，是长期的合法斗争，是利用议会讲坛，是经济的和政治的罢工，是组织工会和教育工人。那里的组织形式是合法的，斗争形式是不流血的（非战争的）。在战争问题上，那里的共产党是反对自己国家的帝国主义战争；如果这种战争发生了，党的政策是使本国反动政府败北。自己所要的战争只是准备中的国内战争。但是这种战争，不到资产阶级处于真正无能之时，不到无产阶级的大多数有了武装起义和进行战争的决心之时，不到农民群众已经自愿援助无产阶级之时，起义和战争是不应该举行的。到了起义和战争的时候，又是首先占领城市，然后进攻乡村，而不是与此相反。所有这些，都是资本主义国家的共产党所曾

经这样做，而在俄国的十月革命中证实了的。

《毛泽东选集》第2卷，人民出版社1991年版，第541—542页

注释

（79）参见列宁《战争和俄国社会民主党》、《俄国社会民主工党国外支部代表会议》、《关于自己的政府在帝国主义战争中的失败》（《列宁全集》第26卷，人民出版社1988年版，第12—19、163—169、297—303页）和《俄国的战败和革命危机》（《列宁全集》第27卷，人民出版社1990年版，第31—35页）。列宁这些著作是在一九一四年至一九一五年间针对着当时的帝国主义战争而写的。并参见《联共（布）党史简明教程》第六章第三节《布尔什维克党在战争、和平与革命问题上的理论和策略》（人民出版社1975年版，第185—192页）。

在中国，是武装的革命反对武装的反革命。这是中国革命的特点之一，也是中国革命的优点之一

《战争和战略问题》

原文

“在中国，是武装的革命反对武装的反革命。这是中国革命的特点之一，也是中国革命的优点之一。”斯大林同志的这一论断是完全正确的；无论是对于北伐战争说来，对于土地革命战争说来，对于今天的抗日战争说来，都是正确的。这些战争都是革命战争，战争所反对的对象都是反革命，参加战争的主要成分都是革命的人民；不同的只在或者是国内战争，或者是民族战争；或者是共产党单独进行的战争，或者是国共两党联合进行的战争。当然，这些区别是重要的。这些表示了战争主体有广狭的区别（工农联合，或工农资产阶级联合），战争对象有内外的区别（反对国内敌人，或反对国外敌人；国内敌人又分北洋军阀或国民党），表示了中国革命战争在其历史进程的各个时期中有不相同的内容。然而都是武装的革命反对武装的反革命，都是革命战争，都表示了中国革命的特点和优点。革命战争“是中国革命的特点之一，也是中国革命的优点之一”，这一论断，完全适合于中国的情况。中国无产阶级政党的主要的和差不多开始就面对着的任务，是联合尽可能多的同盟军，组织武装斗争，依照情况，反对内部的或外部的武装的反革命，为争取民族的和社会的解放而斗争。在中国，离开了武装斗争，就没有无产阶级和共产党的地位，就不能完成任何的革命任务。

《毛泽东选集》第2卷，人民出版社1991年版，第543—544页

注释

（80）见斯大林《论中国革命的前途》(《斯大林选集》上卷，人民出版社 1979 年版，第 487 页)。

贤人七十，弟子三千

《青年运动的方向》

原文

延安的青年们干了些什么呢？他们在学习革命的理论，研究抗日救国的道理和方法。他们在实行生产运动，开发了千亩万亩的荒地。开荒种地这件事，连孔夫子也没有做过。孔子办学校的时候，他的学生也不少，“贤人七十，弟子三千”，可谓盛矣。但是他的学生比起延安来就少得多，而且不喜欢什么生产运动。他的学生向他请教如何耕田，他就说：“不知道，我不如农民。”又问如何种菜，他又说：“不知道，我不如种菜的。”中国古代在圣人那里读书的青年们，不但没有学过革命的理论，而且不实行劳动。现在全国广大地方的学校，革命理论不多，生产运动也不讲。只有我们延安和各敌后抗日根据地的青年们根本不同，他们真是抗日救国的先锋，因为他们的政治方向是正确的，工作方法也是正确的。所以我说，延安的青年运动是全国青年运动的模范。

《毛泽东选集》第2卷，人民出版社1991年版，第568页

注释

（81）司马迁《史记·孔子世家》记载：“孔子以诗书礼乐教，弟子盖三千焉，身通六艺者七十有二人。”

指南针的发明 造纸法 刻版印刷 活字印刷 火药的应用

《中国革命和中国共产党》

原文

中华民族的发展（这里说的主要地是汉族的发展），和世界上别的许多民族同样，曾经经过了若干万年的无阶级的原始公社的生活。而从原始公社崩溃，社会生活转入阶级生活那个时代开始，经过奴隶社会、封建社会，直到现在，已有了大约四千年之久。在中华民族的开化史上，有素称发达的农业和手工业，有许多伟大的思想家、科学家、发明家、政治家、军事家、文学家和艺术家，有丰富的文化典籍。在很早的时候，中国就有了指南针的发明。还在一千八百年前，已经发明了造纸法。在一千三百年前，已经发明了刻版印刷。在八百年前，更发明了活字印刷。火药的应用，也在欧洲人之前。所以，中国是世界文明发达最早的国家之一，中国已有了将近四千年的有文字可考的历史。

《毛泽东选集》第 2 卷，人民出版社 1991 年版，第 622—623 页

注释

（82）指南针的发明，在中国是很早的。公元前三世纪战国时代，《吕氏春秋》上有“慈石召铁”的话，可见当时中国人已经知道磁石能吸铁。公元一世纪，东汉王充的《论衡》说磁勺柄指南，可见当时已经发现了磁石的指极性。根据宋代文献记载，在十一世纪，中国人已经发明了用人造磁针制造的指南针。到十二世纪初，即宋徽宗时，朱彧的

《萍洲可谈》和徐兢的《宣和奉使高丽图经》，都说到航海用指南针，可见当时指南针的使用已经相当普遍。

（83）造纸法。根据中国古代文献记载，公元二世纪初，东汉宦官蔡伦集中前人的经验，用树皮、麻头、破布和破鱼网造纸。此后，这种造纸法便在全国逐步推广开来。人们把这种纸称作“蔡侯纸”。

（84）中国的刻版印刷术，约创始于公元七世纪，即唐初年间。

（85）活字印刷。宋仁宗庆历（一〇四一——一〇四八）年间，毕升发明了活字印刷。

（86）中国火药的发明，大约在公元九世纪。到了宋朝初年，即公元十世纪后半期至十一世纪初，中国已经使用火药制造火炮、火箭等武器，供战争之用。

陈胜、吴广、项羽、刘邦
新市、平林、赤眉、铜马
黄巾
李密、窦建德
王仙芝、黄巢
宋江、方腊
朱元璋

《中国革命和中国共产党》

原文

地主阶级对于农民的残酷的经济剥削和政治压迫，迫使农民多次地举行起义，以反抗地主阶级的统治。从秦朝的陈胜、吴广、项羽、刘邦起，中经汉朝的新市、平林、赤眉、铜马和黄巾，隋朝的李密、窦建德，唐朝的王仙芝、黄巢，宋朝的宋江、方腊，元朝的朱元璋，明朝的李自成，直至清朝的太平天国，总计大小数百次的起义，都是农民的反抗运动，都是农民的革命战争。中国历史上的农民起义和农民战争的规模之大，是世界历史上所仅见的。在中国封建社会里，只有这种农民的阶级斗争、农民的起义和农民的战争，才是历史发展的真正动力。

《毛泽东选集》第 2 卷，人民出版社 1991 年版，第 625 页

注释

（87）陈胜、吴广是秦末农民大起义的领袖。公元前二〇九年，即秦二世元年，陈胜、吴广往戍地途中在蕲县大泽乡（今安徽省宿县东南）率领同行戍卒九百人起义，反抗秦朝的残暴统治。全国各地纷起响应。项羽和他的叔父项梁在吴（今江苏省吴县）起兵，刘邦在沛（今江苏省沛县）起兵。陈胜、吴广起义失败以后，项羽、刘邦两军成了当时反秦的主要力量。项军消灭了秦军的主力，刘军攻占了关中和秦的都城咸阳。秦朝灭亡后，刘项双方相争数年，项羽败死，刘邦做了皇帝，建

立了汉朝。

（88）新市、平林、赤眉、铜马都是王莽时代农民起义军的名称。西汉末年，各地农民不断进行反抗活动和武装起义。公元八年，王莽代汉以后，实行“改制”，企图缓和农民的反抗。但是，由于社会阶级矛盾的日益尖锐，加之天灾频繁，各地农民的反抗斗争终于发展为大规模的武装起义。公元十七年，新市（今湖北省京山县东北）人王匡、王凤领导饥民起义，以绿林山为基地，称为“绿林军”。后绿林军一部在王匡、王凤率领下北入南阳，称“新市兵”。另一部由王常等率领进入南郡（今湖北省江陵县），称“下江兵”。新市兵进入随县，平林（今湖北省随县东北）人陈牧等千余人起义响应，号称“平林兵”。公元十八年，山东琅琊人樊崇在莒县（今山东省莒县）领导农民起义。起义军用红色涂眉，号称“赤眉军”，主要活动于山东、江苏、河南、陕西等地，是当时最大的一支农民起义军。同时，在黄河以北的广大地区，还有大小数十支农民起义军，铜马是其中较大的一支，主要活动于河北、山东交界地区。

（89）黄巾。公元一八四年，即东汉灵帝中平元年，张角等领导河北、河南、山东、安徽等地的农民数十万人同时举行起义。起义军头戴黄巾为标志，因此被称为“黄巾军”。

（90）李密、窦建德。公元七世纪初，即隋朝末年，农民纷纷起义。李密、窦建德是当时两支主要起义军的首领。李密领导的河南瓦岗军和窦建德领导的河北起义军，在推翻隋朝统治的斗争中，起了重要作用。

（91）王仙芝、黄巢是唐末农民起义军的领袖。公元八七四年（唐僖宗乾符元年），王仙芝在山东起义，次年黄巢聚众响应。参见《毛泽东选集》第1卷，人民出版社1991年版，《关于纠正党内的错误思想》注〔4〕。

（92）宋江和方腊分别是公元十二世纪初即北宋末年北方和南方农民起义的有名首领。宋江率领的起义队伍，主要活动于山东、河北、河南、江苏一带；方腊率领的起义队伍，主要活动于浙江、安徽一带。

（93）朱元璋。公元一三五一年，即元顺帝至正十一年，各地人民纷纷起义。一三五二年，安徽凤阳人朱元璋投入北方红巾军郭子兴部起义军。郭死，朱元璋成为该军的首领。一三六八年，他领导的部队推翻了在各地人民起义的打击下已经摇摇欲坠的元朝的统治，成为明朝的开国皇帝。

一八五七年的英法联军战争
一八八四年的中法战争
一九〇〇年的八国联军战争

《中国革命和中国共产党》

原文

向中国举行多次的侵略战争，例如一八四〇年的英国鸦片战争，一八五七年的英法联军战争，一八八四年的中法战争，一八九四年的中日战争，一九〇〇年的八国联军战争。用战争打败了中国之后，帝国主义列强不但占领了中国周围的许多原由中国保护的国家，而且抢去了或“租借”去了中国的一部分领土。例如日本占领了台湾和澎湖列岛，“租借”了旅顺，英国占领了香港，法国“租借”了广州湾。割地之外，又索去了巨大的赔款。这样，就大大地打击了中国这个庞大的封建帝国。

《毛泽东选集》第 2 卷，人民出版社 1991 年版，第 628 页

注释

（94）一八五七年的英法联军战争，又称第二次鸦片战争。一八五六年，英国侵略军在广州向中国方面挑衅。一八五七年英法两国组成联合侵略军，对中国发动侵略战争。美国和沙俄不仅积极帮助他们，而且直接插手，乘机攫取中国的权利。当时清朝政府正以全力镇压太平天国农民革命，对外国侵略者采取消极抵抗政策。一八五七年至一八六〇年，英法联军先后攻陷广州、天津、北京等重要城市，劫掠并焚毁北京圆明园，迫使清朝政府订立了《天津条约》和《北京条约》。这些条约主要规定将天津、牛庄（后改为营口）、登州（后改为烟台）、

台湾（台南）、淡水、潮州（后改为汕头）、琼州、南京、镇江、九江、汉口等处开辟为商埠；承认外国人有在中国内地自由传教和游历通商的特权，外国商船有在中国内河航行的特权。从此，外国侵略势力不但扩大到中国沿海各省，同时还深入了内地。

（95）一八八二年至一八八三年，法国侵略者侵犯越南北部。一八八四年至一八八五年，又把侵略战争扩大到中国的广西、台湾、福建、浙江等地。中国军队在冯子材等率领下，奋起抵抗，并且屡获胜利。但是，腐朽的清朝政府在战争胜利之后，反而签订了屈辱的《天津条约》，允许在云南、广西两省的中越边界开埠通商，使法国侵略势力得以伸入中国西南地区。

（96）一九〇〇年，英、美、德、法、俄、日、意、奥八个帝国主义国家，为了镇压义和团的反侵略运动，联合出兵进攻中国，中国人民进行了英勇的抵抗。战争中，侵略军先后攻陷大沽、天津、北京等地。同时，沙俄又单独出兵侵入中国东北。清政府接受了帝国主义的条件，于一九〇一年九月七日在条件极为苛刻的《辛丑条约》上签字。这个条约的主要内容是：中国向八国赔偿银四亿五千万两，承认帝国主义国家有在北京和北京至天津、山海关一带地区驻兵的特权。

帝国主义到处致力于保持资本主义前期的一切剥削形式（特别是在乡村），并使之永久化，而这些形式则是它的反动的同盟者生存的基础

帝国主义及其在中国的全部财政军事的势力，乃是一种支持、鼓舞、栽培、保存封建残余及其全部官僚军阀上层建筑的力量

《中国革命和中国共产党》

原文

于买办阶级之外，帝国主义列强又使中国的封建地主阶级变为它们统治中国的支柱。它们“首先和以前的社会制度的统治阶级——封建地主、商业和高利贷资产阶级联合起来，以反对占大多数的人民。帝国主义到处致力于保持资本主义前期的一切剥削形式（特别是在乡村），并使之永久化，而这些形式则是它的反动的同盟者生存的基础”。“帝国主义及其在中国的全部财政军事的势力，乃是一种支持、鼓舞、栽培、保存封建残余及其全部官僚军阀上层建筑的力量。”

《毛泽东选集》第 2 卷，人民出版社 1991 年版，第 629 页

注释

（97）前句见共产国际第六次代表大会《关于殖民地和半殖民地国家革命运动的提纲》。

（98）后句见斯大林一九二七年五月二十四日在共产国际执行委员会第八次全会第十次会议上的演说《中国革命和共产国际的任务》（《斯大林全集》第 9 卷，人民出版社 1954 年版，第 260 页）。

李林甫

《斯大林是中国人民的朋友》

原文

一类所谓朋友，他们自称是中国人民的朋友；中国人中间有些人也不加思索地称他们做朋友。但是这种朋友，只能属于唐朝的李林甫一类。李林甫是唐朝的宰相，是一个有名的被称为“口蜜腹剑”的人。现在这些所谓朋友，正是“口蜜腹剑”的朋友。这些人是谁呢？就是那些口称同情中国的帝国主义者。

《毛泽东选集》第 2 卷，人民出版社 1991 年版，第 657 页

注释

（99）李林甫，公元八世纪人，唐玄宗时的一个宰相。《资治通鉴》说：“李林甫为相，凡才望功业出己右及为上所厚、势位将逼己者，必百计去之；尤忌文学之士，或阳与之善，啗以甘言而阴陷之。世谓李林甫‘口有蜜，腹有剑’。”

资本主义国家的无产阶级要拥护殖民地半殖民地人民的解放斗争，殖民地半殖民地的无产阶级要拥护资本主义国家的无产阶级的解放斗争，世界革命才能胜利

《纪念白求恩》

原文

列宁主义认为：资本主义国家的无产阶级要拥护殖民地半殖民地人民的解放斗争，殖民地半殖民地的无产阶级要拥护资本主义国家的无产阶级的解放斗争，世界革命才能胜利。白求恩同志是实践了这一条列宁主义路线的。我们中国共产党员也要实践这一条路线。我们要和一切资本主义国家的无产阶级联合起来，要和日本的、英国的、美国的、德国的、意大利的以及一切资本主义国家的无产阶级联合起来，才能打倒帝国主义，解放我们的民族和人民，解放世界的民族和人民。这就是我们的国际主义，这就是我们用以反对狭隘民族主义和狭隘爱国主义的国际主义。

《毛泽东选集》第 2 卷，人民出版社 1991 年版，第 659 页

注释

（100）参见列宁《民族和殖民地问题提纲初稿》和《民族和殖民地问题委员会的报告》(《列宁全集》第 39 卷，人民出版社 1986 年版，第 159—166、229—234 页）。

政治是经济的最集中的表现

不是人们的意识决定人们的存在，而是人们的社会存在决定人们的意识

从来的哲学家只是各式各样地说明世界，但是重要的乃在于改造世界

《新民主主义论》

原文

一定的文化（当作观念形态的文化）是一定社会的政治和经济的反映，又给予伟大影响和作用于一定社会的政治和经济；而经济是基础，政治则是经济的集中的表现。这是我们对于文化和政治、经济的关系及政治和经济的关系的基本观点。那末，一定形态的政治和经济是首先决定那一定形态的文化的；然后，那一定形态的文化又才给予影响和作用于一定形态的政治和经济。马克思说："不是人们的意识决定人们的存在，而是人们的社会存在决定人们的意识。"他又说："从来的哲学家只是各式各样地说明世界，但是重要的乃在于改造世界。"这是自有人类历史以来第一次正确地解决意识和存在关系问题的科学的规定，而为后来列宁所深刻地发挥了的能动的革命的反映论之基本的观点。我们讨论中国文化问题，不能忘记这个基本观点。

《毛泽东选集》第2卷，人民出版社1991年版，第663—664页

注释

（101）"政治是经济的最集中的表现"一语，见列宁《论工会、目前局势及托洛茨基同志的错误》(《列宁全集》第40卷，人民出版社1986年版，第212页)。

（102）"不是人们的意识决定人们的存在，而是人们的社会存在决

定人们的意识”，见马克思《〈政治经济学批判〉序言》(《马克思恩格斯选集》第2卷，人民出版社1972年版，第82页)。

(103)“从来的哲学家只是各式各样地说明世界，但是重要的乃在于改造世界”，见马克思《关于费尔巴哈的提纲》。新的译文是：“哲学家们只是用不同的方式解释世界，而问题在于改变世界。”(《马克思恩格斯选集》第1卷，人民出版社1972年版，第19页)

十月革命的伟大的世界意义

《新民主主义论》

原文

这种“世界革命”，已不是旧的世界革命，旧的资产阶级世界革命早已完结了；而是新的世界革命，而是社会主义的世界革命。同样，这种“一部分”，已经不是旧的资产阶级革命的一部分，而是新的社会主义革命的一部分。这是一个绝大的变化，这是自有世界历史和中国历史以来无可比拟的大变化。

中国共产党人提出的这一正确的命题，是根据斯大林的理论的。

斯大林还在一九一八年所作十月革命一周年纪念的论文时，就说道：

“十月革命的伟大的世界意义，主要的是：第一，它扩大了民族问题的范围，把它从欧洲反对民族压迫的斗争的局部问题，变为各被压迫民族、各殖民地及半殖民地从帝国主义之下解放出来的总问题；第二，它给这一解放开辟了广大的可能性和现实的道路，这就大大地促进了西方和东方的被压迫民族的解放事业，把他们吸引到胜利的反帝国主义斗争的巨流中去；第三，它从而在社会主义的西方和被奴役的东方之间架起了一道桥梁，建立了一条从西方无产者经过俄国革命到东方被压迫民族的新的反对世界帝国主义的革命战线。”

《毛泽东选集》第2卷，人民出版社1991年版，第669页

注释

（104）见斯大林《十月革命和民族问题》（《斯大林选集》上卷，人民出版社 1979 年版，第 126 页）。

帝国主义是垂死的资本主义

《新民主主义论》

原文

不错，现在是帝国主义最后挣扎的时期，它快要死了，“帝国主义是垂死的资本主义”。但是正因为它快要死了，它就更加依赖殖民地半殖民地过活，决不容许任何殖民地半殖民地建立什么资产阶级专政的资本主义社会。正因为日本帝国主义陷在严重的经济危机和政治危机的深坑之中，就是说，它快要死了，它就一定要打中国，一定要把中国变为殖民地，它就断绝了中国建立资产阶级专政和发展民族资本主义的路。

《毛泽东选集》第2卷，人民出版社1991年版，第680页

注释

（105）参见列宁《帝国主义是资本主义的最高阶段》（《列宁全集》第27卷，人民出版社1990年版，第437页）。

共产主义是三民主义的好朋友

《新民主主义论》

原文

谁人不知，关于社会制度的主张，共产党是有现在的纲领和将来的纲领，或最低纲领和最高纲领两部分的。在现在，新民主主义，在将来，社会主义，这是有机构成的两部分，而为整个共产主义思想体系所指导的。因为共产党的最低纲领和三民主义的政治原则基本上相同，就狂叫“收起”共产主义，岂非荒谬绝伦之至？在共产党人，正因三民主义的政治原则有和自己的最低纲领基本上相同之点，所以才有可能承认“三民主义为抗日统一战线的政治基础”，才有可能承认“三民主义为中国今日之必需，本党愿为其彻底实现而奋斗”，否则就没有这种可能了。这是共产主义和三民主义在民主革命阶段上的统一战线，孙中山所谓“共产主义是三民主义的好朋友”，也正是指的这种统一战线。否认共产主义，实际上就是否认统一战线。顽固派也正是要奉行其一党主义，否认统一战线，才造出那些否认共产主义的荒谬说法来。

《毛泽东选集》第 2 卷，人民出版社 1991 年版，第 686—687 页

注释

（106）见一九二四年孙中山《三民主义·民生主义》第二讲（《孙中山全集》第 9 卷，中华书局 1986 年版，第 386 页）。

所谓民族问题，实质上就是农民问题

『上山主义』

《新民主主义论》

原文

斯大林说："所谓民族问题，实质上就是农民问题。"这就是说，中国的革命实质上是农民革命，现在的抗日，实质上是农民的抗日。新民主主义的政治，实质上就是授权给农民。新三民主义，真三民主义，实质上就是农民革命主义。大众文化，实质上就是提高农民文化。抗日战争，实质上就是农民战争。现在是"上山主义"的时候，大家开会、办事、上课、出报、著书、演剧，都在山头上，实质上都是为的农民。抗日的一切，生活的一切，实质上都是农民所给。说"实质上"，就是说基本上，并非忽视其他部分，这是斯大林自己解释过了的。中国有百分之八十的人口是农民，这是小学生的常识。因此农民问题，就成了中国革命的基本问题，农民的力量，是中国革命的主要力量。

《毛泽东选集》第2卷，人民出版社1991年版，第692页

注释

（107）"所谓民族问题，实质上就是农民问题。"一九二五年三月三十日，斯大林在共产国际执行委员会南斯拉夫委员会会议上的演讲《论南斯拉夫的民族问题》中说："……农民是民族运动的主力军，没有农民这支军队，就没有而且也不可能有声势浩大的民族运动。所谓民族问题实质上是农民问题，正是指这一点说的。"（《斯大林全集》第7卷，

人民出版社 1958 年版，第 61 页）

（108）“上山主义”。在中国共产党内，曾经有些教条主义者讥笑毛泽东注重农村革命根据地为“上山主义”。毛泽东在这里是用教条主义者的这句讽刺话，说明农村革命根据地的伟大作用。

学校与科举之争

《新民主主义论》

原文

在“五四”以前，中国文化战线上的斗争，是资产阶级的新文化和封建阶级的旧文化的斗争。在“五四”以前，学校与科举之争，新学与旧学之争，西学与中学之争，都带着这种性质。那时的所谓学校、新学、西学，基本上都是资产阶级代表们所需要的自然科学和资产阶级的社会政治学说（说基本上，是说那中间还夹杂了许多中国的封建余毒在内）。在当时，这种所谓新学的思想，有同中国封建思想作斗争的革命作用，是替旧时期的中国资产阶级民主革命服务的。可是，因为中国资产阶级的无力和世界已经进到帝国主义时代，这种资产阶级思想只能上阵打几个回合，就被外国帝国主义的奴化思想和中国封建主义的复古思想的反动同盟所打退了，被这个思想上的反动同盟军稍稍一反攻，所谓新学，就偃旗息鼓，宣告退却，失了灵魂，而只剩下它的躯壳了。旧的资产阶级民主主义文化，在帝国主义时代，已经腐化，已经无力了，它的失败是必然的。

《毛泽东选集》第 2 卷，人民出版社 1991 年版，第 696—697 页

注释

（109）“学校”指当时效法欧美资本主义国家的教育制度。“科举”指中国原有的封建考试制度。十九世纪末，中国提倡“维新”的知识分子主张废除科举，兴办学校；封建顽固派竭力反对这种主张。

一九一九年的五四爱国运动

《新民主主义论》

原文

“五四”以后则不然。在“五四”以后，中国产生了完全崭新的文化生力军，这就是中国共产党人所领导的共产主义的文化思想，即共产主义的宇宙观和社会革命论。五四运动是在一九一九年，中国共产党的成立和劳动运动的真正开始是在一九二一年，均在第一次世界大战和十月革命之后，即在民族问题和殖民地革命运动在世界上改变了过去面貌之时，在这里中国革命和世界革命的联系，是非常之显然的。由于中国政治生力军即中国无产阶级和中国共产党登上了中国的政治舞台，这个文化生力军，就以新的装束和新的武器，联合一切可能的同盟军，摆开了自己的阵势，向着帝国主义文化和封建文化展开了英勇的进攻。这支生力军在社会科学领域和文学艺术领域中，不论在哲学方面，在经济学方面，在政治学方面，在军事学方面，在历史学方面，在文学方面，在艺术方面（又不论是戏剧，是电影，是音乐，是雕刻，是绘画），都有了极大的发展。二十年来，这个文化新军的锋芒所向，从思想到形式（文字等），无不起了极大的革命。其声势之浩大，威力之猛烈，简直是所向无敌的。其动员之广大，超过中国任何历史时代。而鲁迅，就是这个文化新军的最伟大和最英勇的旗手。鲁迅是中国文化革命的主将，他不但是伟大的文学家，而且是伟大的思想家和伟大的革命家。鲁迅的骨头是最硬的，他没有丝毫的奴颜和媚骨，这是殖民地半殖民地人民最可宝贵的性格。鲁迅是在文化战线上，代表全民族的大多数，向着敌人冲锋陷阵的最正确、最勇敢、最坚决、最忠实、最热忱的空前的民族英雄。鲁迅的方向，就是中华民族新文化的方向。

《毛泽东选集》第 2 卷，人民出版社 1991 年版，第 697—698 页

注释

（110）一九一九年的五四爱国运动，至六月初转入一个新的阶段，以六月三日北京学生反抗军警镇压，集会讲演开始，由学生的罢课，发展到上海、南京、天津、杭州、武汉、九江及山东、安徽各地的工人罢工，商人罢市。五四运动至此遂成为有无产阶级、城市小资产阶级和民族资产阶级参加的广大群众运动。

没有革命的理论，就不会有革命的运动

《新民主主义论》

原文

革命文化，对于人民大众，是革命的有力武器。革命文化，在革命前，是革命的思想准备；在革命中，是革命总战线中的一条必要和重要的战线。而革命的文化工作者，就是这个文化战线上的各级指挥员。“没有革命的理论，就不会有革命的运动”，可见革命的文化运动对于革命的实践运动具有何等的重要性。而这种文化运动和实践运动，都是群众的。因此，一切进步的文化工作者，在抗日战争中，应有自己的文化军队，这个军队就是人民大众。革命的文化人而不接近民众，就是“无兵司令”，他的火力就打不倒敌人。为达此目的，文字必须在一定条件下加以改革，言语必须接近民众，须知民众就是革命文化的无限丰富的源泉。

《毛泽东选集》第 2 卷，人民出版社 1991 年版，第 708 页

注释

（111）见列宁《俄国社会民主党人的任务》(《列宁全集》第 2 卷，人民出版社 1984 年版，第 443 页)；并见列宁《怎么办?》第一章第四节(《列宁全集》第 6 卷，人民出版社 1986 年版，第 23 页)。

周兴、来俊臣 魏忠贤、刘瑾

《向国民党的十点要求》

原文

七曰取缔特务机关。特务机关之横行，时人比诸唐之周兴、来俊臣，明之魏忠贤、刘瑾。彼辈不注意敌人而以对内为能事，杀人如麻，贪贿无艺，实谣言之大本营，奸邪之制造所。使通国之人重足而立，侧目而视者，无过于此辈穷凶极恶之特务人员。为保存政府威信起见，亟宜实行取缔，加以改组，确定特务机关之任务为专对敌人及汉奸，以回人心而培国本。此应请采纳实行者七。

《毛泽东选集》第 2 卷，人民出版社 1991 年版，第 724 页

注释

（112）周兴、来俊臣，公元七世纪末唐武则天时的酷吏。他们实行广泛的秘密侦察，任意用伪造的罪名逮捕他们所不喜欢的人，并且使用各种酷刑，加以残杀。

（113）刘瑾，公元十六世纪明武宗时的宦官；魏忠贤，公元十七世纪明熹宗时的宦官。他们掌握大权，运用名为“厂卫”的庞大的特务组织，控制人民的言论和行动，并且用各种酷刑迫害和虐杀反对他们的人。

吾恐季孙之忧，不在颛臾，而在萧墙之内

《为皖南事变发表的命令和谈话》

原文

因为上述种种原因，故我们还是希望那班玩火的人，不要过于冲昏头脑。我们正式警告他们说：放谨慎一点吧，这种火是不好玩的，仔细你们自己的脑袋。如果这班人能够冷静地想一想，他们就应该老老实实地并且很快地去做下列几件事：

第一、悬崖勒马，停止挑衅；

第二、取消一月十七日的反动命令，并宣布自己是完全错了；

第三、惩办皖南事变的祸首何应钦、顾祝同、上官云相三人；

第四、恢复叶挺自由，继续充当新四军军长；

第五、交还皖南新四军全部人枪；

第六、抚恤皖南新四军全部伤亡将士；

第七、撤退华中的"剿共"军；

第八、平毁西北的封锁线；

第九、释放全国一切被捕的爱国政治犯；

第十、废止一党专政，实行民主政治；

第十一、实行三民主义，服从《总理遗嘱》；

第十二、逮捕各亲日派首领，交付国法审判。

如能实行以上十二条，则事态自然平复，我们共产党和全国人民，必不过为已甚。否则，"吾恐季孙之忧，不在颛臾，而在萧墙之内"，反动派必然是搬起石头打他们自己的脚，那时我们就爱莫能助了。我们

是珍重合作的，但必须他们也珍重合作。老实说，我们的让步是有限度的，我们让步的阶段已经完结了。他们已经杀了第一刀，这个伤痕是很深重的。他们如果还为前途着想，他们就应该自己出来医治这个伤痕。“亡羊补牢，犹未为晚。”这是他们自己性命交关的大问题，我们不得不尽最后的忠告。如若他们怙恶不悛，继续胡闹，那时，全国人民忍无可忍，把他们抛到茅厕里去，那就悔之无及了。

《毛泽东选集》第2卷，人民出版社1991年版，第775—776页

注释

（114）见《论语·季氏》。季孙，鲁国大夫。颛臾，春秋时小国。萧墙是古代宫室内当门的小墙。季孙将伐颛臾，孔子以为季孙之忧不在外而在内。

即以其人之道，还治其人之身

《关于打退第二次反共高潮的总结》

原文

极端地复杂的中国政治，要求我们的同志深刻地给以注意。英美派的大地主大资产阶级既然还在抗日，其对我党既然还在一打一拉，则我党的方针便是“即以其人之道，还治其人之身”，以打对打，以拉对拉，这就是革命的两面政策。只要大地主大资产阶级一天没有完全叛变，我们的这个政策总是不会改变的。

《毛泽东选集》第 2 卷，人民出版社 1991 年版，第 782 页

注释

（115）这是宋朝的著名学者、理学家朱熹（一一三〇——一二〇〇）在《中庸》第十三章注文中所说的话。

要像马克思所说的详细地占有材料，加以科学的分析和综合的研究

《改造我们的学习》

原文

在这种态度下，就是对周围环境不作系统的周密的研究，单凭主观热情去工作，对于中国今天的面目若明若暗。在这种态度下，就是割断历史，只懂得希腊，不懂得中国，对于中国昨天和前天的面目漆黑一团。在这种态度下，就是抽象地无目的地去研究马克思列宁主义的理论。不是为了要解决中国革命的理论问题、策略问题而到马克思、恩格斯、列宁、斯大林那里找立场，找观点，找方法，而是为了单纯地学理论而去学理论。不是有的放矢，而是无的放矢。马克思、恩格斯、列宁、斯大林教导我们说：应当从客观存在着的实际事物出发，从其中引出规律，作为我们行动的向导。为此目的，就要像马克思所说的详细地占有材料，加以科学的分析和综合的研究。我们的许多人却是相反，不去这样做。其中许多人是做研究工作的，但是他们对于研究今天的中国和昨天的中国一概无兴趣，只把兴趣放在脱离实际的空洞的“理论”研究上。许多人是做实际工作的，他们也不注意客观情况的研究，往往单凭热情，把感想当政策。这两种人都凭主观，忽视客观实际事物的存在。或作讲演，则甲乙丙丁、一二三四的一大串；或作文章，则夸夸其谈的一大篇。无实事求是之意，有哗众取宠之心。华而不实，脆而不坚。自以为是，老子天下第一，“钦差大臣”满天飞。这就是我们队伍中若干同志的作风。这种作风，拿了律己，则害了自己；拿了教人，则害了别人；拿了指导革命，则害了革命。总之，这种反科学的反马克思

列宁主义的主观主义的方法，是共产党的大敌，是工人阶级的大敌，是人民的大敌，是民族的大敌，是党性不纯的一种表现。大敌当前，我们有打倒它的必要。只有打倒了主观主义，马克思列宁主义的真理才会抬头，党性才会巩固，革命才会胜利。我们应当说，没有科学的态度，即没有马克思列宁主义的理论和实践统一的态度，就叫做没有党性，或叫做党性不完全。

有一副对子，是替这种人画像的。那对子说：

墙上芦苇，头重脚轻根底浅；

山间竹笋，嘴尖皮厚腹中空。

对于没有科学态度的人，对于只知背诵马克思、恩格斯、列宁、斯大林著作中的若干词句的人，对于徒有虚名并无实学的人，你们看，像不像？如果有人真正想诊治自己的毛病的话，我劝他把这副对子记下来；或者再勇敢一点，把它贴在自己房子里的墙壁上。马克思列宁主义是科学，科学是老老实实的学问，任何一点调皮都是不行的。我们还是老实一点吧！

《毛泽东选集》第 3 卷，人民出版社 1991 年版，第 799—800 页

注释

（116）参见马克思《资本论》第一卷第二版跋。马克思在这篇跋中说："研究必须充分地占有材料，分析它的各种发展形式，探寻这些形式的内在联系。只有这项工作完成以后，现实的运动才能适当地叙述出来。"(《马克思恩格斯全集》第 23 卷，人民出版社 1972 年版，第 23 页）

把革命气概和实际精神结合起来

《改造我们的学习》

原文

在这种态度下，就是应用马克思列宁主义的理论和方法，对周围环境作系统的周密的调查和研究。不是单凭热情去工作，而是如同斯大林所说的那样：把革命气概和实际精神结合起来。在这种态度下，就是不要割断历史。不单是懂得希腊就行了，还要懂得中国；不但要懂得外国革命史，还要懂得中国革命史；不但要懂得中国的今天，还要懂得中国的昨天和前天。在这种态度下，就是要有目的地去研究马克思列宁主义的理论，要使马克思列宁主义的理论和中国革命的实际运动结合起来，是为着解决中国革命的理论问题和策略问题而去从它找立场，找观点，找方法的。这种态度，就是有的放矢的态度。“的”就是中国革命，“矢”就是马克思列宁主义。我们中国共产党人所以要找这根“矢”，就是为了要射中国革命和东方革命这个“的”的。这种态度，就是实事求是的态度。“实事”就是客观存在着的一切事物，“是”就是客观事物的内部联系，即规律性，“求”就是我们去研究。我们要从国内外、省内外、县内外、区内外的实际情况出发，从其中引出其固有的而不是臆造的规律性，即找出周围事变的内部联系，作为我们行动的向导。而要这样做，就须不凭主观想象，不凭一时的热情，不凭死的书本，而凭客观存在的事实，详细地占有材料，在马克思列宁主义一般原理的指导下，从这些材料中引出正确的结论。这种结论，不是甲乙丙丁的现象罗列，也不是夸夸其谈的滥调文章，而是科学的结论。这种态度，有实事求是之意，无哗众取宠之心。这种态度，就是党性的表现，就是理论和实际统一的马克思列宁主义的作风。这是一个共产党员起码应该具备的态度。如果有了这种态度，那就既不是“头重脚轻根底浅”，也不是“嘴尖皮厚腹中空”了。

《毛泽东选集》第 3 卷，人民出版社 1991 年版，第 800—801 页

注释

（117）参见斯大林《论列宁主义基础》第九部分《工作作风》(《斯大林选集》上卷，人民出版社 1979 年版，第 272—275 页)。

党八股

《整顿党的作风》

原文

所谓文风有些不正，就是说有党八股的毛病。这些作风不正，并不像冬天刮的北风那样，满天都是。主观主义、宗派主义、党八股，现在已不是占统治地位的作风了，这不过是一股逆风，一股歪风，是从防空洞里跑出来的。（笑声）但是我们党内还有这样的一种风，是不好的。我们要把产生这种歪风的洞塞死。

《毛泽东选集》第 3 卷，人民出版社 1991 年版，第 812 页

注释

（118）八股文是中国明、清封建皇朝考试制度所规定的一种特殊文体。它内容空洞，专讲形式，玩弄文字。这种文章的每一个段落都要死守在固定的格式里面，连字数都有一定的限制，人们只是按照题目的字义敷衍成文。党八股是指在革命队伍中某些人在写文章、发表演说或者做其他宣传工作的时候，对事物不加分析，只是搬用一些革命的名词和术语，言之无物，空话连篇，也和上述的八股文一样。

脱离实际的理论是空洞的理论

《整顿党的作风》

■ 原文

真正的理论在世界上只有一种，就是从客观实际抽出来又在客观实际中得到了证明的理论，没有任何别的东西可以称得起我们所讲的理论。斯大林曾经说过，脱离实际的理论是空洞的理论。空洞的理论是没有用的，不正确的，应该抛弃的。对于好谈这种空洞理论的人，应该伸出一个指头向他刮脸皮。马克思列宁主义是从客观实际产生出来又在客观实际中获得了证明的最正确最科学最革命的真理；但是许多学习马克思列宁主义的人却把它看成是死的教条，这样就阻碍了理论的发展，害了自己，也害了同志。

《毛泽东选集》第3卷，人民出版社1991年版，第817页

注释

（119）见斯大林《论列宁主义基础》第三部分《理论》。新的译文是："离开革命实践的理论是空洞的理论，而不以革命理论为指南的实践是盲目的实践。"（《斯大林选集》上卷，人民出版社1979年版，第199—200页）

子曰学而时习之，不亦说乎

《整顿党的作风》

原文

我幼年没有进过马克思列宁主义的学校，学的是“子曰学而时习之，不亦说乎”一套，这种学习的内容虽然陈旧了，但是对我也有好处，因为我识字便是从这里学来的。何况现在不是学的孔夫子，学的是新鲜的国语、历史、地理和自然常识，这些文化课学好了，到处有用。我们党中央现在着重要求工农干部学习文化，因为学了文化以后，政治、军事、经济哪一门都可学。否则工农干部虽有丰富经验，却没有学习理论的可能。

《毛泽东选集》第 3 卷，人民出版社 1991 年版，第 818 页

注释

（120）这是孔子和他的弟子们的语录《论语》的开头一句话。

老干部通常总是不多，比所需要的数量少，而且由于宇宙自然法则的关系，他们已部分地开始衰老死亡下去

新干部的长处是对于新鲜事物有锐敏的感觉，因而有高度的热情和积极性

《整顿党的作风》

■ 原文

还有一个问题，就是老干部和新干部的关系问题。抗战以来，我党有广大的发展，大批新干部产生了，这是很好的现象。斯大林同志在联共十八次代表大会上的报告中说："老干部通常总是不多，比所需要的数量少，而且由于宇宙自然法则的关系，他们已部分地开始衰老死亡下去。"他在这里讲了干部状况，又讲了自然科学。我们党如果没有广大的新干部同老干部一致合作，我们的事业就会中断。所以一切老干部应该以极大的热忱欢迎新干部，关心新干部。不错，新干部是有缺点的，他们参加革命还不久，还缺乏经验，他们中的有些人还不免带来旧社会不良思想的尾巴，这就是小资产阶级个人主义思想的残余。但是这些缺点是可以从教育中从革命锻炼中逐渐地去掉的。他们的长处，正如斯大林说过的，是对于新鲜事物有锐敏的感觉，因而有高度的热情和积极性，而在这一点上，有些老干部则正是缺乏的。新老干部应该是彼此尊重，互相学习，取长补短，以便团结一致，进行共同的事业，而防止宗派主义的倾向。在老干部负主要领导责任的地方，在一般情形之下，如果老干部和新干部的关系弄得不好，那末，老干部就应该负主要的责任。

《毛泽东选集》第 3 卷，人民出版社 1991 年版，第 824—825 页

注释

（121）“老干部通常总是不多，比所需要的数量少，而且由于宇宙自然法则的关系，他们已部分地开始衰老死亡下去。”这段话的新译文是：“老干部总是少数，不能满足需要，而且由于自然界的天然规律，他们已经部分地开始丧失工作能力。”（《斯大林选集》下卷，人民出版社 1979 年版，第 460 页）

（122）“新干部的长处是对于新鲜事物有锐敏的感觉，因而有高度的热情和积极性”，参见斯大林《在党的第十八次代表大会上关于联共（布）中央工作的总结报告》第三部分第二节（《斯大林选集》下卷，人民出版社 1979 年版，第 460 页）。

反对新旧八股是鲁迅作品里一贯的精神

《反对党八股》

原文

党八股也就是一种洋八股。这洋八股，鲁迅早就反对过的。我们为什么又叫它做党八股呢？这是因为它除了洋气之外，还有一点土气。也算一个创作吧！谁说我们的人一点创作也没有呢？这就是一个！

《毛泽东选集》第 3 卷，人民出版社 1991 年版，第 830 页

注释

（123）反对新旧八股是鲁迅作品里一贯的精神。鲁迅曾在《伪自由书·透底》一文中说："八股原是蠢笨的产物。一来是考官嫌麻烦——他们的头脑大半是阴沉木做的，——什么代圣贤立言，什么起承转合，文章气韵，都没有一定的标准，难以捉摸，因此，一股一股地定出来，算是合于功令的格式，用这格式来'衡文'，一眼就看得出多少轻重。二来，连应试的人也觉得又省力，又不费事了。这样的八股，无论新旧，都应当扫荡。"洋八股是五四运动以后一些浅薄的知识分子发展起来的东西，并经过他们的传播，长时期地在革命队伍中存在着。鲁迅在《透底》附录"回祝秀侠信"中批判这种洋八股说："八股无论新旧，都在扫荡之列，……例如只会'辱骂''恐吓'甚至于'判决'，而不肯具体地切实地运用科学所求得的公式，去解释每天的新的事实，新的现象，而只抄一通公式，往一切事实上乱凑，这也是一种八股。"（《鲁迅全集》第 5 卷，人民文学出版社 1981 年版，第 103—106 页）

辱骂和恐吓决不是战斗

《反对党八股》

原文

装腔作势，借以吓人。有些党八股，不只是空话连篇，而且装样子故意吓人，这里面包含着很坏的毒素。空话连篇，言之无物，还可以说是幼稚；装腔作势，借以吓人，则不但是幼稚，简直是无赖了。鲁迅曾经批评过这种人，他说："辱骂和恐吓决不是战斗。"科学的东西，随便什么时候都是不怕人家批评的，因为科学是真理，决不怕人家驳。

《毛泽东选集》第 3 卷，人民出版社 1991 年版，第 834—835 页

注释

（124）这是鲁迅《南腔北调集》中一篇文章的篇名，一九三二年作。（《鲁迅全集》第 4 卷，人民文学出版社 1981 年版，第 451 页）

列宁写传单

《反对党八股》

原文

今天会场上散发了一个题名《宣传指南》的小册子，里面包含四篇文章，我劝同志们多看几遍。

第一篇，是从《苏联共产党（布）历史简要读本》上摘下来的，讲的是列宁怎样做宣传。其中讲到列宁写传单的情形："在列宁领导下，彼得堡'工人阶级解放斗争协会'第一次在俄国开始把社会主义与工人运动结合起来。当某一个工厂里爆发罢工时，'斗争协会'因为经过自己小组中的参加者而很熟悉各企业中的情形，立刻就印发传单、印发社会主义的宣言来响应。在这些传单里，揭露出厂主虐待工人的事实，说明工人应如何为自身的利益而奋斗，载明工人群众的要求。这些传单把资本主义机体上的痈疽，工人的穷困生活，工人每日由十二小时至十四小时的过度沉重的劳动，工人之毫无权利等等真情实况，都揭露无余。同时，在这些传单里，又提出了相当的政治要求。"

是"很熟悉"啊！是"揭露无余"啊！

"一八九四年末，列宁在工人巴布石金参加下，写了第一个这样的鼓动传单和告彼得堡城塞棉尼可夫工厂罢工工人书。"

写一个传单要和熟悉情况的同志商量。列宁就是根据这样的调查和研究来写文章做工作的。

"每一个这样的传单，都大大提高了工人们的精神。工人们看见了，社会主义者是帮助他们、保护他们的。"

我们是赞成列宁的吗？如果是的话，就得依照列宁的精神去工作。不是空话连篇，言之无物；不是无的放矢，不看对象；也不是自以为是，夸夸其谈；而是要照着列宁那样地去做。

《毛泽东选集》第 3 卷，人民出版社 1991 年版，第 841—842 页

注释

（125）以上三段引文见《联共（布）党史简明教程》第一章第三节（人民出版社 1975 年版，第 18—19 页）。

季米特洛夫的三段话

《反对党八股》

原文

第二篇，是从季米特洛夫在共产国际第七次大会的报告中摘下来的。季米特洛夫说了些什么呢？他说：“应当学会不用书本上的公式而用为群众事业而奋斗的战士们的语言来和群众讲话，这些战士们的每一句话，每一个思想，都反映出千百万群众的思想和情绪。”

“如果我们没有学会说群众懂得的话，那末广大群众是不能领会我们的决议的。我们远不是随时都善于简单地、具体地、用群众所熟悉和懂得的形象来讲话。我们还没有能够抛弃背得烂熟的抽象的公式。事实上，你们只要瞧一瞧我们的传单、报纸、决议和提纲，就可以看到：这些东西常常是用这样的语言写成的，写得这样地艰深，甚至于我们党的干部都难于懂得，更用不着说普通工人了。”

怎么样？这不是把我们的毛病讲得一针见血吗？不错，党八股中国有，外国也有，可见是通病。（笑）但是我们总得照着季米特洛夫同志的指示把我们自己的毛病赶快治好才行。

“我们每一个人，都应当切实领会下面这条起码的规则，把它当作定律，当作布尔什维克的定律：当你写东西或讲话的时候，始终要想到使每个普通工人都懂得，都相信你的号召，都决心跟着你走。要想到你究竟为什么人写东西，向什么人讲话。”

这就是共产国际给我们治病的药方，是必须遵守的。这是“规则”啊！

《毛泽东选集》第3卷，人民出版社1991年版，第842—843页

注释

（126）以上三段引文见季米特洛夫一九三五年八月十三日在共产国际第七次代表大会上所作的结论《为工人阶级团结一致反对法西斯主义而斗争》的序言和第六部分《仅仅只有正确的路线还是不够的》。

《答北斗杂志社问》

《反对党八股》

原文

第三篇，是从《鲁迅全集》里选出的，是鲁迅复北斗杂志社讨论怎样写文章的一封信。他说些什么呢？他一共列举了八条写文章的规则，我现在抽出几条来说一说。

第一条："留心各样的事情，多看看，不看到一点就写。"

讲的是"留心各样的事情"，不是一样半样的事情。讲的是"多看看"，不是只看一眼半眼。我们怎么样？不是恰恰和他相反，只看到一点就写吗？

第二条："写不出的时候不硬写。"

我们怎么样？不是明明脑子里没有什么东西硬要大写特写吗？不调查，不研究，提起笔来"硬写"，这就是不负责任的态度。

第四条："写完后至少看两遍，竭力将可有可无的字、句、段删去，毫不可惜。宁可将可作小说的材料缩成速写，决不将速写材料拉成小说。"

《毛泽东选集》第 3 卷，人民出版社 1991 年版，第 843—844 页

注释

（127）《北斗》杂志是中国左翼作家联盟在一九三一年至一九三二年间出版的文艺月刊。《答北斗杂志社问》载鲁迅《二心集》。（《鲁迅全集》第 4 卷，人民文学出版社 1981 年版，第 364—365 页）

再思 行成于思

《反对党八股》

原文

孔夫子提倡“再思”，韩愈也说“行成于思”，那是古代的事情。现在的事情，问题很复杂，有些事情甚至想三四回还不够。鲁迅说“至少看两遍”，至多呢？他没有说，我看重要的文章不妨看它十多遍，认真地加以删改，然后发表。文章是客观事物的反映，而事物是曲折复杂的，必须反复研究，才能反映恰当；在这里粗心大意，就是不懂得做文章的起码知识。

《毛泽东选集》第3卷，人民出版社1991年版，第844页

注释

（128）“再思”，参见《论语·公冶长》。

（129）“行成于思”。韩愈（七六八——八二四），中国唐代著名的大作家。他在《进学解》一文中说：“行成于思，毁于随。”意思是：作事成功由于思考，失败由于不思考。

我们的文艺应当「为千千万万劳动人民服务」

《在延安文艺座谈会上的讲话》

■ 原文

第一个问题：我们的文艺是为什么人的？

这个问题，本来是马克思主义者特别是列宁所早已解决了的。列宁还在一九〇五年就已着重指出过，我们的文艺应当“为千千万万劳动人民服务”。在我们各个抗日根据地从事文学艺术工作的同志中，这个问题似乎是已经解决了，不需要再讲的了。其实不然。很多同志对这个问题并没有得到明确的解决。因此，在他们的情绪中，在他们的作品中，在他们的行动中，在他们对于文艺方针问题的意见中，就不免或多或少地发生和群众的需要不相符合，和实际斗争的需要不相符合的情形。

《毛泽东选集》第 3 卷，人民出版社 1991 年版，第 854 页

注释

（130）见列宁《党的组织和党的出版物》。列宁在这篇论文中说：“这将是自由的写作，因为把一批又一批新生力量吸引到写作队伍中来的，不是私利贪欲，也不是名誉地位，而是社会主义思想和对劳动人民的同情。这将是自由的写作，因为它不是为饱食终日的贵妇人服务，不是为百无聊赖、胖得发愁的‘一万个上层分子’服务，而是为千千万万劳动人民，为这些国家的精华、国家的力量、国家的未来服务。这将是

自由的写作，它要用社会主义无产阶级的经验和生气勃勃的工作去丰富人类革命思想的最新成就，它要使过去的经验（从原始空想的社会主义发展而成的科学社会主义）和现在的经验（工人同志们当前的斗争）之间经常发生相互作用。”（《列宁全集》第 12 卷，人民出版社 1987 年版，第 96—97 页）

联合战线是以有共同目的为必要条件的

《在延安文艺座谈会上的讲话》

■ 原文

我说某种程度，因为一般地说，这些同志的轻视工农兵、脱离群众，和国民党的轻视工农兵、脱离群众，是不同的；但是无论如何，这个倾向是有的。这个根本问题不解决，其他许多问题也就不易解决。比如说文艺界的宗派主义吧，这也是原则问题，但是要去掉宗派主义，也只有把为工农，为八路军、新四军，到群众中去的口号提出来，并加以切实的实行，才能达到目的，否则宗派主义问题是断然不能解决的。鲁迅曾说："联合战线是以有共同目的为必要条件的。……我们战线不能统一，就证明我们的目的不能一致，或者只为了小团体，或者还其实只为了个人。如果目的都在工农大众，那当然战线也就统一了。"

《毛泽东选集》第 3 卷，人民出版社 1991 年版，第 858 页

注释

（131）见鲁迅《二心集·对于左翼作家联盟的意见》(《鲁迅全集》第 4 卷，人民文学出版社 1981 年版，第 237—238 页）。

万不可做空头文学家，或空头艺术家

《在延安文艺座谈会上的讲话》

原文

中国的革命的文学家艺术家，有出息的文学家艺术家，必须到群众中去，必须长期地无条件地全心全意地到工农兵群众中去，到火热的斗争中去，到唯一的最广大最丰富的源泉中去，观察、体验、研究、分析一切人，一切阶级，一切群众，一切生动的生活形式和斗争形式，一切文学和艺术的原始材料，然后才有可能进入创作过程。否则你的劳动就没有对象，你就只能做鲁迅在他的遗嘱里所谆谆嘱咐他的儿子万不可做的那种空头文学家，或空头艺术家。

《毛泽东选集》第3卷，人民出版社1991年版，第860—861页

注释

（132）参见鲁迅《且介亭杂文末编·附集·死》(《鲁迅全集》第6卷，人民文学出版社1981年版，第612页)。

小放牛 人、手、口、刀、牛、羊

《在延安文艺座谈会上的讲话》

原文

但是，普及工作和提高工作是不能截然分开的。不但一部分优秀的作品现在也有普及的可能，而且广大群众的文化水平也是在不断地提高着。普及工作若是永远停止在一个水平上，一月两月三月，一年两年三年，总是一样的货色，一样的“小放牛”，一样的“人、手、口、刀、牛、羊”，那末，教育者和被教育者岂不都是半斤八两？这种普及工作还有什么意义呢？人民要求普及，跟着也就要求提高，要求逐年逐月地提高。在这里，普及是人民的普及，提高也是人民的提高。而这种提高，不是从空中提高，不是关门提高，而是在普及基础上的提高。这种提高，为普及所决定，同时又给普及以指导。

《毛泽东选集》第3卷，人民出版社1991年版，第862页

注释

（133）“小放牛”是中国一出传统的小歌舞剧。全剧只有两个角色，男角是牧童，女角是乡村小姑娘，以互相对唱的方式表现剧的内容。抗日战争初期，革命的文艺工作者利用这个歌舞剧的形式，变动其原来的词句，宣传抗日，一时颇为流行。

（134）“人、手、口、刀、牛、羊”是笔画比较简单的汉字，旧时一些小学国语读本把这几个字编在第一册的最初几课里。

“阳春白雪”和“下里巴人”

《在延安文艺座谈会上的讲话》

原文

任何一种东西，必须能使人民群众得到真实的利益，才是好的东西。就算你的是“阳春白雪”吧，这暂时既然是少数人享用的东西，群众还是在那里唱“下里巴人”，那末，你不去提高它，只顾骂人，那就怎样骂也是空的。现在是“阳春白雪”和“下里巴人”统一的问题，是提高和普及统一的问题。不统一，任何专门家的最高级的艺术也不免成为最狭隘的功利主义；要说这也是清高，那只是自封为清高，群众是不会批准的。

《毛泽东选集》第 3 卷，人民出版社 1991 年版，第 864—865 页

注释

（135）“阳春白雪”和“下里巴人”，都是公元前三世纪楚国的歌曲。“阳春白雪”是供少数人欣赏的较高级的歌曲；“下里巴人”是流传很广的民间歌曲。《文选·宋玉对楚王问》记载一个故事，说有人在楚都唱歌，唱“阳春白雪”时，“国中属而和者（跟着唱的），不过数十人”；但唱“下里巴人”时，“国中属而和者数千人”。

无产阶级的文学艺术是整个革命机器中的「齿轮和螺丝钉」

《在延安文艺座谈会上的讲话》

原文

在现在世界上，一切文化或文学艺术都是属于一定的阶级，属于一定的政治路线的。为艺术的艺术，超阶级的艺术，和政治并行或互相独立的艺术，实际上是不存在的。无产阶级的文学艺术是无产阶级整个革命事业的一部分，如同列宁所说，是整个革命机器中的“齿轮和螺丝钉”。因此，党的文艺工作，在党的整个革命工作中的位置，是确定了的，摆好了的；是服从党在一定革命时期内所规定的革命任务的。

《毛泽东选集》第 3 卷，人民出版社 1991 年版，第 865—866 页

注释

（136）见列宁《党的组织和党的出版物》。列宁在这篇论文中说：“写作事业应当成为整个无产阶级事业的一部分，成为由整个工人阶级的整个觉悟的先锋队所开动的一部巨大的社会民主主义机器的‘齿轮和螺丝钉’。”（《列宁全集》第 12 卷，人民出版社 1987 年版，第 93 页）

法捷耶夫

《在延安文艺座谈会上的讲话》

原文

所以愈是为革命根据地的群众而写的作品，才愈有全国意义。法捷耶夫的《毁灭》，只写了一支很小的游击队，它并没有想去投合旧世界读者的口味，但是却产生了全世界的影响，至少在中国，像大家所知道的，产生了很大的影响。中国是向前的，不是向后的，领导中国前进的是革命的根据地，不是任何落后倒退的地方。同志们在整风中间，首先要认识这一个根本问题。

《毛泽东选集》第3卷，人民出版社1991年版，第876—877页

注释

（137）法捷耶夫（一九〇一——一九五六），苏联名作家。他所作的小说《毁灭》于一九二七年出版，内容是描写苏联国内战争时期由苏联远东滨海边区工人、农民和革命知识分子所组成的一支游击队同国内反革命白卫军以及日本武装干涉军进行斗争的故事。这部小说曾由鲁迅译为汉文。

横眉冷对千夫指，俯首甘为孺子牛

《在延安文艺座谈会上的讲话》

原文

既然必须和新的群众的时代相结合，就必须彻底解决个人和群众的关系问题。鲁迅的两句诗，“横眉冷对千夫指，俯首甘为孺子牛”，应该成为我们的座右铭。“千夫”在这里就是说敌人，对于无论什么凶恶的敌人我们决不屈服。“孺子”在这里就是说无产阶级和人民大众。一切共产党员，一切革命家，一切革命的文艺工作者，都应该学鲁迅的榜样，做无产阶级和人民大众的“牛”，鞠躬尽瘁，死而后已。

《毛泽东选集》第 3 卷，人民出版社 1991 年版，第 877 页

注释

（138）见鲁迅《集外集·自嘲》（《鲁迅全集》第 7 卷，人民文学出版社 1981 年版，第 147 页）。

铁扇公主
柳宗元

《一个极其重要的政策》

原文

目前根据地的情况已经要求我们褪去冬衣，穿起夏服，以便轻轻快快地同敌人作斗争，我们却还是一身臃肿，头重脚轻，很不适于作战。若说：何以对付敌人的庞大机构呢？那就有孙行者对付铁扇公主为例。铁扇公主虽然是一个厉害的妖精，孙行者却化为一个小虫钻进铁扇公主的心脏里去把她战败了。柳宗元曾经描写过的“黔驴之技”，也是一个很好的教训。一个庞然大物的驴子跑进贵州去了，贵州的小老虎见了很有些害怕。但到后来，大驴子还是被小老虎吃掉了。我们八路军新四军是孙行者和小老虎，是很有办法对付这个日本妖精或日本驴子的。目前我们须得变一变，把我们的身体变得小些，但是变得更加扎实些，我们就会变成无敌的了。

《毛泽东选集》第3卷，人民出版社1991年版，第882—883页

注释

（139）铁扇公主又名罗刹。孙行者变为小虫战败铁扇公主的故事，见明朝吴承恩著的神话小说《西游记》第五十九回。

（140）柳宗元（七七三——八一九），中国唐代的大作家之一。他写过一篇《三戒》，包括三段寓言，其中一段题为《黔之驴》，说：“黔无驴，有好事者船载以入。至则无可用，放之山下。虎见之，庞然大物也，以为神，蔽林间窥之。稍出近之，慭慭然，莫相知。他日，驴一鸣，虎大骇，远遁；以为且噬己也，甚恐。然往来视之，觉无异能者；

益习其声，又近出前后，终不敢搏。稍近，益狎，荡倚冲冒。驴不胜怒，蹄之。虎因喜，计之曰：‘技止此耳！’因跳踉大㘎，断其喉，尽其肉，乃去。”

拿破仑的政治生命，终结于滑铁卢，而其决定点，则是在莫斯科的失败

《第二次世界大战的转折点》

原文

拿破仑的政治生命，终结于滑铁卢，而其决定点，则是在莫斯科的失败。希特勒今天正是走的拿破仑道路，斯大林格勒一役，是他的灭亡的决定点。

《毛泽东选集》第3卷，人民出版社1991年版，第888页

注释

（141）一八一五年六月，拿破仑的军队同英普联军激战于比利时的滑铁卢。拿破仑战败，被流放于大西洋南部的圣赫勒拿岛，至一八二一年死于该岛。拿破仑一生征服过欧洲的许多国家，但是在一八一二年进攻俄国的战争中，在莫斯科遭到极大的失败，他的精锐部队几乎全部被消灭。拿破仑受到了这次打击，从此便一蹶不振。

斯大林论党的布尔什维克化的十二个条件的第九条中所说建立领导核心问题 季米特洛夫论干部政策中所举的四条干部标准（无限忠心，联系群众，有独立工作能力，遵守纪律）

《关于领导方法的若干问题》

■ 原文

一九四二年的整风经验又证明：每一单位的整风，必须在整风过程中形成一个以该单位的首要负责人为核心的少数积极分子的领导骨干，并使这一领导骨干和参加学习的广大群众密切结合，才能使整风完成任务。只有领导骨干的积极性，而无广大群众的积极性相结合，便将成为少数人的空忙。但如果只有广大群众的积极性，而无有力的领导骨干去恰当地组织群众的积极性，则群众积极性既不可能持久，也不可能走向正确的方向和提到高级的程度。任何有群众的地方，大致都有比较积极的、中间状态的和比较落后的三部分人。故领导者必须善于团结少数积极分子作为领导的骨干，并凭借这批骨干去提高中间分子，争取落后分子。凡属真正团结一致、联系群众的领导骨干，必须是从群众斗争中逐渐形成，而不是脱离群众斗争所能形成的。在多数情形下，一个伟大的斗争过程，其开始阶段、中间阶段和最后阶段的领导骨干，不应该是也不可能是完全同一的；必须不断地提拔在斗争中产生的积极分子，来替换原有骨干中相形见绌的分子，或腐化了的分子。许多地方和许多机关工作推不动的一个基本原因，就是缺乏这样一个团结一致、联系群众的经常健全的领导骨干。一个百人的学校，如果没有一个从教员中、职员中、学生中按照实际形成的（不是勉强凑集的）最积极最正派最机敏的几个人乃至十几个人的领导骨干，这个学校就一定办不好。斯大林论党的布尔什维克化的十二个条件的第九条中所说建立领导核心问题，我们应该应用到一切大小机关、学校、部队、工厂和农村中去。这种领导骨干的标准，应当是季米特洛夫论干部政策中所举的四条干部标准（无限忠心，联系群众，有独立工作能力，遵守纪律）。无论是执行战争、生产、教育（包括整风）等中心任务，或是执行检查工作、审查干部和其他工作，除采取一般号召和个别指导相结合的方法以外，都须采取领导骨干和广大群众相结合的方法。

《毛泽东选集》第 3 卷，人民出版社 1991 年版，第 898—899 页

注释

（142）“斯大林论党的布尔什维克化的十二个条件的第九条中所说建立领导核心问题”，见斯大林《关于德国共产党的前途和布尔什维克化》(《斯大林选集》上卷，人民出版社 1979 年版，第 313 页）。

（143）“季米特洛夫论干部政策中所举的四条干部标准(无限忠心，联系群众，有独立工作能力，遵守纪律)”，见季米特洛夫一九三五年八月十三日在共产国际第七次代表大会上所作的结论《为工人阶级团结一致反对法西斯主义而斗争》的第七部分《干部问题》。

经过合作社

《组织起来》

原文

在农民群众方面，几千年来都是个体经济，一家一户就是一个生产单位，这种分散的个体生产，就是封建统治的经济基础，而使农民自己陷于永远的穷苦。克服这种状况的唯一办法，就是逐渐地集体化；而达到集体化的唯一道路，依据列宁所说，就是经过合作社。在边区，我们现在已经组织了许多的农民合作社，不过这些在目前还是一种初级形式的合作社，还要经过若干发展阶段，才会在将来发展为苏联式的被称为集体农庄的那种合作社。

《毛泽东选集》第 3 卷，人民出版社 1991 年版，第 931 页

注释

（144）参见列宁《论合作社》(《列宁全集》第 43 卷，人民出版社 1987 年版，第 361—368 页）。

心之官则思

《学习和时局》

原文

所谓开动机器，就是说，要善于使用思想器官。有些人背上虽然没有包袱，有联系群众的长处，但是不善于思索，不愿用脑筋多想苦想，结果仍然做不成事业。再有一些人则因为自己背上有了包袱，就不肯使用脑筋，他们的聪明被包袱压缩了。列宁斯大林经常劝人要善于思索，我们也要这样劝人。脑筋这个机器的作用，是专门思想的。孟子说："心之官则思。"他对脑筋的作用下了正确的定义。凡事应该用脑筋好好想一想。俗话说："眉头一皱，计上心来。"就是说多想出智慧。要去掉我们党内浓厚的盲目性，必须提倡思索，学会分析事物的方法，养成分析的习惯。这种习惯，在我们党内是太不够了。如果我们既放下了包袱，又开动了机器，既是轻装，又会思索，那我们就会胜利。

《毛泽东选集》第3卷，人民出版社1991年版，第948—949页

注释

（145）见《孟子·告子上》。

人固有一死，或重于泰山，或轻于鸿毛

《为人民服务》

■ 原文

人总是要死的，但死的意义有不同。中国古时候有个文学家叫做司马迁的说过："人固有一死，或重于泰山，或轻于鸿毛。"为人民利益而死，就比泰山还重；替法西斯卖力，替剥削人民和压迫人民的人去死，就比鸿毛还轻。张思德同志是为人民利益而死的，他的死是比泰山还要重的。

《毛泽东选集》第3卷，人民出版社1991年版，第1004页

注释

（146）司马迁，中国西汉时期著名的文学家和历史学家，著有《史记》一百三十篇。此处引语见《汉书·司马迁传》中的《报任少卿书》，原文是："人固有一死，死有重于泰山，或轻于鸿毛。"

欲速则不达

《文化工作中的统一战线》

原文

一切为群众的工作都要从群众的需要出发，而不是从任何良好的个人愿望出发。有许多时候，群众在客观上虽然有了某种改革的需要，但在他们的主观上还没有这种觉悟，群众还没有决心，还不愿实行改革，我们就要耐心地等待；直到经过我们的工作，群众的多数有了觉悟，有了决心，自愿实行改革，才去实行这种改革，否则就会脱离群众。凡是需要群众参加的工作，如果没有群众的自觉和自愿，就会流于徒有形式而失败。“欲速则不达”，这不是说不要速，而是说不要犯盲动主义，盲动主义是必然要失败的。在一切工作中都是如此；在改造群众思想的文化教育工作中尤其是如此。这里是两条原则：一条是群众的实际上的需要，而不是我们脑子里头幻想出来的需要；一条是群众的自愿，由群众自己下决心，而不是由我们代替群众下决心。

《毛泽东选集》第 3 卷，人民出版社 1991 年版，第 1012—1013 页

注释

（147）见《论语 · 子路》。

开罗会议

《论联合政府》

原文

开罗会议决定应使日本侵略者无条件投降，这是正确的。但是，现在日本侵略者正在暗地里进行活动，企图获得妥协的和平；国民党政府中的亲日分子，经过南京傀儡政府，也正在和日本密使勾勾搭搭，并未遇到制止。因此，中途妥协的危险并未完全过去。开罗会议又决定将东北四省、台湾、澎湖列岛归还中国，这是很好的。但是根据国民党政府的现行政策，要想依靠它打到鸭绿江边，收复一切失地，是不可能的。在这种情形下，中国人民应该怎么办呢？中国人民应该要求国民党政府彻底消灭日本侵略者，不许中途妥协。一切妥协的阴谋活动，必须立刻制止。中国人民应该要求国民党政府改变现在的消极的抗日政策，将其一切军事力量用于积极对日作战。中国人民应该扩大自己的军队——八路军、新四军及其他人民军队，并在一切敌人所到之处，广泛地自动地发展抗日武装，准备直接配合同盟国作战，收复一切失地，决不要单纯地依靠国民党。打败日本侵略者，是中国人民的神圣的权利。如果反动分子要想剥夺中国人民的这种神圣的权利，要想压制中国人民的抗日活动，要想破坏中国人民的抗日力量，那末，中国人民在向他们劝说无效之后，应该站在自卫立场上给以坚决的回击。因为中国反动分子的这种背叛民族利益的反动行为，完全是帮助日本侵略者的。

《毛泽东选集》第3卷，人民出版社1991年版，第1065—1066页

注释

（148）开罗会议是一九四三年十一月中、美、英三国首脑在埃及首都开罗举行的一次国际会议。这次会议发表了中、美、英三国开罗宣言，明确规定日本必须无条件投降，并将侵占的中国领土台湾等地归还中国。

愚公移山

《愚公移山》

原文

我们宣传大会的路线，就是要使全党和全国人民建立起一个信心，即革命一定要胜利。首先要使先锋队觉悟，下定决心，不怕牺牲，排除万难，去争取胜利。但这还不够，还必须使全国广大人民群众觉悟，甘心情愿和我们一起奋斗，去争取胜利。要使全国人民有这样的信心：中国是中国人民的，不是反动派的。中国古代有个寓言，叫做“愚公移山”。说的是古代有一位老人，住在华北，名叫北山愚公。他的家门南面有两座大山挡住他家的出路，一座叫做太行山，一座叫做王屋山。愚公下决心率领他的儿子们要用锄头挖去这两座大山。有个老头子名叫智叟的看了发笑，说是你们这样干未免太愚蠢了，你们父子数人要挖掉这样两座大山是完全不可能的。愚公回答说：我死了以后有我的儿子，儿子死了，又有孙子，子子孙孙是没有穷尽的。这两座山虽然很高，却是不会再增高了，挖一点就会少一点，为什么挖不平呢？愚公批驳了智叟的错误思想，毫不动摇，每天挖山不止。这件事感动了上帝，他就派了两个神仙下凡，把两座山背走了。现在也有两座压在中国人民头上的大山，一座叫做帝国主义，一座叫做封建主义。中国共产党早就下了决心，要挖掉这两座山。我们一定要坚持下去，一定要不断地工作，我们也会感动上帝的。这个上帝不是别人，就是全中国的人民大众。全国人民大众一齐起来和我们一道挖这两座山，有什么挖不平呢？

《毛泽东选集》第3卷，人民出版社1991年版，第1101—1102页

注释

（149）愚公移山的故事，见《列子·汤问》。原文是："太行、王屋二山，方七百里，高万仞。本在冀州之南，河阳之北。北山愚公者，年且九十，面山而居。惩山北之塞，出入之迂也，聚室而谋曰：吾与汝毕力平险，指通豫南，达于汉阴，可乎？杂然相许。其妻献疑曰：以君之力，曾不能损魁父之丘，如太行王屋何？且焉置土石？杂曰：投诸渤海之尾，隐土之北。遂率子孙荷担者三夫，叩石垦壤，箕畚运于渤海之尾。邻人京城氏之孀妻，有遗男，始龀，跳往助之。寒暑易节，始一反焉。河曲智叟，笑而止之，曰：甚矣，汝之不惠。以残年余力，曾不能毁山之一毛，其如土石何？北山愚公长息曰：汝心之固，固不可彻，曾不若孀妻弱子。虽我之死，有子存焉；子又生孙，孙又生子；子又有子，子又有孙。子子孙孙，无穷匮也，而山不加增，何苦而不平？河曲智叟亡以应。操蛇之神闻之，惧其不已也，告之于帝。帝感其诚，命夸蛾氏二子负二山，一厝朔东，一厝雍南。自此，冀之南，汉之阴，无陇断焉。"

旧世界有三个大矛盾

《愚公移山》

原文

美国政府的扶蒋反共政策，说明了美国反动派的猖狂。但是一切中外反动派的阻止中国人民胜利的企图，都是注定要失败的。现在的世界潮流，民主是主流，反民主的反动只是一股逆流。目前反动的逆流企图压倒民族独立和人民民主的主流，但反动的逆流终究不会变为主流。现在依然如斯大林很早就说过的一样，旧世界有三个大矛盾：第一个是帝国主义国家中的无产阶级和资产阶级的矛盾，第二个是帝国主义国家之间的矛盾，第三个是殖民地半殖民地国家和帝国主义宗主国之间的矛盾。这三种矛盾不但依然存在，而且发展得更尖锐了，更扩大了。由于这些矛盾的存在和发展，所以虽有反苏反共反民主的逆流存在，但是这种反动逆流总有一天会要被克服下去。

《毛泽东选集》第 3 卷，人民出版社 1991 年版，第 1103 页

注释

（150）参见斯大林《论列宁主义基础》第一部分《列宁主义的历史根源》(《斯大林选集》上卷，人民出版社 1979 年版，第 186—187 页）。

黎明即起，洒扫庭除

《抗日战争胜利后的时局和我们的方针》

■ 原文

手里拿着扫帚就要研究扫的办法，不要躺在床上，以为会来一阵什么大风，把灰尘统统刮掉。我们马克思主义者是革命的现实主义者，绝不作空想。中国有句古话说："黎明即起，洒扫庭除。"黎明者，天刚亮也。古人告诉我们，在天刚亮的时候，就要起来打扫。这是告诉了我们一项任务。只有这样想，这样做，才有益处，也才有工作做。中国的地面很大，要靠我们一寸一寸地去扫。

《毛泽东选集》第 4 卷，人民出版社 1991 年版，第 1132 页

注释

（151）见明末清初人朱柏庐所著《治家格言》。

文武之道，一张一弛

《对晋绥日报编辑人员的谈话》

原文

《晋绥日报》在去年六月以后进行的反对右倾的斗争，是完全正确的。在反右倾的斗争中，你们作得很认真，充分地反映了群众运动的实际情况。对于你们认为错误的观点和材料，你们采用编者按语的形式加以批注。你们的批注后来也有缺点，但是那种认真的精神是好的。你们的缺点主要是把弓弦拉得太紧了。拉得太紧，弓弦就会断。古人说："文武之道，一张一弛。"现在"弛"一下，同志们会清醒起来。过去的工作有成绩，但也有缺点，主要是"左"的偏向。现在作一次全面的总结，纠正了"左"的偏向，就会做出更大的成绩来。

《毛泽东选集》第 4 卷，人民出版社 1991 年版，第 1321 页

注释

（152）参见《礼记·杂记下》。原文是："张而不弛，文武弗能也。弛而不张，文武弗为也。一张一弛，文武之道也。"文武，指周文王、周武王。

十月革命的伟大的世界意义

《全世界革命力量团结起来，反对帝国主义的侵略》

原文

现在，当着全世界觉悟的工人阶级和一切真诚革命的人们对于苏联伟大的十月社会主义革命第三十一个周年举行欢欣鼓舞的纪念的时候，我想起了斯大林在一九一八年，在十月革命第一个周年纪念的时候所写的著名的论文。斯大林在这篇论文中说："十月革命的伟大的世界意义，主要的是：第一，它扩大了民族问题的范围，把它从欧洲反对民族压迫的斗争的局部问题，变为各被压迫民族、各殖民地及半殖民地从帝国主义之下解放出来的总问题；第二，它给这一解放开辟了广大的可能性和现实的道路，这就大大地促进了西方和东方的被压迫民族的解放事业，把他们吸引到胜利的反帝国主义斗争的巨流中去；第三，它从而在社会主义的西方和被奴役的东方之间架起了一道桥梁，建立了一条从西方无产者经过俄国革命到东方被压迫民族的新的反对世界帝国主义的革命战线。"

《毛泽东选集》第 4 卷，人民出版社 1991 年版，第 1356 页

注释

（153）见斯大林《十月革命和民族问题》（《斯大林选集》上卷，人民出版社 1979 年版，第 126 页）。

农夫与蛇的寓言故事

《将革命进行到底》

原文

值得注意的是，现在中国人民的敌人忽然竭力装作无害而且可怜的样子了（请读者记着，这种可怜相，今后还要装的）。最近做了国民党行政院长的孙科，在去年六月间，不是曾经宣布“在军事方面，只要打到底，终归可以解决”的吗？这次一上台却大谈其“光荣的和平”，说什么“政府曾努力追求和平，由于和平不能实现，不得已而用兵，用兵的最后目的仍在求得和平的恢复”。合众社上海十二月二十一日的电讯，马上就预料孙科的声明“在美国官方人士及国民党自由主义人士中，将遇到最广泛的赞扬”。美国官方人士现在不但热心于中国的“和平”，而且一再表示，从一九四五年十二月莫斯科苏美英三国外长会议以来，美国就遵守着“不干涉中国内政的政策”。应该怎样来对付这些君子国的先生们呢？这里用得着古代希腊的一段寓言：“一个农夫在冬天看见一条蛇冻僵着。他很可怜它，便拿来放在自己的胸口上。那蛇受了暖气就苏醒了，等到回复了它的天性，便把它的恩人咬了一口，使他受了致命的伤。农夫临死的时候说：我怜惜恶人，应该受这个恶报！”外国和中国的毒蛇们希望中国人民还像这个农夫一样地死去，希望中国共产党，中国的一切革命民主派，都像这个农夫一样地怀有对于毒蛇的好心肠。但是中国人民、中国共产党和中国真正的革命民主派，却听见了并且记住了这个劳动者的遗嘱。况且盘踞在大部分中国土地上的大蛇和小蛇，黑蛇和白蛇，露出毒牙的蛇和化成美女的蛇，虽然它们已经感觉到冬天的威胁，但是还没有冻僵呢！

《毛泽东选集》第 4 卷，人民出版社 1991 年版，第 1376—1377 页

注释

（154）见《伊索寓言》中的《农夫与蛇》。

贾宝玉

《评战犯求和》

原文

“军队有确实的保障”——这是买办地主阶级的命根，虽然已被可恶的人民解放军歼灭了几百万，但是现在还剩下一百几十万，务须“保障”而且“确实”。倘若“保障”而不“确实”，买办地主阶级就没有了本钱，“法统”还是要“中断”，国民党匪帮还是要灭亡，一切大中小战犯还是要被捉拿治罪。大观园里贾宝玉的命根是系在颈上的一块石头，国民党的命根是它的军队，怎么好说不“保障”，或者虽有“保障”而不“确实”呢?

《毛泽东选集》第4卷，人民出版社1991年版，第1382—1383页

注释

（155）贾宝玉是公元十八世纪中国著名小说《红楼梦》中的人物，大观园是贾宝玉家里的花园。据说贾宝玉出生时口里含着一块玉石，这玉石是他的命根，系在颈上一时也不能离开，如果丢了便会“失魂丧魄”。

天低吴楚，眼空无物

《四分五裂的反动派为什么还要空喊“全面和平”?》

原文

孙科的“行政院”号召战争，但是进行战争的“国防部”却既不在广州，也不在南京，人们只知道它的发言人在上海。这样，李宗仁在石头城上所能看见的东西，就只剩下了“天低吴楚，眼空无物”。李宗仁自上月二十一日登台到现在下过的命令，没有一项是实行了的。

《毛泽东选集》第 4 卷，人民出版社 1991 年版，第 1409—1410 页

注释

（156）这是借用公元十四世纪元朝人萨都剌所作《登石头城》调寄《念奴娇》词中的话。这首词的上阕是：“石头城上，望天低吴楚，眼空无物。指点六朝形胜地，惟有青山如壁。蔽日旌旗，连云樯艣，白骨纷如雪。一江南北，消磨多少豪杰。”南京古称石头城。吴楚泛指长江的中下游。

孙行者钻进铁扇公主的肚子里兴妖作怪

《在中国共产党第七届中央委员会第二次全体会议上的报告》

原文

我们希望四月或五月占领南京，然后在北平召集政治协商会议，成立联合政府，并定都北平。我们既然允许谈判，就要准备在谈判成功以后许多麻烦事情的到来，就要准备一副清醒的头脑去对付对方采用孙行者钻进铁扇公主肚子里兴妖作怪的政策。只要我们精神上有了充分的准备，我们就可以战胜任何兴妖作怪的孙行者。不论是全面的和平谈判，或者局部的和平谈判，我们都应当这样去准备。我们不应当怕麻烦、图清静而不去接受这些谈判，我们也不应当糊里糊涂地去接受这些谈判。我们的原则性必须是坚定的，我们也要有为了实现原则性的一切许可的和必需的灵活性。

《毛泽东选集》第 4 卷，人民出版社 1991 年版，第 1436 页

注释

（157）孙行者钻进铁扇公主的肚子里从而战败铁扇公主的故事，见明朝吴承恩著的神话小说《西游记》第五十九回。

庆父不死，鲁难未已

《南京政府向何处去?》

原文

李宗仁何应钦政府既然派出和谈代表团前来北平同中国共产党谈判和平，并表示愿意接受中国共产党的八项条件以为谈判的基础，那末，如果这个政府是有最低限度的诚意，就应当以处理南京惨案为起点，逮捕并严惩主凶蒋介石、汤恩伯、张耀明，逮捕并严惩在南京上海的特务暴徒，逮捕并严惩那些坚决反对和平、积极破坏和谈、积极准备抵抗人民解放军向长江以南推进的反革命首要。庆父不死，鲁难未已。战犯不除，国无宁日。这个真理，难道现在还不明白吗?

《毛泽东选集》第 4 卷，人民出版社 1991 年版，第 1446 页

注释

（158）事见《左传·闵公元年》。庆父是春秋时鲁国的公子，曾经一再制造鲁国的内乱，先后杀死两个国君。当时的人有“不去庆父，鲁难未已”的说法。后人常常把制造内乱的人比之为庆父。

俄国人寻找革命理论的经过

《论人民民主专政》

原文

列宁在一九二〇年在《共产主义运动中的“左派”幼稚病》一书中，描写过俄国人寻找革命理论的经过。俄国人曾经在几十个年头内，经历艰难困苦，方才找到了马克思主义。中国有许多事情和十月革命以前的俄国相同，或者近似。封建主义的压迫，这是相同的。经济和文化落后，这是近似的。两个国家都落后，中国则更落后。先进的人们，为了使国家复兴，不惜艰苦奋斗，寻找革命真理，这是相同的。

《毛泽东选集》第 4 卷，人民出版社 1991 年版，第 1469 页

注释

（159）见《共产主义运动中的“左派”幼稚病》第二章。列宁在那里说：“在将近半个世纪里，大约从上一世纪四十年代至九十年代，俄国进步的思想界在空前野蛮和反动的沙皇制度的压迫之下，曾如饥似渴地寻求正确的革命理论，专心致志地、密切地注视着欧美在这方面的每一种‘最新成就’。俄国在半个世纪里，经受了闻所未闻的痛苦和牺牲，表现了空前未有的革命英雄气概，以难以置信的毅力和舍身忘我的精神去探索、学习和实验，经受了失望，进行了验证，参照了欧洲的经验，真是饱经苦难找到了马克思主义这个唯一正确的革命理论。”（《列宁全集》第 39 卷，人民出版社 1986 年版，第 5—6 页）

洪秀全 康有为 严复

《论人民民主专政》

原文

自从一八四〇年鸦片战争失败那时起，先进的中国人，经过千辛万苦，向西方国家寻找真理。洪秀全、康有为、严复和孙中山，代表了在中国共产党出世以前向西方寻找真理的一派人物。那时，求进步的中国人，只要是西方的新道理，什么书也看。向日本、英国、美国、法国、德国派遣留学生之多，达到了惊人的程度。国内废科举，兴学校，好像雨后春笋，努力学习西方。我自己在青年时期，学的也是这些东西。这些是西方资产阶级民主主义的文化，即所谓新学，包括那时的社会学说和自然科学，和中国封建主义的文化即所谓旧学是对立的。学了这些新学的人们，在很长的时期内产生了一种信心，认为这些很可以救中国，除了旧学派，新学派自己表示怀疑的很少。要救国，只有维新，要维新，只有学外国。那时的外国只有西方资本主义国家是进步的，它们成功地建设了资产阶级的现代国家。日本人向西方学习有成效，中国人也想向日本人学。在那时的中国人看来，俄国是落后的，很少人想学俄国。这就是十九世纪四十年代至二十世纪初期中国人学习外国的情形。

《毛泽东选集》第 4 卷，人民出版社 1991 年版，第 1469—1470 页

注释

（160）洪秀全（一八一四——一八六四），广东花县人，十九世纪中叶太平天国农民革命运动的领袖。他早年深感清朝腐败，外侮日深，

而吸取西方基督教教义的平等思想，开始宣传“拜上帝教”。一八五一年，他和杨秀清等领导群众在广西桂平县的金田村起义，建号太平天国。一八五九年，洪仁玕写的主张向西方国家学习的《资政新篇》，经洪秀全批准颁行。

（161）康有为（一八五八——一九二七），广东南海人。一八九五年中国在甲午战争中被日本打败后，他联合一千三百多名在北京参加科举考试的举人联名向光绪皇帝上“万言书”，要求“变法维新”，主张改君主专制制度为君主立宪制度。一八九八年光绪皇帝任用他和谭嗣同、梁启超等人参预政事，试图变法。后来顽固派的代表慈禧太后重握政权，维新运动遂告失败。康、梁逃亡海外，组织保皇会，同孙中山所代表的资产阶级、小资产阶级的革命派相对立，成为反动的政治派别。康有为的著作有《新学伪经考》、《孔子改制考》、《大同书》等。

（162）严复（一八五四——一九二一），福建闽侯人。曾在英国海军学校留学。中日甲午战争后，主张君主立宪，变法维新。曾译赫胥黎《天演论》、亚当·斯密《原富》、穆勒《名学》和孟德斯鸠《法意》等书，传播了欧洲资产阶级的思想。

武松

《论人民民主专政》

原文

“你们太刺激了。”我们讲的是对付国内外反动派即帝国主义者及其走狗们，不是讲对付任何别的人。对于这些人，并不发生刺激与否的问题，刺激也是那样，不刺激也是那样，因为他们是反动派。划清反动派和革命派的界限，揭露反动派的阴谋诡计，引起革命派内部的警觉和注意，长自己的志气，灭敌人的威风，才能孤立反动派，战而胜之，或取而代之。在野兽面前，不可以表示丝毫的怯懦。我们要学景阳冈上的武松。在武松看来，景阳冈上的老虎，刺激它也是那样，不刺激它也是那样，总之是要吃人的。或者把老虎打死，或者被老虎吃掉，二者必居其一。

《毛泽东选集》第 4 卷，人民出版社 1991 年版，第 1473 页

注释

（163）武松是中国著名小说《水浒传》中的一个英雄，他在景阳冈打虎的故事，在民间流传极广。

太公钓鱼，愿者上钩

《别了，司徒雷登》

原文

美国确实有科学，有技术，可惜抓在资本家手里，不抓在人民手里，其用处就是对内剥削和压迫，对外侵略和杀人。美国也有“民主政治”，可惜只是资产阶级一个阶级的独裁统治的别名。美国有很多钱，可惜只愿意送给极端腐败的蒋介石反动派。现在和将来据说很愿意送些给它在中国的第五纵队，但是不愿意送给一般的书生气十足的不识抬举的自由主义者，或民主个人主义者，当然更加不愿意送给共产党。送是可以的，要有条件。什么条件呢？就是跟我走。美国人在北平，在天津，在上海，都洒了些救济粉，看一看什么人愿意弯腰拾起来。太公钓鱼，愿者上钩。嗟来之食，吃下去肚子要痛的。

《毛泽东选集》第 4 卷，人民出版社 1991 年版，第 1495 页

注释

（164）“太公钓鱼，愿者上钩”，是一个民间传说。据传周朝姜太公曾在渭水河边用无饵的直钩在水面三尺上钓鱼，说：“负命者上钓来！”（见《武王伐纣平话》卷中）“嗟来之食”，是指一种带侮辱性的施舍。齐国的一个饥民因为不吃嗟来之食而饿死的故事，见《礼记·檀弓下》。

闻一多　朱自清　韩愈

《别了，司徒雷登》

原文

我们中国人是有骨气的。许多曾经是自由主义者或民主个人主义者的人们，在美国帝国主义者及其走狗国民党反动派面前站起来了。闻一多拍案而起，横眉怒对国民党的手枪，宁可倒下去，不愿屈服。朱自清一身重病，宁可饿死，不领美国的“救济粮”。唐朝的韩愈写过《伯夷颂》，颂的是一个对自己国家的人民不负责任、开小差逃跑、又反对武王领导的当时的人民解放战争、颇有些“民主个人主义”思想的伯夷，那是颂错了。我们应当写闻一多颂，写朱自清颂，他们表现了我们民族的英雄气概。

《毛泽东选集》第4卷，人民出版社1991年版，第1495—1496页

注释

（165）闻一多（一八九九——一九四六），湖北浠水人，著名的诗人、学者和教授。一九四三年以后，由于痛恨国民党政府的反动和腐败，积极参加争取民主的斗争。抗日战争结束后，积极地反对国民党勾结美帝国主义发动反人民的内战。一九四六年七月十五日在昆明被国民党特务暗杀。

（166）朱自清（一八九八——一九四八），原籍浙江绍兴，生于江苏东海，现代文学家、教授。抗日战争结束后，他积极支持反对蒋介石统治的学生运动。一九四八年六月签名于抗议美国扶植日本和拒绝领取“美援”面粉的宣言。当时他的生活非常困苦，这年八月十二日终因贫

病在北平逝世。在他逝世以前，还嘱咐家人不要买国民党政府配售的平价美援面粉。

（167）韩愈（七六八——八二四），中国唐代著名的大作家。《伯夷颂》是韩愈所写的一篇散文。伯夷，殷末人，周武王进军讨伐殷王朝，他曾经表示反对；武王灭殷后，他逃避到首阳山，不食周粟而死。

民不畏死，奈何以死惧之

《别了，司徒雷登》

原文

多少一点困难怕什么。封锁吧，封锁十年八年，中国的一切问题都解决了。中国人死都不怕，还怕困难吗？老子说过："民不畏死，奈何以死惧之。"美帝国主义及其走狗蒋介石反动派，对于我们，不但"以死惧之"，而且实行叫我们死。闻一多等人之外，还在过去的三年内，用美国的卡宾枪、机关枪、迫击炮、火箭炮、榴弹炮、坦克和飞机炸弹，杀死了数百万中国人。现在这种情况已近尾声了，他们打了败仗了，不是他们杀过来而是我们杀过去了，他们快要完蛋了。留给我们多少一点困难，封锁、失业、灾荒、通货膨胀、物价上升之类，确实是困难，但是比起过去三年来已经松了一口气了。过去三年的一关也闯过了，难道不能克服现在这点困难吗？没有美国就不能活命吗？

《毛泽东选集》第 4 卷，人民出版社 1991 年版，第 1496 页

注释

（168）见《老子》第七十四章。

茕茕孑立，形影相吊

《别了，司徒雷登》

原文

人民解放军横渡长江，南京的美国殖民政府如鸟兽散。司徒雷登大使老爷却坐着不动，睁起眼睛看着，希望开设新店，捞一把。司徒雷登看见了什么呢？除了看见人民解放军一队一队地走过，工人、农民、学生一群一群地起来之外，他还看见了一种现象，就是中国的自由主义者或民主个人主义者们也大群地和工农兵学生等人一道喊口号，讲革命。总之是没有人去理他，使得他“茕茕孑立，形影相吊”，没有什么事做了，只好挟起皮包走路。

《毛泽东选集》第 4 卷，人民出版社 1991 年版，第 1496 页

注释

（169）见李密《陈情表》。

美国一百七十四年以前的反英革命　一九二一年至一九二四年外蒙古发生的人民革命

《唯心历史观的破产》

原文

革命的发生是由于人口太多的缘故吗？古今中外有过很多的革命，都是由于人口太多吗？中国几千年以来的很多次的革命，也是由于人口太多吗？美国一百七十四年以前的反英革命，也是由于人口太多吗？艾奇逊的历史知识等于零，他连美国独立宣言也没有读过。华盛顿杰斐逊们之所以举行反英革命，是因为英国人压迫和剥削美国人，而不是什么美国人口过剩。中国人民历次推翻自己的封建朝廷，是因为这些封建朝廷压迫和剥削人民，而不是什么人口过剩。俄国人所以举行二月革命和十月革命，是因为俄皇和俄国资产阶级的压迫和剥削，而不是什么人口过剩，俄国至今还是土地多过人口很远的。蒙古土地那么广大，人口那么稀少，照艾奇逊的道理是不能设想会发生革命的，但是却早已发生了。

《毛泽东选集》第 4 卷，人民出版社 1991 年版，第 1510—1511 页

注释

（170）“美国一百七十四年以前的反英革命”，指美国的独立战争。一七七五年起北美十三个殖民地的人民先后进行推翻英国殖民统治、争取独立的资产阶级革命战争。一七七六年七月四日发表了《独立宣言》，正式宣告脱离英国。英国战败后，被迫在一七八三年签订《巴黎

和约》，承认美国独立。

（171）一九二一年至一九二四年外蒙古发生的人民革命。在这次革命中，蒙古人民革命党领导蒙古人民，在苏俄的支持和帮助下，驱逐日本帝国主义所支持的白俄军队，推翻外蒙古地方的封建统治，脱离当时中国的北洋政府，建立了蒙古人民共和国。

托马斯·罗伯特·马尔萨斯

《唯心历史观的破产》

原文

中国人口众多是一件极大的好事。再增加多少倍人口也完全有办法，这办法就是生产。西方资产阶级经济学家如像马尔萨斯者流所谓食物增加赶不上人口增加的一套谬论，不但被马克思主义者早已从理论上驳斥得干干净净，而且已被革命后的苏联和中国解放区的事实所完全驳倒。

《毛泽东选集》第4卷，人民出版社1991年版，第1511—1512页

注释

（172）托马斯·罗伯特·马尔萨斯（一七六六——一八三四），英国国教会僧侣，经济学家。在一七九八年出版的《人口原理》一书中，他认为在没有任何限制的条件下，人类社会人口以几何数列增长，而生活资料以算术数列增长，因此人口必定发生过剩现象，只有贫困和罪恶（包括战争和瘟疫等）、“道德的抑制”（包括禁欲、无力赡养子女者不得结婚等）可使生活资料和人口之间恢复平衡。这一理论曾被资产阶级用来为他们对劳动人民的压迫和剥削及其侵略和战争政策辩护。

西方资产阶级按照自己的面貌用恐怖的方法去改造世界

《唯心历史观的破产》

■ 原文

革什么人的命呢？因为“清朝统治的衰落”，向弱点进攻，是革清朝的命了。艾奇逊在这里说得不恰当。辛亥革命是革帝国主义的命。中国人所以要革清朝的命，是因为清朝是帝国主义的走狗。反对英国鸦片侵略的战争，反对英法联军侵略的战争，反对帝国主义走狗清朝的太平天国战争，反对法国侵略的战争，反对日本侵略的战争，反对八国联军侵略的战争，都失败了，于是再有反对帝国主义走狗清朝的辛亥革命，这就是到辛亥为止的近代中国史。艾奇逊所说的“西方的影响”是什么呢？就是马克思恩格斯在《共产党宣言》（一八四八年）中所说的西方资产阶级按照自己的面貌用恐怖的方法去改造世界。在这个影响或改造过程中，西方资产阶级需要买办和熟习西方习惯的奴才，不得不允许中国这一类国家开办学校和派遣留学生，给中国“介绍了许多新思想进来”。随着也就产生了中国这类国家的民族资产阶级和无产阶级。同时并使农民破产，造成了广大的半无产阶级。这样，西方资产阶级就在东方造成了两类人，一类是少数人，这就是为帝国主义服务的洋奴；一类是多数人，这就是反抗帝国主义的工人阶级、农民阶级、城市小资产阶级、民族资产阶级和从这些阶级出身的知识分子，所有这些，都是帝国主义替自己造成的掘墓人，革命就是从这些人发生的。不是什么西方思想的输入引起了“骚动和不安”，而是帝国主义的侵略引起了反抗。

《毛泽东选集》第 4 卷，人民出版社 1991 年版，第 1513 页

注释

（173）《共产党宣言》第一章《资产者和无产者》中说：资产阶级“迫使一切民族——如果它们不想灭亡的话——采用资产阶级的生产方式；它迫使它们在自己那里推行所谓文明制度，即变成资产者。一句话，它按照自己的面貌为自己创造出一个世界。”（《马克思恩格斯选集》第1卷，人民出版社1972年版，第255页）

二 《毛泽东文集》用典

陈独秀
梁启超、张东荪

《在新民学会长沙会员大会上的发言》

原文

现在国中对于社会问题的解决，显然有两派主张：一派主张改造，一派则主张改良。前者如陈独秀诸人，后者如梁启超、张东荪诸人。

改良是补缀办法，应主张大规模改造。至用“改造东亚”，不如用“改造中国与世界”。提出“世界”，所以明吾侪的主张是国际的；提出“中国”，所以明吾侪的下手处；“东亚”无所取义。中国问题本来是世界的问题，然从事中国改造不着眼及于世界改造，则所改造必为狭义，必妨碍世界。至于方法，启民主用俄式，我极赞成。因俄式系诸路皆走不通了新发明的一条路，只此方法较之别的改造方法所含可能的性质为多。

《毛泽东文集》第 1 卷，人民出版社 1993 年版，第 1 页

注释

（1）陈独秀（一八七九——一九四二），安徽怀宁人。五四新文化运动的主要领导人之一。五四运动后，接受和宣传马克思主义。一九二〇年八月组织中国共产党上海发起组，进行建党活动，是中国共产党的主要创建人之一。他当时拥护马克思主义的阶级斗争学说和社会革命论，主张用革命的手段建设劳动阶级的国家。

（2）梁启超（一八七三——一九二九），广东新会人。戊戌维新运

动的重要活动家。辛亥革命后组织进步党，一九一六年该党演变为研究系，他是首领。张东荪（一八八六——一九七三），浙江杭州人。研究系的主要成员，当时任《时事新报》和《改造》杂志主编。一九二〇年十一月，张东荪、梁启超等挑起了一次有关社会主义问题的论战。他们认为中国经济落后，因而否认中国有真正的无产阶级，反对在中国宣传社会主义，主张开发实业，发展资本主义，并宣称可以通过立法和社会监督以及发展各种“协社”来“矫正”资本主义的弊病。他们的这种主张，受到当时马克思主义者的批判。

华盛顿会议　美国的门户开放主义

《外力、军阀与革命》

原文

何以知道必然是这样呢？你看国际资本帝国主义的政治形势是何等的反动！他们现在是协调着步骤来侵略中国。他们的步骤以先是不协调的，经华盛顿会议一番商量便协调了。虽然他们的协调终久是要破坏的，但目前及最近之将来，他们为补偿前次大战的亏失及蓄养下次大战的精力，是断然要取协调主义的。美国的门户开放主义居然能通过在中国拥有势力范围的英、法、日，就是明显的证据。中国的分裂于国际资本帝国主义的侵略本是不利的；但由民主派统一中国，较之民主、军阀两派混乱中国，于国际资本帝国主义更不利；只有由反动政治完全霸占中国于他们就最利。这是目前及最近将来中国必仍然是反动军阀的天下的第一理由。从中国的社会经济现象看，中国现在是最便利于军阀统治的。

《毛泽东文集》第 1 卷，人民出版社 1993 年版，第 11 页

注释

（3）华盛顿会议，指美、英、日、法、意、中、荷、比、葡九国代表一九二一年十一月十二日至次年二月六日在美国华盛顿召开的会议，会议签订了《九国公约》，规定“中国门户开放”，列强在华利益“机会均等”等共同侵略中国的原则。

（4）“美国的门户开放主义”。一八九九年九月，美国国务卿海约翰在分别致送英、法、德、日、意、俄的照会中首次提出：美国承认列

强在中国的“势力范围”；美国也要在一切“势力范围”内取得通商自由，享受低税率和一切特权利益。一九〇〇年七月三日海约翰再度照会六国政府，主张把门户开放政策应用到“中国一切地方去”，以分沾侵略利益，把中国变成帝国主义共有的半殖民地。后来，美国利用“门户开放”和“机会均等”作为它排挤其他帝国主义势力、独霸中国的外交手段。

人类的历史，是一部阶级斗争史

《纪念巴黎公社的重要意义》

原文

现时国内颇有些人怀疑或反对阶级斗争的，这是不了解人类进化史的缘故。马克思说："人类的历史，是一部阶级斗争史。"这是事实，不能否认的。人类由原始社会进化为家长社会、封建社会以至于今日之国家，无不是统治阶级与被统治阶级之阶级斗争的演进。巴黎公社便是工人阶级第一次起来打倒统治阶级的政治的经济的革命。我们向来读中国史，不注意阶级斗争的事实、其实四千多年的中国史，何尝不是一部阶级斗争史呢？如秦二世时，起来革命的陈胜、吴广是农民。汉高祖是流氓，也是无产阶级推倒贵族阶级的革命，不过在农业社会里，他们革命成功后，又做起皇帝，自己又变成贵族阶级了。太平王洪秀全号召广西一班失业农民起来革命，大有社会革命的意义，孙总理也很佩服他。大家只知道打倒他的是清朝政府，而不知真正打倒他的主力军，却是地主阶级。打倒太平天国出力最多的是曾国藩，他当时是地主阶级的领袖。曾国藩是练团练出身，团练即是地主阶级压迫农民的武力，他们见洪秀全领导一班农民革命，于他们不利，遂出死力来打倒他。故太平天国之事，不是满汉的战争，实是农民和地主的阶级斗争。

《毛泽东文集》第1卷，人民出版社1993年版，第34—35页

注释

（5）见马克思和恩格斯《共产党宣言》。新译文是："到目前为止的一切社会的历史都是阶级斗争的历史。"恩格斯在《共产党宣言》一八八八年英文版上，对这句话作了注解，指出："确切地说，这是指有文字记载的历史。"（均见《马克思恩格斯选集》第一卷第250—251页，人民出版社1972年版）

俄同志

《在土地委员会第一次扩大会议上的发言》

原文

解决土地问题的意义有：（一）使农民得解放。废除地主及一切压迫阶级的剥削和压迫，实为本题的主要意义。（二）土地问题不解决，经济落后的国家不能增加生产力，不能解决农民的生活痛苦，不能改良土地。据俄同志调查，我国土地生产力日见衰落，全国生产力已到了一个大危机，此危机不解决，必起绝大的饥荒。土地问题不解决，农民无力改良土地，生产必至日减。故第二个意义为增加生产。（三）保护革命。革命势力目前虽见发展，但亦即到了一个危机，此后非有一支生力军必归失败。要增加生力军保护革命，非解决土地问题不可。其作用，在解决土地问题后即能够解决财政问题及兵士问题。兵士能否永久参加革命，亦即在土地问题解决，因农民要保护他们的土地，必勇敢作战。这三点是解决土地问题的重要意义。

《毛泽东文集》第 1 卷，人民出版社 1993 年版，第 43 页

注释

（6）指苏联土地问题专家岳尔克和达哈诺夫。

阿比西尼亚 威尔斯

《和美国记者斯诺的谈话》

■ 原文

大家都知道，法西斯宣传中包含的真实性是如此之微小，肉眼几乎无法看到。当墨索里尼要征服阿比西尼亚时，他宣称他在解放非洲的奴隶。当希特勒在欧洲发动侵略时，他对德国人民说光荣胜于面包，对欧洲人民则说他是一个和平爱好者。日本军阀在吞并东北时也说，他们是在解放中国人民。

现在，如你所说，法西斯分子正在叫嚣“莫斯科控制中国”。如果这一切都属实，那末造一条铁路通往火星并向威尔斯（H.G.Wells）先生买一张火车票也就全都可能了。

不管法西斯宣传多么愚蠢，少数人还是受了骗。因此有必要指出其根本的虚假性。由于中国现在谋求同苏联订立一个条约，法西斯分子就断言俄国企图“收买”中国。如果这样，那法国早已是莫斯科的一块殖民地了——欧洲其他几个同苏联签订条约的国家也都如此了。

《毛泽东文集》第 1 卷，人民出版社 1993 年版，第 396 页

注释

（7）阿比西尼亚，即埃塞俄比亚。

（8）威尔斯（一八六六——一九四六），英国作家。早期写过一些科学幻想小说，如《时间机器》、《星际大战》、《月球上的第一批人》。后来又发表长篇小说，并著有《世界史纲》等。

革命不能输出

《和美国记者斯诺的谈话》

原文

假如你认为共产主义对中国人民是个“威胁”，你就去找一位日本将领，问问他的意见。他将告诉你，共产主义在中国意味着民族解放运动、自由和民族主权，这正是他所以要求同南京缔结条约来反对它的原因。但是，如果共产主义意味着这个，中国人民所要的就正是这个。中国人民不怕这样的运动，因为这恰恰是他们所要求的。他们将高呼：“解放了的中国人民万岁！一个自由、团结、自主和完整的中国万岁！”

斯大林在同一个美国记者的一次谈话中说：“革命不能输出。”同样正确的是，革命也不能输入。中国人民为了生存，自然要采用反对日本的最好办法。

在共产国际的所有决定或在苏联的宪法中，我们找不出苏联统治苏维埃中国的任何规定。这样的事在共产主义的全部历史中当然也从未讨论过。但是，我们不用到远处去找，就在我们的邻国法西斯日本，就能看到对中国实行法西斯统治的十分具体的计划。

我们从历史事实中可以知道，苏联以完全平等和真诚的态度帮助一切被压迫民族和人民。我们知道，它不企图从任何其他国家取得一寸领土或一个人。

《毛泽东文集》第1卷，人民出版社1993年版，第397—398页

注释

（9）见斯大林一九三六年三月一日《和美国“斯克里浦斯—霍华德报系”报业联合公司总经理罗易·霍华德先生的谈话》。斯大林说：“我们马克思主义者认为，革命在其他国家也要产生。但是只有当这些国家的革命者觉得可能或者需要的时候，革命才能产生。输出革命，这是胡说。”（《斯大林文选》，人民出版社 1962 年版，第 73 页）

阿Q精神

《中日问题与西安事变》

原文

共产党向国民党要求的，是请他们结束十年来的老政策，转变到新的民族革命与民主革命的政策。这些要求，表现在共产党给国民党三中全会的电报中，那就是关于召集救国代表大会，人民民主自由，改善人民生活，迅速准备抗战等等。在这种情况下，共产党愿意改变苏维埃与红军的名义，取消同国民党的对立，停止没收地主土地。没有疑义的，共产党的这种步骤，是对国民党一个大的让步。但这种让步是必要的，因为这种让步是建立在一个更大更重要的原则上面，这就是抗日救亡的必要性与紧急性。这叫做双方让步，互相团结，一致抗日。国民党中所有明智的领袖与党员，都是明白这种意义的。但国内有一部分带着阿Q精神的人，却洋洋得意地把我们的这种让步叫做“屈服、投降和悔过”。大家知道，死去不久的鲁迅，在他的一篇小说上，描写了一个叫做阿Q的人，这个阿Q，在任何时候他都是胜利的，别人则都是失败的。让他们去说吧，横直世界上是不少阿Q这类人物的。

《毛泽东文集》第1卷，人民出版社1993年版，第490页

注释

（10）见《阿Q正传》。

鲁迅主张打落水狗

《论鲁迅》

原文

鲁迅的第三个特点是他的牺牲精神。他一点也不畏惧敌人对于他的威胁、利诱与残害，他一点不避锋芒地把钢刀一样的笔刺向他所憎恨的一切。他往往是站在战士的血痕中，坚韧地反抗着、呼啸着前进。鲁迅是一个彻底的现实主义者，他丝毫不妥协，他具备坚决的心。他在一篇文章里，主张打落水狗。他说，若果不打落水狗，它一旦跳起来，就要咬你，最低限度也要溅你一身的污泥。所以他主张打到底。他一点没有假慈悲的伪君子的色彩。现在日本帝国主义这条疯狗，还没有被我们打下水，我们要一直打到它不能翻身，退出中国国境为止。我们要学习鲁迅的这种精神，把它运用到全中国去。

《毛泽东文集》第 2 卷，人民出版社 1993 年版，第 44 页

注释

（11）指鲁迅一九二五年十二月二十九日写的《论“费厄泼赖”应该缓行》一文，发表在一九二六年一月十日《莽原》半月刊第一期。

徐志摩

《在鲁迅艺术学院的讲话》

■ 原文

我们对艺术应持什么观点？在这个问题上，过去中国有过很大的争论。大家可能知道，徐志摩先生曾说过这样一句话："诗要如银针之响于幽谷"，银针在幽谷中怎样响法，我不知道。但我知道他是一个艺术至上主义者。那时像他这样主张的人很多，他是这方面的一个代表。另一方面是鲁迅先生所代表的马克思主义艺术论者。他们在艺术论上的争论，有长期的历史，现在不能去细说它。艺术至上主义是一种艺术上的唯心论，这种主张是不对的。但现在为了共同抗日在艺术界也需要统一战线，正如鲁迅先生所说的那样，不管他是写实主义派或是浪漫主义派，是共产主义派或是其他什么派，大家都应当团结抗日。

《毛泽东文集》第 2 卷，人民出版社 1993 年版，第 121 页

注释

（12）徐志摩（一八九六——一九三一），浙江海宁人，新月派的代表人物之一。他的这句话，没有查到出处。

高尔基

《在鲁迅艺术学院的讲话》

原文

这里存在着一个极大的不协调，就是有丰富的生活经验与美丽言辞的人不能执笔写作，反之，许多能写作的人却只坐在都市的亭子间，缺乏丰富的生活经验，也不熟悉群众生动的语言。我们都知道高尔基，他的生活经验丰富极了，他熟悉俄国下层群众的生活和语言，也熟悉俄国其他阶层的实际情形，所以才能写出那样多的伟大作品。

《毛泽东文集》第 2 卷，人民出版社 1993 年版，第 125 页

注释

（13）高尔基（一八六八——一九三六），苏联著名文学家、政治活动家。主要作品有诗歌《鹰之歌》、《海燕》和小说《母亲》等。

读诸葛《出师表》而不流泪者，其人必不忠；读李密《陈情表》而不流泪者，其人必不孝

《〈八路军军政杂志〉发刊词》

原文

八路军的这些成绩从何而来？由于上级领导的正确，由于指战员的英勇，由于人民的拥护，由于友军的协助，这四者是八路军所以获得成绩的原因。其中友军的协助是明显的，没有正面主力军的英勇抗战，便无从顺利地开展敌人后方的游击战争；没有同处于敌后的友军之配合，也不能得到这样大的成绩。八路军的将士应该感谢直接间接配合作战的友军，尤其应该感谢给予自己各种善意援助与忠忱鼓励的友军将士。中国军队在民族公敌面前，互相忘记了旧怨，而变为互相援助的亲密的朋友，这是中国决不会亡的基础。从前人说：读诸葛《出师表》而不流泪者，其人必不忠；读李密《陈情表》而不流泪者，其人必不孝。今天我们应该说：凡看见或听见中国军队不记旧怨而互相援助、亲密团结而不感动者，其人必不爱国。在这里，那些“发国难财，吃磨擦饭”的人物，应该引起一点反省吧！

《毛泽东文集》第2卷，人民出版社1993年版，第140页

注释

（14）见《古文观止》。

班超

《关于研究民族史问题给何干之的信》

原文

你的研究民族史的三个态度，我以为是对的，尤其第二个态度。如能在你的书中证明民族抵抗与民族投降两条路线的谁对谁错，而把南北朝、南宋、明末、清末一班民族投降主义者痛斥一番，把那些民族抵抗主义者赞扬一番，对于当前抗日战争是有帮助的。只有一点，对于那些“兼弱攻昧”“好大喜功”的侵略政策（这在中国历史上是有过的）应采取不赞同态度，不使和积极抵抗政策混同起来。为抵抗而进攻，不在侵略范围之内，如东汉班超的事业等。

《毛泽东文集》第 2 卷，人民出版社 1993 年版，第 143 页

注释

（15）班超（三二——一〇二），扶风安陵（今属咸阳市）人，东汉名将。曾在西域征战三十一年，迫使匈奴西迁，解除了匈奴对汉朝的威胁。

赫拉克利特

《关于〈墨子哲学思想〉一文给陈伯达的信》

原文

《墨子哲学思想》看了，这是你的一大功劳，在中国找出赫拉克利特来了。有几点个别的意见，写在另纸，用供参考，不过是望文生义的感想，没有研究的根据的。

《毛泽东文集》第2卷，人民出版社1993年版，第156页

注释

（16）赫拉克利特（约公元前五四〇——前四七〇），古希腊唯物主义哲学家，爱非斯学派的创始人。他的哲学具有朴素的唯物主义和朴素的辩证法思想，列宁曾称他为“辩证法的奠基人之一”。

欲正权利，恶正权害

两而无偏

正而不可摇

执两用中

择乎中庸服膺勿失

『中立不倚』、『至死不变』

《关于〈墨子哲学思想〉一文给陈伯达的信》

原文

墨家的“欲正权利，恶正权害”、“两而无偏”、“正而不可摇”，与儒家的“执两用中”、“择乎中庸服膺勿失”、“中立不倚”、“至死不变”是一个意思，都是肯定质的安定性，为此质的安定性而作两条战线斗争，反对过与不及。这里有几点意见：（1）是在作两条战线斗争，用两条战线斗争的方法来规定相对的质。（2）儒、墨两家话说得不同，意思是一样，墨家没有特别发展的地方。（3）“正”是质的观念，与儒家之“中”（不偏之谓中）同。“权”不是质的观念，是规定此质区别异质的方法，与儒家“执两用中”之“执”同。“欲”之“正”是“利”，使与害区别。“恶”之“正”是“害”，使与利区别而不相混。“权者两而无偏”，应解作规定事物一定的质不使向左右偏（不使向异质偏），但这句话并不及“过犹不及”之明白恰当，不必说它“是过犹不及之发展”。（4）至于说“两而无偏，恰是墨子看到一个质之含有不同的两方面，不向任何一方面偏向，这才是正，才真正合乎那个质”，则甚不妥，这把墨家说成折衷论了。

《毛泽东文集》第 2 卷，人民出版社 1993 年版，第 157—158 页

注释

（17）“欲正权利，恶正权害”，见《墨子·经上》。原文为：“欲正

权利，且恶正权害。”

（18）“两而无偏”，参见《墨子·经说上》。原文为：“仗者，两而勿偏。”孙诒让《墨子间诂》中说，“仗”当作“权”。

（19）“正而不可摇”，参见《墨子·经下》。原文为：“正而不可担。”孙诒让《墨子间诂》中说，“担”当作“摇”。

（20）“执两用中”，参见《中庸》。原文为：“子曰：‘舜其大知也与，舜好问而好察迩言，隐恶而扬善，执其两端，用其中于民，其斯以为舜乎。’”

（21）“择乎中庸服膺勿失”，参见《中庸》。原文为：“子曰：‘回之为人也，择乎中庸，得一善，则拳拳服膺，而弗失之矣。’”

（22）“中立不倚”、“至死不变”，参见《中庸》。原文为：“君子和而不流，强哉矫；中立而不倚，强哉矫；国有道，不变塞焉，强哉矫；国无道，至死不变，强哉矫。”

名不正则言不顺，言不顺则事不成

《关于〈孔子的哲学思想〉一文给张闻天的信》

原文

“名不正则言不顺，言不顺则事不成……”，作为哲学的整个纲领来说是观念论，伯达的指出是对的；但如果作为哲学的部分，即作为实践论来说则是对的，这和“没有正确理论就没有正确实践”的意思差不多。如果孔子在“名不正”上面加了一句：“实不明则名不正”，而孔子又是真正承认实为根本的话，那孔子就不是观念论了，然而事实上不是如此，所以孔子的体系是观念论；但作为片面真理则是对的，一切观念论都有其片面真理，孔子也是一样。此点似宜在文中指出，以免读者误认“名不正言不顺”而“事”也可“成”。“正名”的工作，不但孔子，我们也在做，孔子是正封建秩序之名，我们是正革命秩序之名，孔子是名为主，我们则是实为主，分别就在这里。又观念论哲学有一个长处，就是强调主观能动性，孔子正是这样，所以能引起人的注意与拥护。机械唯物论不能克服观念论，重要原因之一就在于它忽视主观能动性。我们对孔子的这方面的长处应该说到。

《毛泽东文集》第 2 卷，人民出版社 1993 年版，第 160—161 页

注释

（23）见《论语·子路》。

舜其大知也与，舜好问而好察迩言……执其两端用其中于民

回之为人也，择乎中庸得一善则拳拳服膺而弗失之

两端谓众论不同之极致，盖凡物皆有两端，如大小厚薄之类。于善之中又执其两端而度量以取中，然后用之，则其择之审而行之至矣。然非在我之权度精切不差，何以与此？此知之所以无过不及而道之所以行也

《关于〈孔子的哲学思想〉一文给张闻天的信》

原文

伯达的解释是对的，但是不足的。“过犹不及”是两条战线斗争的方法，是重要思想方法之一。一切哲学，一切思想，一切日常生活，都要作两条战线斗争，去肯定事物与概念的相对安定的质。“一定的质含有一定的量”是对的，不如说“一定的质被包含于一定的量之中”，但重要的是从事物的量上去找出并确定那一定的质，为之设立界限，使之区别于其他异质，作两条战线斗争的目的在此。文中最好引《中庸》上面“舜其大知也与，舜好问而好察迩言……执其两端用其中于民”，及“回之为人也，择乎中庸得一善则拳拳服膺而弗失之”，更加明确地解释了中庸的意义。朱熹在“舜其大知”一节注道：“两端谓众论不同之极致，盖凡物皆有两端，如大小厚薄之类。于善之中又执其两端而度量以取中，然后用之，则其择之审而行之至矣。然非在我之权度精切不差，何以与此？此知之所以无过不及而道之所以行也”。这个注解大体是对的，但“两端”不应单训为“众论不同之极致”，而应说明即是指的“过”与“不及”。“过”的即是“左”的东西，“不及”的即是右的东西。依照现在我们的观点说来，过与不及乃指一定事物在时间与空间中运动，当其发展到一定状态时，应从量的关系上找出与确定其一定的质，这就是“中”或“中庸”，或“时中”。说这个事物已经不是这种

状态而进到别种状态了，这就是别一种质，就是“过”或“左”倾了。说这个事物还停止在原来状态并无发展，这是老的事物，是概念停滞，是守旧顽固，是右倾，是“不及”。孔子的中庸观念没有这种发展的思想，乃是排斥异端树立己说的意思为多，然而是从量上去找出与确定质而反对“左”右倾则是无疑的。这个思想的确如伯达所说是孔子的一大发现，一大功绩，是哲学的重要范畴，值得很好地解释一番。

《毛泽东文集》第 2 卷，人民出版社 1993 年版，第 161—162 页

注释

（24）“舜其大知也与，舜好问而好察迩言……执其两端用其中于民”，参见《中庸》。原文为：“子曰：‘舜其大知也与，舜好问而好察迩言，隐恶而扬善，执其两端，用其中于民，其斯以为舜乎。’”

（25）“回之为人也，择乎中庸得一善则拳拳服膺而弗失之”，参见《中庸》。原文为：“子曰：‘回之为人也，择乎中庸，得一善，则拳拳服膺，而弗失之矣。’”

（26）“两端谓众论不同之极致，盖凡物皆有两端，如大小厚薄之类。于善之中又执其两端而度量以取中，然后用之，则其择之审而行之至矣。然非在我之权度精切不差，何以与此？此知之所以无过不及而道之所以行也”，见《四书集注·中庸》朱熹注。

义者事之宜

《关于〈孔子的哲学思想〉一文给张闻天的信》

原文

关于孔子的道德论，应给以唯物论的观察，加以更多的批判，以便与国民党的道德观（国民党在这方面最喜引孔子）有原则的区别。例如“知仁勇”，孔子的知（理论）既是不根于客观事实的，是独断的，观念论的，则其见之仁勇（实践），也必是仁于统治者一阶级而不仁于大众的；勇于压迫人民，勇于守卫封建制度，而不勇于为人民服务的。知仁勇被称为“三达德”，是历来的糊涂观念，知是理论，是思想，是计划，方案，政策，仁勇是拿理论、政策等见之实践时候应取的一二种态度，仁像现在说的“亲爱团结”，勇像现在说的“克服困难”了（现在我们说的亲爱团结，克服困难，都是唯物论的，而孔子的知仁勇则一概是主观的），但还有别的更重要的态度如像“忠实”，如果做事不忠实，那“知”只是言而不信，仁只是假仁，勇只是白勇。还有仁义对举，“义者事之宜”，可说是“知”的范畴内事，而“仁”不过是实践时的态度之一，却放在“义”之上，成为观念论的昏乱思想。“仁”这个东西在孔子以后几千年来，为观念论的昏乱思想家所利用，闹得一塌糊涂，真是害人不浅。我觉孔子的这类道德范畴，应给以历史的唯物论的批判，将其放在恰当的位置。伯达同志有了一些批判，但还觉得不大严肃。

《毛泽东文集》第2卷，人民出版社1993年版，第162—163页

注释

（27）参见朱熹《四书集注·孟子·梁惠王章句上》。原文为："仁者心之德爱之理。义者心之制事之宜也。"

人不通古今，马牛而襟裾

《在延安在职干部教育动员大会上的讲话》

原文

讲到学习运动。古人讲过："人不通古今，马牛而襟裾"，就是说：人不知道古今，等于牛马穿了衣裳一样。什么叫"古"？"古"就是"历史"，过去的都叫"古"，自盘古开天地，一直到如今，这个中间过程就叫"古"。"今"就是现在。我们单通现在是不够的，还须通过去。延安的人要通古今，全国的人要通古今，全世界的人也要通古今，尤其是我们共产党员，要知道更多的古今。通古今就要学习，不但我们要学习，后人也要学习，所以学习运动也有它的普遍性和永久性。

《毛泽东文集》第 2 卷，人民出版社 1993 年版，第 177 页

注释

（28）见韩愈《符读书城南》诗。

韩文公

《在延安在职干部教育动员大会上的讲话》

原文

再一个问题是看不懂。这种情形的确存在，有的同志“宁可挑大粪，不愿学理论”。忙可以“挤”，这是个办法；看不懂也有一个办法，叫做“钻”，如木匠钻木头一样地“钻”进去。看不懂的东西我们不要怕，就用“钻”来对付。在中国，本来读书就叫攻书，读马克思主义就是攻马克思的道理，你要读通马克思的道理，就非攻不可，读不懂的东西要当仇人一样地攻它。现在有些人是不取攻势只取守势，那就不对，马克思主义决不会让步，所以不攻是得不到结果的。从前人称“校对”为“校仇”，校对确实很难，非以仇人对之是不胜所为的。对于难，我们要像仇人一样地进攻它，对于仇人我们是不讲感情的。所以马克思主义、列宁主义的理论，固然很难，如果我们以“仇人”的态度不讲感情地攻它，一定是无攻不破的，一定可以把它的堡垒攻下来。过去韩文公《祭鳄鱼文》里，有一段是说限它三天走去，三天不走，五天，七天再不走，那就不客气，一刀杀掉。我们要像韩文公祭鳄鱼一样，十天不通，二十天，三十天，九十天……，非把这东西搞通不止，这样下去，一定可以把看不懂的东西变成看得懂的。

《毛泽东文集》第2卷，人民出版社1993年版，第181页

注释

（29）韩文公，即韩愈（七六八——八二四），河南河阳（今孟县）人，唐代文学家、哲学家。

周公恐惧流言日，
王莽谦恭下士时，
倘使当年身便死，
一生真伪有谁知？

《永久奋斗》

原文

什么是模范青年？就是要有永久奋斗这一条。其他的当然也要有，如刚才冯文彬同志讲过的智育、德育、体育、美育、群育等等，但据我看来，“永久奋斗”才是最主要的一条，没有这一条，什么都是空的。奋斗到什么程度呢？要奋斗到五年，十年，四十年，五十年，甚至到六十年，七十年，总之一句话，要奋斗到死，没有死就还没有达到永久奋斗的目标。从前有一首诗说：“周公恐惧流言日，王莽谦恭下士时，倘使当年身便死，一生真伪有谁知？”这在我们的历史学家那里叫做“盖棺论定”，就是说，人到死的时候，才能断定他是好是坏。假使周公在那个谣言流传的时候就死了，人家一定会加他一个“奸臣”的头衔；又若王莽在那个谦让卑恭的时候死了，那后世人一定会赞扬他的。不过我们现在不是讲历史，那两个人究竟孰好孰坏，我们不论，然而它说明了人只有到死，才可以论定他的功罪是非。我们说：永久奋斗，就是要奋斗到死。这个永久奋斗是非常要紧的，如要讲道德就应该讲这一条道德。模范青年就要在这一条上做模范。其他方面要做模范的是非常多的，例如，在政治上要有一个正确的方向，但是光有这个正确的政治方向是不够的，过了三年五年，就把它丢了，那还不是枉然？所以，有了正确的政治方向后，还要坚定，就是说，要有“坚定正确的政治方向”。这个方向是不可动摇的，要有“富贵不能淫，贫贱不能移，威武不能屈”的骨气来坚持这个方向。这样的青年，才是真正的模范青年。

这样的道德，才算是真正的政治道德。我们对道德是这样的看法。有一些人，他们嘴上道德、气节乱喊一阵，但在政治上是不坚定的，中途会变节的，这是无道无德。

《毛泽东文集》第 2 卷，人民出版社 1993 年版，第 190—191 页

注释

（30）这是唐朝诗人白居易所作《放言》中的诗句。原诗为："赠君一法决狐疑，不用钻龟与祝蓍；试玉要烧三日满，辨才须待七年期。周公恐惧流言日，王莽谦恭未篡时；向使当初身便死，一生真伪复谁知?"这里的周公，是指周武王之弟周公旦。武王之子周成王继位时，因年幼由叔父周公旦摄政。

明足以察秋毫之末，而不见舆薪

《同美国记者斯诺的谈话》

原文

中国有一小部分人，历来很愿意学习希特勒。大家知道，希特勒曾经有一个时期说过这样的话，他说："苏联只是一个名称，世界上实际没有这个国家。"可是，希特勒也有因为受了教育而发生某种觉悟的时候，就是当着今年八月二十三日的那一天，他忽然发现不但名义上有了苏联，而且实际上有了苏联了。中国的若干阿Q主义者中间，我想很有一些可能进步的人，如果说，他们现在还不承认有所谓统一战线甚至于有所谓共产党存在的话，那末，谁也不能排除，于将来的某年某月某日，他们也能在名义上、实际上都承认共产党与统一战线的存在。中国从前有一个圣人，叫做孟子，他曾说："明足以察秋毫之末，而不见舆薪"。这句话，形容现在的阿Q主义者，是颇为适当的。

《毛泽东文集》第2卷，人民出版社1993年版，第239—240页

注释

（31）见《孟子·梁惠王上》。

君子之过也，如日月之食焉：过也，人皆见之；更也，人皆仰之

《同美国记者斯诺的谈话》

原文

至于蒋介石先生说了什么共产党不存在的话，我以为这是不确实的。因为：第一，蒋先生是一个政治家，他不但有政治常识，而且懂得更多的东西。第二，蒋先生是抗战领袖，他不应该说这样的话。第三，他如果说这样的话，岂不是与他从前的话相矛盾吗？因为他在一九三七年九月二十三日发表过谈话，承认了共产党的合法存在。所以，我相信，这种毫无常识的话，这种不利于团结抗战的话，这种与蒋先生过去所说互相冲突的话，他应该是不会说的。而如果果然说了的话，那我们就有权利请他更正。古人说“君子之过也，如日月之食焉：过也，人皆见之；更也，人皆仰之。”蒋先生如果真的说了这样的话，那实在是他的过错，是一个全体共产党员皆不能忍受的过错，我们一定要请他更正。

说到共产党的法律地位，的确是没有的。现在中国政府，并没有执行蒋先生在一九三七年九月二十三日的谈话，给共产党以合法地位。对共产党以外的其他党派，同样也没有给予合法地位。这就是中国还不是一个宪政国家，也还不是一个有法律的国家的明证。现在全国人民都要求结束训政，实行宪政，就是为了这个原故。

说到陕甘宁边区，这还是在一九三六年西安事变时，以及一九三七年的春天和夏天，蒋先生几次当着共产党代表周恩来同志的面亲口承认了的。在一九三七年的冬天，又经国民政府行政院会议正式通过了。至

于到现在还没有发表，还没有委任边区的官吏，这只是证明行政院办事未免太迟缓，中国政府的官僚主义作风实在太严重，无怪乎全国人民要求行政机构的彻底改革了。要改变一下才好。

《毛泽东文集》第2卷，人民出版社1993年版，第240—241页

注释

（32）见《论语·子张篇》。

申公豹

《一二九运动的伟大意义》

原文

《封神演义》里有一个申公豹，是姜子牙的不肖师弟，他脸向后长，眼朝后看。现在在抗战阵营中，就隐藏有这么一群“申公豹”，一批专门倒退的人，他们拖住中国要倒退。这是现在中国的黑暗势力压迫光明势力，这叫做压迫的自由。然而，全中国的青年和工农大众也有另外一种自由，这叫做反抗黑暗势力的自由。我们不准黑暗势力把中国拖向后退。我们有没有把握不准他们那样做呢？是有的，重要的根据就是现在的人不容易被欺骗了，全国老百姓是不好再欺骗了。现在大多数人就不准他们这样压迫，要反抗他们的压迫；不准他们投降，要坚持抗战；不准他们分裂，要坚持团结；不准他们倒退，要坚持进步。这一群“申公豹”，看他们怎样收场！

《毛泽东文集》第2卷，人民出版社1993年版，第255—256页

注释

（33）见《封神演义》。

青龙偃月刀、嘶风赤兔马、过五关斩六将

《一二九运动的伟大意义》

原文

现在很多青年知识分子没有自由，没有走路之权。例如从西安到延安的这一条路上，遍设关防，进步的知识青年要通过是困难的。因为他们既没有青龙偃月刀、嘶风赤兔马，又没有过五关斩六将的本领，那只有被赶到集中营"训练团"里去。这件事情似乎有些难办。但是，如果知识分子跟八路军、新四军、游击队结合起来，就是说，笔杆子跟枪杆子结合起来，那末，事情就好办了。拿破仑说，一支笔可以当得过三千支毛瑟枪。但是，要是没有铁做的毛瑟枪，这个笔杆子也是无用的。你们有了笔杆子，再加一条毛瑟枪，根据拿破仑的说法，那末，你们就有三千零一支毛瑟枪了。有了这，什么帝国主义也不怕，什么顽固分子也不怕。有了这，这些狗子敢来咬一口吗？

《毛泽东文集》第 2 卷，人民出版社 1993 年版，第 257 页

注释

（34）青龙偃月刀、嘶风赤兔马、过五关斩六将，分别是《三国演义》中所说的蜀汉著名将领关羽的兵器、坐骑和战斗故事。

没有革命的理论，就没有革命的运动

欧洲的旧哲学家

自由是必然的认识和世界的改造

马克思说人比蜜蜂不同的地方，就是人在建筑房屋之前早在思想中有了房屋的图样

《驳第三次“左”倾路线》

■ 原文

认识世界是为了改造世界，人类历史是人类自己造出的。但不认识世界就不能改造世界，“没有革命的理论，就没有革命的运动”，这一方面，我们的老爷是茫然了。必然王国之变为自由王国，是必须经过认识与改造两个过程的。欧洲的旧哲学家，已经懂得“自由是必然的认识”这个真理。马克思的贡献，不是否认这个真理，而是在承认这个真理之后补充了它的不足，加上了根据对必然的认识而“改造世界”这个真理。“自由是必然的认识”——这是旧哲学家的命题。“自由是必然的认识和世界的改造”——这是马克思主义的命题。一个马克思主义者如果不懂得从改造世界中去认识世界，又从认识世界中去改造世界，就不是一个好的马克思主义者。一个中国的马克思主义者，如果不懂得从改造中国中去认识中国，又从认识中国中去改造中国，就不是一个好的中国的马克思主义者。马克思说人比蜜蜂不同的地方，就是人在建筑房屋之前早在思想中有了房屋的图样。我们要建筑中国革命这个房屋，也须先有中国革命的图样。不但须有一个大图样，总图样，还须有许多小图样，分图样。而这些图样不是别的，就是我们在中国革命实践中所得来的关于客观实际情况的能动的反映（关于国内阶级关系，关于国内民族关系，关于国际各国相互间的关系，以及关于国际各国与中国相互间的关系等等情况的能动的反映）。我们的老爷之所以是主观主义者，就是因为他们的一切革命图样，不论是大的和小的，总的和分的，都不根据

于客观实际和不符合于客观实际。他们只有一个改造世界或改造中国或改造华北或改造城市的主观愿望，而没有一个像样的图样，他们的图样不是科学的，而是主观随意的，是一塌胡涂的。老爷们既然完全不认识这个世界，又妄欲改造这个世界，结果不但碰破了自己的脑壳，并引导一群人也碰破了脑壳。老爷们对于中国革命这个必然性既然是瞎子，却妄欲充当人们的向导，真是所谓“盲人骑瞎马，夜半临深池”了。

《毛泽东文集》第2卷，人民出版社1993年版，第343—344页

注释

（35）“没有革命的理论，就没有革命的运动”，见列宁《怎么办?》第一章第四节（《列宁选集》第1卷，人民出版社1972年版，第241页）。

（36）“欧洲的旧哲学家”，指荷兰唯物主义哲学家斯宾诺莎和德国古典唯心主义哲学家黑格尔等。

（37）“自由是必然的认识和世界的改造”，参见马克思《关于费尔巴哈的提纲》（《马克思恩格斯选集》第1卷，人民出版社1972年版，第16—19页）和恩格斯《反杜林论》第一编第十一节《道德和法。自由和必然》（《马克思恩格斯选集》第3卷，人民出版社1972年版，第154页）。

（38）“马克思说人比蜜蜂不同的地方，就是人在建筑房屋之前早在思想中有了房屋的图样”，参见马克思《资本论》第一卷第五章《劳动过程和价值增殖过程》。原文是：“蜜蜂建筑蜂房的本领使人间的许多建筑师感到惭愧。但是，最蹩脚的建筑师从一开始就比最灵巧的蜜蜂高明的地方，是他在用蜂蜡建筑蜂房以前，已经在自己的头脑中把它建成了。”（《马克思恩格斯全集》第23卷，人民出版社1972年版，第202页）。

脱离实际的理论是空洞的理论

《反对主观主义和宗派主义》

原文

对于理论脱离实际的人，提议取消他的"理论家"的资格。只有用马克思主义观点来研究实际问题、能解决实际问题的，才算实际的理论家。斯大林说，脱离实际的理论是空洞的理论。我认为空洞的理论是荒谬绝伦的理论。

《毛泽东文集》第2卷，人民出版社1993年版，第374页

注释

（39）见斯大林《论列宁主义基础》第三部分。

《联共党史》

《反对主观主义和宗派主义》

原文

实行学制的改革，把过去的一套彻底打碎。研究马、恩、列、斯的思想方法论，以《联共党史》为学习的中心，多看反对主观主义的言论。

《毛泽东文集》第 2 卷，人民出版社 1993 年版，第 374 页

注释

（40）即《联共（布）党史简明教程》。

《阶级斗争》《社会主义史》

《关于农村调查》

原文

记得我在一九二〇年，第一次看了考茨基著的《阶级斗争》，陈望道翻译的《共产党宣言》，和一个英国人作的《社会主义史》，我才知道人类自有史以来就有阶级斗争，阶级斗争是社会发展的原动力，初步地得到认识问题的方法论。可是这些书上，并没有中国的湖南、湖北，也没有中国的蒋介石和陈独秀。我只取了它四个字："阶级斗争"，老老实实地来开始研究实际的阶级斗争。我做了四个月的农民运动，得知了各阶级的一些情况，可是这种了解是异常肤浅的，一点不深刻。后来，中央要我管理农民运动。我下了一个决心，走了一个月零两天，调查了长沙、湘潭、湘乡、衡山、醴陵五县。这五县正是当时农民运动很高涨的地方，许多农民都加入了农民协会。国民党骂我们"过火"，骂我们是"游民行动"，骂农民把大地主小姐的床滚脏了是"过火"。其实，以我调查后看来，也并不都是像他们所说的"过火"，而是必然的，必需的。因为农民太痛苦了。我看受几千年压迫的农民，翻过身来，有点"过火"是不可免的，在小姐的床上多滚几下子也不妨哩！

《毛泽东文集》第 2 卷，人民出版社 1993 年版，第 378—379 页

注释

(41)《阶级斗争》，指德国考茨基著的《〈爱尔福特纲领〉解说》，

恽代英翻译，书名译为《阶级争斗》，一九二一年一月新青年出版社出版。

（42）《社会主义史》，指英国克卡朴（今译柯卡普）著的《社会主义史》，李季翻译，一九二〇年十月新青年出版社出版。

唐三藏 鲁迅

《关于报纸和翻译工作问题给何凯丰的信》

原文

今日与博古谈了半天，报馆工作有进步，可以希望由不完全的党报变成完全的党报。他向二百余人作了报告，影响很好（据舒群说），报馆人员在讨论改进中。谈到各部门利用报纸做工作的事，我想还要讨论一次，以促中央各部门同志的注意。各根据地当局也还未把报纸看作自己极重要武器，我想要写一电报（或须用书记处名义），提出此种任务。整风完后，中央须设一个大的编译部，把军委编译局并入，有二三十人工作，大批翻译马、恩、列、斯及苏联书籍，如再有力，则翻译英、法、德古典书籍。我想亮平在翻译方面曾有功绩，最好还是他主持编译部，不知你意如何？不知他自己愿干否？为全党着想，与其做地方工作，不如做翻译工作，学个唐三藏及鲁迅，实是功德无量的。

《毛泽东文集》第 2 卷，人民出版社 1993 年版，第 441 页

注释

（43）唐三藏，即玄奘（约六〇〇——六六四），洛州偃师（今河南偃师）人。唐代高僧，佛经翻译家。曾主持翻译经、论七十余部，共一千三百多卷。

（44）鲁迅，文学家、思想家和革命家。曾翻译外国文学作品和文艺理论著作多种，编为《鲁迅译文集》，共十卷。

正其谊不谋其利，明其道不计其功

《经济问题与财政问题》

■ 原文

有许多的部队、机关、学校，在他们的生产活动中，负行政指挥责任的同志不大去管，甚至有少数人完全不闻不问，而仅仅委托于供给机关或总务处去管，这是由于还没有懂得经济工作的重要性的原故。其所以还不懂得，或则中了董仲舒们所谓“正其谊不谋其利，明其道不计其功”这些唯心的骗人的腐话之毒，还没有去掉得干净；或则以为政治、党务、军事是第一位的，是最重要的，经济工作虽然也重要，但不会重要到那种程度，觉得自己不必分心或不必多分心去管它。但是这些想法全是不对的。

《毛泽东文集》第 2 卷，人民出版社 1993 年版，第 464—465 页

注释

（45）见《汉书·董仲舒传》。

无限忠心，联系群众，独立工作能力，遵守纪律

《在中央党校第二部开学典礼上的讲话》

原文

我们要执行什么统一的意见，达到什么统一的目的呢？就是刚才彭真同志说的季米特洛夫在共产国际第七次代表大会上所讲的关于干部标准的四条：无限忠心，联系群众，独立工作能力，遵守纪律。我们要按着这四条来学习，学校里的学生、工作人员统统要为达到这样的目标而努力。

《毛泽东文集》第 3 卷，人民出版社 1996 年版，第 55 页

注释

（46）共产国际执行委员会总书记季米特洛夫一九三五年八月在共产国际第七次代表大会上作的《工人阶级统一起来反对法西斯（对大会讨论的答复）》中提出正确选择干部的四项条件：第一，要无条件地献身于工人阶级的事业，忠实于党，并且在敌人面前——在战斗中、在监狱中、在法庭中——受过考验的；第二，要极密切地接近群众；第三，要能独立地自觉方向，不怕担负决策的责任；第四，不但在对一切违背布尔什维克路线的现象作不调和的对抗时，而且在对阶级敌人作斗争时，都要守纪律，受布尔什维克的锻炼。

一国三公

《切实执行十大政策》

原文

统一领导。实行一元化的领导很重要，要建立领导核心，反对“一国三公”。如果有的领导同志心里有气，就应向大家谈出来，加以分析，实行批评与自我批评，从而达到团结和统一。凡是对这一条执行得还不够的，应当立即搞好。

《毛泽东文集》第3卷，人民出版社1996年版，第69页

注释

（47）“一国三公”，比喻事权不统一，令人无所适从。语出《左传·僖公五年》：“[士蔿]退而赋曰：‘狐裘龙茸，一国三公，吾谁适从?’”三公，指春秋时晋献公和公子重耳、夷吾。毛泽东在这里引用这一典故，强调当时抗日根据地的党、政、军三方面应当有统一的领导，不要政出多门，工作上应当互相协调、配合。

耕三余一

《切实执行十大政策》

原文

发展生产。要做到农业生产“耕三余一”，备战，备荒。

《毛泽东文集》第3卷，人民出版社1996年版，第70页

注释

（48）耕三余一，即耕种三年，余一年粮食。《礼记·王制》：“三年耕，必有一年之食；九年耕，必有三年之食。”抗日战争时期，中国共产党领导的大生产运动中提出“耕三余一”的口号，号召农民积极生产，厉行节约，做到每家一年有四个月的余粮。

孔子

苏格拉底

王阳明

孟子

《关于人的基本特性及其他》

原文

剥削阶级当着还能代表群众的时候，能够说出若干真理，如孔子、苏格拉底、资产阶级，这样看法才是历史的看法。

王阳明也有一些真理。

孔孟有一部分真理，全部否定是非历史的看法。

《毛泽东文集》第3卷，人民出版社1996年版，第84页

注释

（49）孔子（公元前五五一——前四七九），名丘，字仲尼，鲁国陬邑（今山东曲阜）人。春秋后期思想家、教育家，儒家的创始人。

（50）苏格拉底（公元前四六九——前三九九），古希腊唯心主义哲学家。

（51）王阳明（一四七二——一五二八），原名王守仁，字伯安，浙江余姚人。明代唯心主义哲学家。

（52）孟，指孟子（约公元前三七二——前二八九），名轲，字子舆，邹（今山东邹县）人。战国时期思想家。

《甲申三百年祭》《反正前后》

《给郭沫若的信》

原文

大示读悉。奖饰过分，十分不敢当；但当努力学习，以副故人期望。武昌分手后，成天在工作堆里，没有读书钻研机会，故对于你的成就，觉得羡慕。你的《甲申三百年祭》，我们把它当作整风文件看待。小胜即骄傲，大胜更骄傲，一次又一次吃亏，如何避免此种毛病，实在值得注意。倘能经过大手笔写一篇太平军经验，会是很有益的；但不敢作正式提议，恐怕太累你。最近看了《反正前后》，和我那时在湖南经历的，几乎一模一样，不成熟的资产阶级革命，那样的结局是不可避免的。此次抗日战争，应该是成熟了的吧，国际条件是很好的，国内靠我们努力。我虽然兢兢业业，生怕出岔子，但说不定岔子从什么地方跑来；你看到了什么错误缺点，希望随时示知。你的史论、史剧有大益于中国人民，只嫌其少，不嫌其多，精神决不会白费的，希望继续努力。

《毛泽东文集》第 3 卷，人民出版社 1996 年版，第 227 页

注释

(53)《甲申三百年祭》，是郭沫若一九四四年三月在重庆《新华日报》发表的著名史论著作。文中叙述了明末李自成农民起义军在攻入北京推翻明朝以后，若干首领腐化并发生宗派斗争，以致陷于失败的过程。一九四四年四月十二日，毛泽东在延安高级干部会议上说："近日

我们印了郭沫若论李自成的文章，也是叫同志们引为鉴戒，不要重犯胜利时骄傲的错误。”

（54）《反正前后》，是郭沫若一九二九年写的反映自己一九一〇年至一九一一年生活经历的作品，一九二九年八月由上海现代书局出版。“反正”，指辛亥革命。

戈尔洛夫

《时局问题及其他》

原文

苏联十月社会主义革命后已经二十多年了，三个五年计划也完成了，红军相当强大，打仗的时候希特勒都怕得很，但是他们还出了戈尔洛夫式的人物。所以要有思想准备。你们出发到各地去，到每一个地方要喊万岁，九千岁都不行，因为那里是中国共产党领导的中国人民反帝反封建的根据地，做的是艰苦奋斗的英雄事业。但是同时，你们要有思想准备，准备那里有缺点，有官僚主义，人多了挤在一个小房子里，小米、大米没有那样多。还有，那里不晓得你是团长、旅长，只晓得你有两只眼睛一个鼻子，没有说一声“团长同志请坐呀”，不很尊重，也没有开欢迎大会，让你坐冷板凳，或者你小有缺点人家话就来了。这样，你心里就容易产生一个东西，叫做气。所以同志们都要有思想准备，准备各种不如意的事，有多少封锁线，有敌人袭击，不开欢迎会，开了欢迎会掌声不够，稀稀拉拉的几个巴掌。要讲这些丧气话，但是不是只讲丧气话？不是。我讲的头一条，就是壮气话，没有专讲丧气话。但是如果只讲壮气话，只讲光明、光明、光明，而事实上有缺点，有困难，那也不行。

《毛泽东文集》第 3 卷，人民出版社 1996 年版，第 259 页

注释

（55）戈尔洛夫，是苏联剧作家柯涅楚克在话剧《前线》中塑造的苏联卫国战争期间一个前线总指挥，他脱离实际，不肯学习新知识，又好摆老资格。

列宁也要我们发挥他 华盛顿

《对〈论联合政府〉的说明》

■ 原文

对孙中山讲得是否太多了？不多。我们要善于引用他，这没有害处，只有好处，列宁也要我们发挥他。他的遗嘱中唤起民众、联合世界上以平等待我之民族这两条是基本策略，他关于民主讲得最好，要为一般平民所共有。美国共产党现在把华盛顿、林肯都当作自己的旗帜，我们就有孙中山，而且有一段姻缘，曾经和他合作过。内战时期不讲他不能怪我们，因为那时我们被打倒在地上，不把孙中山丢开自己就站不起来，如同五四时期打倒孔家店一样。现在不同了。对党内一些人存在不尊重孙中山的情绪，应该说服。

《毛泽东文集》第 3 卷，人民出版社 1996 年版，第 274—275 页

注释

（56）“列宁也要我们发挥他”。列宁在《中国的民主主义和民粹主义》一文中指出，随着中国无产阶级的日益成长，“一定会建立这样或那样的中国社会民主工党，而这个党在批判孙中山的小资产阶级空想和反动观点时，一定会细心地辨别、保存和发展他的政治纲领和土地纲领的革命民主主义内核”。（《列宁选集》第 2 卷，人民出版社 1972 年版，第 428 页）

（57）华盛顿（一七三二——一七九九），美利坚合众国的奠基人，

第一任总统。北美独立战争时期，任大陆军总司令。一七八七年主持费城会议，制定联邦宪法。一七八九年当选总统。林肯（一八〇九——一八六五），一八六一年至一八六五年任美国总统，主张维护联邦统一，废除奴隶制度。南北战争爆发后，颁布《宅地法》和《解放黑奴宣言》，保证了战争的胜利。

项庄舞剑，意在沛公

《对〈关于若干历史问题的决议〉草案的说明》

原文

治病救人的方针证明是有效的，要看什么时候需要强调哪一个方面。前年十二月以后治病太多，救人差一点，所以去年就多加些“甘草”。最近的情形也是如此。一九四〇年不许提路线，一九四一年谈了路线，以后就发生了王明同志的问题。他养病的时候，我们整了风，讨论了党的历史上的路线问题，“项庄舞剑，意在沛公”，这是确实的，但“沛公”很多，连“项庄”自己也包括在内。发展的过程就是如此。到了现在，这个决议就比较好，把治病救人两方面统一起来了。王明同志写了这封信，内容有无缺点错误还可以研究，但其态度是好的，应该欢迎的。其他许多同志的意见都很好。错误不是少数人的问题，写几个名字很容易，但问题不在他们几个人。如果简单地处理几个人，不总结历史经验，就会像过去陈独秀犯了错误以后党还继续犯错误一样。对陈独秀应该承认他对中国共产党和中国人民是有功劳的，大体上如同俄国的普列汉诺夫。李立三在大革命时代也有功劳。党是政治团体，不是家族或职业团体，党员都是来自五湖四海，因为政见相同结合起来的。政见不同就要有争论，争论时要分清界限。

《毛泽东文集》第 3 卷，人民出版社 1996 年版，第 283—284 页

注释

（58）典出《史记·项羽本纪》。项庄是项羽的武将，沛公即刘邦。公元前二〇六年，刘邦攻占秦都咸阳后，派兵守函谷关。不久，项羽率

军攻入，进驻鸿门（今陕西临潼东），准备消灭刘邦。经项羽叔父项伯调解，刘邦亲至鸿门会见项羽。宴会上，项羽谋士范增以“助兴”为名命项庄舞剑，欲乘机刺杀刘邦。项伯亦拔剑起舞，常以身体掩护刘邦。此时，刘邦谋士张良至军门告诉刘邦参乘樊哙：“今者项庄拔剑舞，其意常在沛公也。”于是樊哙带剑拥盾闯入，刘邦才能乘隙脱身。

其作始也简，其将毕也必巨

《中国共产党第七次全国代表大会的工作方针》

■ 原文

一九二一年，我们党开第一次代表大会。在十二个代表中，现在活着的还是共产党员的（叛变了的如张国焘之流不算），一个是陈潭秋，现在被国民党关在新疆监牢里，一个是董必武，现在飞到旧金山去了，我也是一个。十二个代表中现在在南京当汉奸的就有两个，一个是周佛海，一个是陈公博。会是在七月间开的，我们现在定七月一日为党的周年纪念日。本来是在上海开的，因为巡捕房要捉人，跑到浙江嘉兴南湖，是在船上开的。发了宣言没有？我不记得了。当时对马克思主义有多少，世界上的事如何办，也还不甚了了。所谓代表，哪有同志们现在这样高明，懂得这样，懂得那样。什么经济、文化、党务、整风等等，一样也不晓得。当时我就是这样，其他人也差不多。当时陈独秀没有到会，他在广东当教育厅长。我们中国《庄子》上有句话说："其作始也简，其将毕也必巨。"现在我们还没有"毕"，已经很大。《联共党史》开卷第一页第一行说，苏联共产党是由马克思主义的小组发展成为领导苏维埃联邦的党。我们也是由小组到建立党，经过根据地发展到全国，现在还是在根据地，还没有到全国。我们开始的时候，也是很小的小组。这次大会发给我一张表，其中一项要填何人介绍入党。我说我没有介绍人。我们那时候就是自己搞的，知道的事也并不多，可谓年幼无知，不知世事。但是这以后二十四年就不得了，翻天覆地！整个世界也是翻天覆地的。中国是翻天覆地的二十四年，世界是翻天覆地的二十八年。这二十八年是苏联共产党取得革命胜利后的二十八年，中国共产党的二十四年也是同过去大不相同的二十四年。这一点是要使广大人民知道的。

《毛泽东文集》第 3 卷，人民出版社 1996 年版，第 291—292 页

注释

（59）见《庄子·人间世》。

阿Q

《中国共产党第七次全国代表大会的工作方针》

原文

我再讲一讲治病救人。治病救人是说，为了救人而去治病。人本来是好人，但病菌进去了，得了病，就请医生看一看，吃点药，治好了。要救人不治病不行，要治病不救人也不行，无论偏向哪一方面都不好，都应该改正。一切同志，要在这个历史决议案下团结起来，像决议案上说的团结得像一个和睦的家庭一样。过去常说，团结得像一个人一样，那是写文章的词藻。我们这回说，团结得像一个和睦的家庭一样。家庭是有斗争的，新家庭里的斗争，是用民主来解决的。我们要把同志看成兄弟姊妹一样，从这里能得到安慰，疲劳了，可以在这里休息休息，问长问短，亲切得很。至于犯过错误，那也不是一两个人，大家都犯过错误，我也有过错误。错误人人皆有，各人大小不同。决议案上把好事都挂在我的账上，所以我对此要发表点意见。写成代表，那还可以，如果只有我一个人，那就不成其为党了。要知道，一个队伍经常是不大整齐的，所以就要常常喊看齐，向左看齐，向右看齐，向中看齐。我们要向中央基准看齐，向大会基准看齐。看齐是原则，有偏差是实际生活，有了偏差，就喊看齐。但是，官长不能打士兵，这就是说，干部与党员要有正确的关系。一个队伍里头，人们的思想有正确的，也有错误的，经常是不整齐的。但对犯错误的同志要有好的态度。家庭里是很少有开除家籍的事情的。阿Q到底姓什么虽不清楚，但也没有听说他曾被开除家籍。阿Q斗争起来也算英勇。他的缺点是主观主义、宗派主义，加党八股，毫无自我批评精神。人家的疮疤他要揭，他的疮疤人家揭不得。至于教条主义和党八股，那厉害得很，长凳一定要叫长凳，不能叫条凳，叫条凳是路线错误，那样教条主义，那样党八股！但是，写阿Q的作家还是喜欢阿Q的，因为反革命把他枪毙了。所以对于有缺点错误的人，我们要团结。

《毛泽东文集》第3卷，人民出版社1996年版，第297—298页

注释

（60）阿Q，鲁迅《阿Q正传》中的主人公。

路是人走出来的

《在中国共产党第七次全国代表大会上的口头政治报告》

原文

现在已经完全证明，只有这样的路线，才是正确的路线。力争领导权，力争独立自主的路线，是我们党中央的路线，是反映了全党大多数同志要求的路线，是反映了全国大多数人民要求的路线。这条路线是从哪里来的呢？是从天上掉下来的吗？不是。是从外国送来的吗？也不是。它是从中国自己的土地上生长出来的。鲁迅讲过：路是人走出来的。我们这条路线，也是中国人民用脚踩成的。力争领导权，力争独立自主，就是无产阶级领导的人民大众，也就是共产党领导的人民大众，反对日本帝国主义及其走狗的抗日战争的路线。这条路线的正确性，现在已经完全可以证明得清清楚楚了。

《毛泽东文集》第 3 卷，人民出版社 1996 年版，第 315 页

注释

(61)见鲁迅《故乡》，原文是："希望是本无所谓有，无所谓无的。这正如地上的路；其实地上本没有路，走的人多了，也便成了路。"(《鲁迅全集》第 1 卷，人民文学出版社 1981 年版，第 485 页)

资产阶级民主革命，与其说对资产阶级有利，不如说对无产阶级更有利

《在中国共产党第七次全国代表大会上的口头政治报告》

原文

所谓民粹主义，就是要直接由封建经济发展到社会主义经济，中间不经过发展资本主义的阶段。俄国的民粹派就是这样。当时列宁、斯大林的党是给了他们以批评的。最后，他们变成了社会革命党。他们“左”得要命，要更快地搞社会主义，不发展资本主义。结果呢，他们变成了反革命。布尔什维克就不是这样。他们肯定俄国要发展资本主义，认为这对无产阶级是有利的。列宁在《两个策略》中讲：“资产阶级民主革命，与其说对资产阶级有利，不如说对无产阶级更有利。”我们不要怕发展资本主义。俄国在十月革命胜利以后，还有一个时期让资本主义作为部分经济而存在，而且还是很大的一部分，差不多占整个社会经济的百分之五十。那时粮食主要出于富农，一直到第二个五年计划时，才把城市的中小资本家与乡村的富农消灭。我们的同志对消灭资本主义急得很。人家社会主义革命胜利了，还要经过新经济政策时期，又经过第一个五年计划，到第二个五年计划时，集体农庄发展了，粮食已主要不由富农出了，才提出消灭富农，我们的同志在这方面是太急了。

《毛泽东文集》第 3 卷，人民出版社 1996 年版，第 323 页

注释

(62)见列宁《在民主革命中社会民主党的两个策略》(今译名为《社

会民主党在民主革命中的两种策略》)。原译文是:“在某种意义上说,资产阶级革命对于无产阶级,较之它对于资产阶级更为有利。”(解放社1943年11月印行)新的译文是:“在某种意义上说来,资产阶级革命对无产阶级要比对资产阶级更加有利。”(《列宁选集》第1卷,人民出版社1972年版,第541页)

愚公移山

《在中国共产党第七次全国代表大会上的口头政治报告》

原文

关于自卫与反击。我们要站在自卫的立场反击国民党的进攻，一个是自卫，一个是反击。一切国民党的大小进攻，必须给以反击，给以回答。不论是文的也好，武的也好，特别是武的，只要它进攻，就要把它消灭干净。我们曾经提出，要坚决、彻底、干净、全部消灭之。我和国民党的联络参谋也这样讲过，我说我们的方针：第一条，就是老子的哲学，叫做“不为天下先”。就是说，我们不打第一枪。第二条，就是《左传》上讲的“退避三舍”。你来，我们就向后转开步走，走一舍是三十里，三舍是九十里，不过这也不一定，要看地方大小。我们讲退避三舍，就是你来了，我们让一下的意思。第三条，是《礼记》上讲的“礼尚往来”。来而不往非礼也，往而不来亦非礼也，就是说“人不犯我，我不犯人；人若犯我，我必犯人”。还在一九三九年我们就提出了这个口号，现在还是这个方针。好比说，我们有一百条枪，你们缴了我们九十九条，我们当然不高兴，但是不怪你们，因为你们本领大，高明得很。但是，就是只剩一条枪，我们也要打到底的。只要我们手里还有一条枪，我们被打倒了，就把枪交给我们的儿子，儿子再交给孙子。有一个愚公移山的故事，说在山西有一座太行山和一座王屋山，现在这两座山比较矮，从前比较高，不大好走路。有一个人名叫愚公，是一个很笨的老头，在他附近还住着一个老头名叫智叟，是一个很聪明的老头。有一天他们两个人吵起架来了，为什么吵架呢？因为愚公要把太行山、王屋山移掉，带着他的儿子孙子挖山、挑土。那个聪明的老头就告诉他不必挖了，太行山、王屋山这样高，怎么能挖掉呢？愚公说：这两座山虽然高，但是我死了还有儿子，儿子死了还有儿子的儿子，儿子的儿子死了还有儿子的儿子的儿子，父而子，子而孙，孙孙子子，子子孙孙无尽，而山是不会再增高的。后来，有一个神仙为愚公的精神所感动，报告了上帝，上帝就派人把山移走了！这个故事是书上讲的，并不是我编造的。

《毛泽东文集》第3卷，人民出版社1996年版，第325—327页

注释

（63）见《列子·汤问》。

客里空

《在中国共产党第七次全国代表大会上的口头政治报告》

原文

唐朝时，有一个姓韩的在荆州做刺史，所以人们把他叫作韩荆州。后来有一个会写文章的人叫李太白，他想做官，写了一封信给韩荆州，把他说得了不起，天下第一，其实就是想见韩荆州，捧韩荆州是为了要韩荆州给他一个官做。因此就出了“韩荆州”的典故。那时延安有很多人想找“韩荆州”，但是找错了方向，找了一个打胭脂水粉的韩荆州，一个小资产阶级的韩荆州，就是《前线》里的客里空。他们找不到韩荆州在哪里，其实到处都有韩荆州，那就是工农兵。工人的韩荆州是赵占魁，农人的韩荆州是吴满有，军人的韩荆州是张治国。广大的党员还认识不清这个问题。总之，没有整风党是不能前进的。

《毛泽东文集》第3卷，人民出版社1996年版，第337—338页

注释

（64）客里空，苏联剧作家柯涅楚克写的话剧《前线》中一个捕风捉影、捏造事实的新闻记者的名字。

没有革命的理论，就没有革命的运动

《在中国共产党第七次全国代表大会上的口头政治报告》

原文

我们整风讲实事求是，反教条主义，这样一反，好像理论工作者就不那样吃得开了。我们应该重视理论工作者，应该重视理论。列宁说过："没有革命的理论，就没有革命的运动。"因此我们党内要学习理论。从前我在六中全会上讲过，我们党的理论水平是很低的，现在比较过去是高了一些，但是还不够。现在我们党当然有些进步，但从中国革命运动的要求来说，我们的理论水平还不够。革命要求我们能说明中国的革命运动，说明这个运动的各个方面，说明它的内部联系，包括军事、政治、文化、经济，整个革命工作的各个侧面及其内部联系，并总结经验，把它提高起来，使之条理化、系统化。什么是理论？就是有系统的知识。马列主义的理论，就是以马克思主义为基础的有系统的知识。

《毛泽东文集》第3卷，人民出版社1996年版，第341—342页

注释

（65）见列宁《俄国社会民主党人的任务》(《列宁全集》第2卷，人民出版社1984年版，第443页)；并见列宁《怎么办?》第一章第四节（《列宁全集》第6卷，人民出版社1986年版，第23页）。

亚里士多德、苏格拉底、周公旦、诸葛亮、刘伯温

《在中国共产党第七次全国代表大会上的口头政治报告》

原文

知识分子不一定都是理论工作者。我们党里头，知识分子的增加是很好的现象。一个阶级革命要胜利，没有知识分子是不可能的。你们看过《三国演义》、《水浒传》，魏、蜀、吴三个国家，每个国家都有每个国家的知识分子，有高级的知识分子，有普通的知识分子，那个穿八卦衣拿鹅毛扇子的就是知识分子；梁山泊没有公孙胜、吴用、萧让这些人就不行，当然没有别人也不行。无产阶级要翻身，劳苦群众要有知识分子，任何一个阶级都要有为它那个阶级服务的知识分子。奴隶主有为奴隶主服务的知识分子，就是奴隶主的圣人，比如希腊的亚里士多德、苏格拉底。我们中国的奴隶主也有为他们服务的知识分子，周公旦就是奴隶主的圣人。至于封建时代的诸葛亮、刘伯温，《水浒传》里的吴用，都是封建社会里的知识分子。因为整风审干，好像把知识分子压低了一点，有点不大公平。好像天平，这一方面低了一点，那一方面高了一点。我们这个大会，要把它扶正，使知识分子这一方面高一点。是不是要反过来？那也不是。我们要欢迎他们为我们党服务，为我们党的利益而奋斗，为人民的利益而奋斗。我们的党，我们的军队，我们的政府，我们的经济部门，我们的群众团体，要吸收广大知识分子为我们服务，我们要尊敬他们。

《毛泽东文集》第3卷，人民出版社1996年版，第342—343页

注释

（66）亚里士多德（公元前三八四——前三二二），古希腊哲学家、科学家。苏格拉底，古希腊唯心主义哲学家。

（67）周公旦，周武王之弟，西周初年政治家。因采邑在周（今陕西岐山北），称为周公。曾助武王灭商。武王死后，成王年幼，由他摄政。相传他制礼作乐，建立典章制度。

（68）诸葛亮（一八一——二三四），字孔明，琅邪阳都（今山东沂南南）人，三国蜀汉政治家、军事家，刘备的主要谋士。他向刘备提出占据荆、益两州，联合孙权，对抗曹操，统一全国的建议，即著名的“隆中对”。刘伯温，即刘基（一三一一——一三七五），浙江青田人，元末进士。受朱元璋礼聘参加起义军，提出时务十八策。明朝建立后，任御史中丞兼太史令。

知之为知之，不知为不知，是知也

《在中国共产党第七次全国代表大会上的口头政治报告》

原文

什么是不装？就是“知之为知之，不知为不知”。孔夫子的学生子路，那个人很爽直，孔夫子曾对他说：“知之为知之，不知为不知，是知也。”懂得就是懂得，不懂得就是不懂得，懂得一寸就讲懂得一寸，不讲多了。为什么世界上会出现“装”？为什么有人感到不装不大好呢？这是一个社会现象。偷是社会现象，装也是社会现象。装的现象现在特别多，在我们党内也特别多。爱装的人，是他母亲生下他来就要他装的？他母亲怀他在肚子里就在观音菩萨面前发誓、许愿，一定要生一个会装的儿子？当然不是，这是社会现象。我们党内历来不允许装。不知道不要紧，知道得少不要紧，即使对马列主义知道得很少、马列的书读得很少也不要紧，知道多少就是多少。

《毛泽东文集》第 3 卷，人民出版社 1996 年版，第 350 页

注释

（69）见《论语·为政》。

临事而惧，好谋而成

《第七届中央委员会的选举方针》

原文

总之，新的中央要包含这样一些同志：大批未犯过路线错误的同志，一批犯过路线错误而又改正错误的同志；大批有全国影响的同志，大批现在有地方影响、将来可能有全国影响的同志；一批通晓的方面比较多的同志，大批通晓的方面比较少的同志。如果经过同志们考虑，采取了主席团这样一个组织路线的话，我们相信这个中央将是缺点比较更少的中央。这样一个中央委员会，就可以保证大会路线的实行，包括政治路线和组织路线。就是说，这个新的中央要既能弄通思想，又能团结同志。同志们！我们这次大会就要选出这样的中央。我们的代表多得很，有的同志送给他一个代表名义他还不要，有许多同志要求不要当选中央委员，这种态度是好的。孔夫子讲过："临事而惧，好谋而成。"不要说什么革命没有胜利就是因为我没有当中央委员，这样说是不好的。我们要慎重地选举，慎重地就职，这样才是好的态度。这样的中央，才能够保证执行大会的路线；这样的中央，就可以避免或者大体上避免重复历史上的缺点错误；这样的中央，才适合于我们党目前发展的情况及适应于将来的发展情况；这样的中央，才能够给全党同志、全国人民以好的影响。这样一个中央，就是一个缺点比较少的中央，一个比较更有保证的中央，一个使人比较放心的中央。历史的经验证明：要图痛快，就不痛快；准备了麻烦，麻烦就少。世界上的事，大体上都是这样。

《毛泽东文集》第 3 卷，人民出版社 1996 年版，第 367—368 页

注释

（70）见《论语·述而》。原文是："必也临事而惧，好谋而成者也。"

不是神仙，不是皇帝，更不是那些英雄豪杰，全靠自己救自己

《第七届中央委员会的选举方针》

原文

我们是马克思主义者，我们相信工具论。政府是什么东西呢？国家是什么东西呢？马克思和恩格斯认为，国家是一个阶级压迫另外一个阶级的机关，是个机器，是个工具。我们的政府是什么呢？是压迫反革命的工具。反革命的政府是什么呢？是压迫革命的工具。总之，都是一种工具，这是马克思主义者的看法。党是阶级斗争的工具，政府也是工具，党的中央委员会、党的领导机关，也是党的工具，都是阶级斗争的工具。我们党是阶级的领袖，中央是全党的领袖，我们都当作工具来看。这一点，我今天讲一下。过去我们有许多同志不了解这个问题，认为自己是英雄，出来是干革命的，很有一番自豪。有一番自豪是对的，但应该是作为工具的一番自豪。我们是阶级使用的武器，我们阶级要胜利，就要选出先锋队来。群众是从实践中来选择他们的领导工具、他们的领导者。被选的人，如果自以为了不得，不是自觉地作工具，而以为“我是何等人物”！那就错了。我们党要使人民胜利，就要当工具，自觉地当工具。各个中央委员，各个领导机关都要有这样的认识。这是唯物主义的历史观，就是《国际歌》上所讲的，少奇同志在这里念过几次，“不是神仙，不是皇帝，更不是那些英雄豪杰，全靠自己救自己。”自己救自己，他就要选举党，选举工具。

《毛泽东文集》第3卷，人民出版社1996年版，第373—374页

注释

（71）这是当时翻译的《国际歌》歌词中的一段。一九六二年四月二十八日《人民日报》发表经过修订的《国际歌》歌词的译文。这段歌词的新译文是："从来就没有什么救世主，也不靠神仙皇帝。要创造人类的幸福，全靠我们自己。"

中山舰事件

《在中国共产党第七次全国代表大会上的结论》

原文

关于放手发动群众问题，昨天少奇同志讲得很好，手是我们自己的，放不放在我们。谁不叫我们放手呢？有许多人，其中就有蒋介石。现在国民党开了第六次全国代表大会，大会通过的三十条政纲中有一条是“绝对禁止违背政府法令及在外交、军事、财政、交通、币制上有任何破坏统一之设施与行动”。比如军事的统一，那就是要我们把军队统统交给他们，不要八路军、新四军。这个斗争早就有了。一九二六年三月二十日的中山舰事件，就是不让我们放手发动群众，壮大人民力量。大革命为什么失败？除了客观原因之外，还有主观原因，就是蒋介石不让我们放手，汪精卫也不让我们放手，我们自己也就不敢放手。那时我们应该大大放手，但我们却不敢放手，所以失败了。内战时期我们放手了，但又过了一点，没有把放手发动群众同冒险主义相区别。

《毛泽东文集》第3卷，人民出版社1996年版，第376—377页

注释

（72）一九二六年三月十八日，黄埔军校驻省（指广东省会广州）办事处主任欧阳钟声称“奉蒋校长的命令”，通知海军局代局长、共产党员李之龙，速派有战斗力的军舰到黄埔听候调遣。当李之龙派中山舰开到黄埔后，立刻谣言蜂起。三月二十日，蒋介石谎称中山舰要炮轰黄埔，共产党要暴动，宣布在广州实行紧急戒严，逮捕李之龙，监视和软

禁大批共产党人，解除省港罢工委员会的工人纠察队的武装，包围苏联领事馆，监视苏联顾问。这就是所谓中山舰事件。

只要在十至二十年内和农民保持正确的关系，就能保证全世界范围内的胜利（甚至在发展着的各国无产阶级革命延迟的情况下，否则就会遭到二十至四十年白匪恐怖的苦难）

《在中国共产党第七次全国代表大会上的结论》

原文

列宁曾经讲过：俄国布尔什维克“只要在十至二十年内和农民保持正确的关系，就能保证全世界范围内的胜利（甚至在发展着的各国无产阶级革命延迟的情况下），否则就会遭到二十至四十年白匪恐怖的苦难”。这是在一九二一年讲的。同志们，一九四一年德国进攻苏联，是不是二十年呀？在莫斯科危急时，斯大林说：或者胜利，或者灭亡。现在是胜利了。苏联的胜利是从在莫斯科打胜仗开始的，不是从斯大林格勒才开始的，没有莫斯科的胜利，也就没有斯大林格勒的胜利。现在苏联红军的旗子已经插在柏林，列宁的话讲灵了。苏联在国际范围内胜利了，现在只是努力巩固这种胜利。苏联的胜利，就是全世界人民的胜利，也是中国人民的胜利。

《毛泽东文集》第 3 卷，人民出版社 1996 年版，第 379—380 页

注释

（73）见列宁《〈论粮食税〉的几个提纲》新的译文是：“只要在 10—20 年内和农民保持正常的关系，就能保证全世界范围内的胜利（甚至在日益发展的各国无产阶级革命推迟爆发的情况下），否则就会遭到 20—40 年白卫恐怖的苦难。”（《列宁全集》第 41 卷，人民出版社 1986 年版，第 378 页）。

艰难困苦，玉汝于成

《在中国共产党第七次全国代表大会上的结论》

原文

第十一条，天灾流行，赤地千里。天灾是天不下雨，玉皇大帝不帮忙。最近得到报告，华北、华中很多地方都天旱。古人说过："艰难困苦，玉汝于成"。艰难困苦给共产党以锻炼本领的机会，天灾是一件坏事，但是它里头含有好的因素，你要是没有碰到那个坏事，你就学不到对付那个坏事的本领，所以艰难困苦能使我们的事业成功。今年我们边区没有收成，这是一件大事。所以，我们要讲节省，从中央起都要讲节省，准备天灾流行，赤地千里。共产党有本领就是要在这种情况下打出一条生路来！华北、华中许多地方都要准备这一条。

《毛泽东文集》第 3 卷，人民出版社 1996 年版，第 390—391 页

注释

（74）语义出自宋代张载《西铭》："富贵福泽将厚吾之生也，贫贱忧戚庸玉汝于成也。"

没有预见就不叫领导，为着领导必须预见

《在中国共产党第七次全国代表大会上的结论》

原文

什么叫做领导？领导和预见有什么关系？预见就是预先看到前途趋向。如果没有预见，叫不叫领导？我说不叫领导。斯大林说：没有预见就不叫领导，为着领导必须预见。整个人类在马克思主义产生以前对于社会的发展历来没有预见，或者没有很清楚的预见。例如原始社会变成奴隶社会，奴隶社会发生革命变成封建社会，封建社会又发生革命变成了资本主义社会，这些革命往往是自发的。资产阶级在自然科学方面有很多好的预见，但在社会科学方面还是盲目的。只有产生了马克思主义，才对社会发展有了预见，使人类对社会发展的认识达到了新的阶段。

《毛泽东文集》第3卷，人民出版社1996年版，第394页

注释

（75）见斯大林《关于中央委员会和中央监察委员会四月联席全会的工作》。原文是："掌着舵，睁着眼，但是当某种灾难临头之前，竟什么也看不到，——这不能算是领导。布尔什维主义不是这样理解领导的。要领导就应当有预见。而预见，同志们，不是什么时候都容易做到的。"（《斯大林全集》第11卷，人民出版社1955年版，第32页）

心之官则思

《在中国共产党第七次全国代表大会上的结论》

原文

我们要提倡想问题。早几年前《新中华报》要我写几个字，我当时是有感而发，就写了两个字“多想”。“多想”，就是说要开动脑筋。我们的同志过去不大想问题，这要怪过去的领导不提倡想问题。脑筋是“心之官”，是思想器官，这个器官专门做一项工作，就是“想”。孟子说“心之官则思”，两千年以前他就规定了脑筋的任务。我们全党要提倡想问题。这次大会闭幕后，同志们回到各个地方去，要告诉每个同志，我们的脑筋要多想，想党内的各种问题，想阶级的问题，想国家的问题，想我们民族的问题，等等。遇到问题就分析一番，错了也不要紧，有错误就纠正。我们的同志见了面，不要只讲生活怎么样，不要把生活问题变成主要的话题。我们要提倡想各种问题，多思多想，开动机器，开动脑筋，还要放下包袱，精神解放，轻装前进。我们的同志们还要善于分析问题。我们党内过去有一个习惯，就是有一个固定的框子，无论做文章、讲话，都用这个框子去套。这个框子就是所谓党八股。我们要打破这个框子。马克思主义的精髓是对具体的问题作具体的分析，这是列宁讲的，我们恰恰缺乏这一点。所以，要提倡多想，这样就可以去掉盲目性，就可以对具体问题作具体分析。一个问题来了，一个人分析不了，就大家来交换意见，要造成交换意见的空气和作风。我这个人凡事没有办法的时候，就去问同志们，问老百姓。打仗也是这样。我们要善于跟同志们交谈。比如，《逼上梁山》就是一个集体创作，《三打祝家庄》也是一个集体创作，《白毛女》也是一个集体创作，让自己的功劳同大家共有，这有什么不好呢？《共产党宣言》就是马克思、恩格斯两个人合作写的。我们搞了一个《关于若干历史问题的决议》，又搞了一个政治报告，如果不是大家都来，一个人怎么能够搞得完全呢？首先要承认这一点，就是一个人搞不完全，要依靠大家来搞，这就是我们党的领导方法。要用这样的方法来启发同志的思想，去掉盲目性。

《毛泽东文集》第3卷，人民出版社1996年版，第397—398页

注释

（76）见《孟子·告子上》。

在资产阶级社会里，资本具有独立性和个性，而活着的个人却没有独立性和个性

《在中国共产党第七次全国代表大会上的结论》

原文

这是普遍性与差别性的问题，集体与个人关系的问题。在我们党内，在我们解放区，人民有了比较充分的自由，有独立性和个性。而在封建制度下，人民是没有人格、没有自由、没有独立性、没有个性的。马克思说："在资产阶级社会里，资本具有独立性和个性，而活着的个人却没有独立性和个性。"在中国的封建制度下，广大人民也没有独立性和个性，原因是他们没有财产。独立性、个性、人格是一个意义的东西，这是财产所有权的产物。中国的地主阶级、资产阶级有财产所有权，他们使大批的人破产，使农民和小资产阶级破产，财产集中在他们手里，他们自己就有独立性、个性、自由，而广大人民丧失了财产所有权，也就没有个性、独立性、自由，或者是削弱了。因此要恢复他们的个性，就要进行革命斗争，比如我们组织工会，在资本家的工厂里把工人组织起来，在解放区搞减租减息，建立人民的武装和政权，这就使人民有了个性、自由和人格。

《毛泽东文集》第 3 卷，人民出版社 1996 年版，第 415 页

注释

（77）见马克思、恩格斯《共产党宣言》（《马克思恩格斯选集》第 1 卷，人民出版社 1972 年版，第 266 页）。

龚自珍

《在中国共产党第七次全国代表大会上的结论》

原文

在我们党领导的解放区，不仅社会上的人都有人格、独立性和自由，而且在我们党的教育下，更发展了他们的人格、独立性和自由。这个问题，马克思在《共产党宣言》里讲得很清楚，他说："每个人的自由发展是一切人的自由发展的条件。"不能设想每个人不能发展，而社会有发展，同样不能设想我们党有党性，而每个党员没有个性，都是木头，一百二十万党员就是一百二十万块木头。这里我记起了龚自珍写的两句诗："我劝天公重抖擞，不拘一格降人才。"在我们党内，我想这样讲："我劝马列重抖擞，不拘一格降人才。"不要使我们的党员成了纸糊泥塑的人，什么都是一样的，那就不好了。其实人有各种各样的，只要他服从党纲、党章、党的决议，在这个大原则下，大家发挥能力就行了。讲清楚这一点，对于党的进步，对于全体党员积极性的发挥是会有好处的。

《毛泽东文集》第 3 卷，人民出版社 1996 年版，第 416 页

注释

（78）龚自珍（一七九二——一八四一），浙江仁和（今杭州）人，清朝思想家、文学家和诗人。"我劝天公重抖擞，不拘一格降人才"两句诗，见龚自珍《己亥杂诗·九州生气恃风雷》。

蔡元培

《在中国共产党第七次全国代表大会上的结论》

原文

不要轻视搞翻译的同志，如果不搞一点外国的东西，中国哪晓得什么是马列主义？中国历史上也有翻译工作，唐僧就是一个大翻译家，他取经回来后设翻译馆，就翻译佛经。《鲁迅全集》开卷第一页，有蔡元培写的一篇序，其中有几句写得不错。他说鲁迅是一个既博览又很谦虚的人，翻译了许多外国文学家的作品；翻译的作品占了他的全集的一半。所以，轻视这个工作和对这个工作的动摇都是不对的。

《毛泽东文集》第3卷，人民出版社1996年版，第418—419页

注释

（79）蔡元培（一八六八——一九四〇），浙江绍兴人，中国民主革命家、教育家。一九一六年出任北京大学校长。一九二八年任中央研究院院长。一九三一年九一八事变后主张抗日，同宋庆龄、鲁迅等发起组织中国民权保障同盟，任副主席。曾为复社一九三八年出版的《鲁迅全集》作《鲁迅先生全集序》。

朱洪武 其作始也简，其将毕也必巨

《在中国革命死难烈士追悼大会上的演说》

原文

我们建设的党是东方的共产党，我们建设的队伍是东方人民革命的队伍，我们是英勇奋斗的。想用杀人、压迫这一套来缩小我们，来消灭我们，那是不可能的。几十万的共产党人、成百万的革命民主主义者被屠杀了，但我们的队伍却有更多的几十万、几百万人起来继续战斗。拿中国共产党的三个时期来说吧，头一个时期发展到五万多党员，一巴掌被打散了，剩下的很少；第二个时期我们发展到三十万党员，又被打散了很多，剩下的也是很少；到抗日战争中我们就发展到一百二十多万党员。至于军队，同志们都知道，中国历史上没有红军，要说有就是明朝朱洪武起过一次“红军”，他们打的旗子是红旗。有的人以为红军这个名称一定是外国来的，我说不一定，你就只知道外国的事情，中国祖宗的事情就不知道。一九二七年以后，国民党反动派压迫和屠杀人民，中国又产生了红军。这个红军是在先进政党领导下的，开头数目很小。我经常和一些同志讲：“其作始也简，其将毕也必巨”，这是古书《庄子》上讲的。“作始”就是开头的时候，“简”就是很少，是简略的，“将毕”就是快结束的时候，“巨”就是巨大、伟大。这可以用来说明是有生命力的东西，有生命力的国家，有生命力的人民群众，有生命力的政党。中国革命力量现在“巨”了没有呢？在一八四一年，广东平英团的力量有好几万人，他们的口号是反对英国的侵略，但那时的人们没有料到他们的子孙、他们的后代将来会怎么样。孙中山搞出一个辛亥革命，也没有料到有五四运动，没有料到又产生了共产党。我们的前人没有料到世界会发生十月社会主义革命这样重大的历史事变，更没有料到中国会进步到有共产党领导的进行新民主主义革命这样的队伍，同时他们也没有料到中国革命会这样长还没有胜利。他们那时在敌人压迫面前只是开始起来反抗，至于下文如何，我看是还没有考虑成熟。不像我们现在开七大这样，对历史经验进行了总结，对当前的形势和前途都有明确的认识，因此我们有巩固的信心。我们的前人没有预料到这些，也不能怪他们，他们那时还没有革命的社会科学、还没有马克思主义武装头脑。我们是用科学社会主义武装头脑的人，看清楚社会前途的人，我们比他们进步，我们要完成他们没有完成的事业。我们今天的公祭可以一直上溯到一八四一年平英团那些英雄们，也祭奠他们。平英团的反英斗争，太平天国运动，都是英勇的斗争。太平天国有几十万军队、成百万的农民，打了十三年，最后南京城被清兵攻破的时候，一个也不投降，统统放起火烧死了，太平天国就这样结束的。他们失败了，但他们是不屈服的失败，什么人要想屈服他们，那是不行的。平英团现在没有了，太平天国也没有了，义和团也没有了。但是平英团以后出了一个太平天国，太平天国以后出了一个义和团，义和团以后出了一个辛亥革命，辛亥革命以后出了一个共产党，因此有了北伐战争、土地革命、抗日战争。革命力量的这一部分或那一部分，可能被消灭，弄得不好就会被敌人消灭，被敌人屠杀，甚至可能几十万地被他们消灭，但是跟着却会有更多的人加入我们的队伍。我看见过这样的家庭，同志们一定也看见过许多这样的家庭，反动派杀掉了父亲，他的儿子，三个四个，甚至七个八个，还有女儿，统统加入共产党，统统跑到延安来了。所以，反动派杀人越多，革命队伍反而扩大了。

《毛泽东文集》第 3 卷，人民出版社 1996 年版，第 434—436 页

注释

（80）朱洪武，即朱元璋（一三二八——一三九八），濠州钟离（今

安徽凤阳东）人，明朝的建立者。一三五二年参加郭子兴部起义军。起义军以红巾包头和红旗为号，故名红巾军，亦称红军或香军。一三六八年朱元璋称帝，建都南京，国号明，年号洪武。同年攻克大都（今北京），推翻元朝统治。

（81）“其作始也简，其将毕也必巨”，见《庄子·人间世》。

罗斯福的四大自由

《答路透社记者甘贝尔问》

原文

“自由民主的中国”将是这样一个国家，它的各级政府直至中央政府都由普遍、平等、无记名的选举所产生，并向选举它的人民负责。它将实现孙中山先生的三民主义，林肯的民有、民治、民享的原则与罗斯福的四大自由。它将保证国家的独立、团结、统一及与各民主强国的合作。

《毛泽东文集》第 4 卷，人民出版社 1996 年版，第 27 页

注释

（82）指美国总统罗斯福（一八八二——一九四五）在第二次世界大战期间提出的“言论和表达的自由”、“信仰上帝的自由”、“免于匮乏的自由”、“免于恐惧的自由”。

陆游、陈亮

《给柳亚子的信》

原文

诗及大示诵悉，深感勤勤恳恳诲人不倦之意。柳夫人清恙有起色否？处此严重情况，只有亲属能理解其痛苦，因而引起自己的痛苦，自非“气短”之说所可解释。时局方面，承询各项，目前均未至具体解决时期。报上云云，大都不足置信。前曾奉告二语：前途是光明的，道路是曲折的。吾辈多从曲折（即困难）二字着想，庶几反映了现实，免至失望时发生许多苦恼。而困难之克服，决不是那么容易的事情。此点深望先生引为同调。有些可谈的，容后面告，此处不复一一。先生诗慨当以慷，卑视陆游、陈亮，读之使人感发兴起。可惜我只能读，不能做。但是万千读者中多我一个读者，也不算辱没先生，我又引以自豪了。

《毛泽东文集》第 4 卷，人民出版社 1996 年版，第 29 页

注释

（83）陆游（一一二五——一二一〇），越州山阴（今浙江绍兴）人，南宋诗人。陈亮（一一四三——一一九四），婺州永康（今属浙江）人，南宋思想家、文学家。

斯科比

《要胜利就要搞好统一战线》

原文

在党的七大时我们就估计到，在日本投降以后，如果不克服蒋介石的阴谋和中国出斯科比的危险，中国的内战就不可避免。在今年一二月间蒋介石似乎有点变了，后来证明七大的估计还是正确的。

《毛泽东文集》第 4 卷，人民出版社 1996 年版，第 196 页

注释

（84）斯科比，英国人，第二次世界大战后期任英国派驻希腊的英军司令。一九四四年十月，德国侵略军在希腊败退，斯科比率领英军，带着在伦敦的希腊流亡政府，进入希腊。同年十二月，斯科比指挥英军并协助希腊政府进攻长期英勇抵抗德军的希腊人民解放军，屠杀希腊爱国人民。

三国时曹操号称八十三万人马，把东吴搞得议论纷纷

《要胜利就要搞好统一战线》

原文

对敌人如果不加分析，就会像三国时曹操号称八十三万人马，把东吴搞得议论纷纷一样。蒋介石的进攻是可以打破的，经过半年到一年消灭他七八十个旅，停止他的进攻，我们开始反攻，把他在美国援助下七八年积蓄的力量在一年内打破，使国共两党的力量达到平衡。达到了平衡就很容易超过它。那时我们就可以打出去，首先是安徽、河南、湖北、甘肃，然后可以再向长江以南发展，这大约要用三年到五年的时间。

《毛泽东文集》第4卷，人民出版社1996年版，第198—199页

注释

（85）这个故事出自小说《三国演义》。说的是曹操率大军南下进攻东吴，号称有八十三万人马。在大军压境情况下，东吴的文武官员意见不一，有的主降，有的主战，孙权也犹豫不定。后来诸葛亮游说东吴，具体分析当时的军事政治形势，才说服孙权联合刘备共同抗曹。

孔明

《打渔杀家》

《逼上梁山》

《三打祝家庄》

《恶虎村》

《改造旧艺术　创造新艺术》

原文

艺术团体也是如此。你们平剧院接受旧的艺术，还要创造新的艺术。旧的艺术是有缺点的，尤其是它的内容，我看是颠倒是非、混淆黑白。历史本来不是帝王将相创造的，而是劳动人民创造的，可是在旧戏中，比如孔明一出场就神气十足压倒一切，似乎世界就是他们的，劳动人民不过是跑龙套的。世界上本来百分之九十的人是工人、农民，我们住的房子，都是他们双手盖起来的，土豪劣绅连个柱子都搬不动，可是许多的旧戏却把劳动人民表现成小丑。当然，旧戏中也有些剧本是好的，如《打渔杀家》之类。有些旧戏你们可以改造它，用自己的创造力掌握了这门艺术，并且从政治上来个进步，你们就可能写些新的东西。打仗也是个创造，但这是死了好多人才换来的。一九二七年我在武汉时还是个白面书生，但是在以后二十年的战争中创造了打仗的新的方法。同样，我们党的每一个工作人员和干部，在各种工作中都有可能发挥自己的创造力。前途是我们的。打败仗我们不怕，不打败仗我们就不知道仗应该是如何打法。平剧这个剧种在延安曾有过很多的争论。平剧把老爷、太太、少爷、小姐写成一个世界，穷人就不算数。平剧的形式目前我们不忙改，只挑出若干需要修改的戏，首先从内容着手改造。过去在延安改造了两个戏，一个是《逼上梁山》，一个是《三打祝家庄》，缺点就是太长了。有些旧戏我看写的还很精练。希望你们大胆地进行艺术创造，将来夺取大城市后还要改造更多的旧戏。《恶虎村》这出戏应该把黄天霸改写成特务。按照马列主义的观点，国家组织第一是军队，没有军队就没有力量，第二是政府。蒋介石的政府是压迫人民的，我们的政府是压制恶霸、土豪劣绅的。至于我们有个别干部欺压老百姓，也要根据老百姓的意见对他进行制裁，因为他是人民的罪人。

《毛泽东文集》第4卷，人民出版社1996年版，第325—326页

注释

（86）孔明，即诸葛亮（一八一——二三四），琅邪阳都（今山东沂南）人。三国时的政治家、军事家，刘备的主要谋士，刘备称帝后任蜀国丞相。

（87）《打渔杀家》，又名《庆顶珠》、《讨鱼税》，戏曲传统剧目。主要内容是，萧恩与女儿桂英打鱼为生，当地恶霸丁自燮勾结官府，勒索鱼税，滥施刑杖，父女被迫起而反抗，杀死恶霸全家，远走他乡。

（88）《逼上梁山》，新编历史剧，中共中央党校大众艺术研究社于一九四三年集体创作，杨绍萱、齐燕铭等执笔，取材于小说《水浒传》。主要内容是，北宋末年，高俅专权，内忧外患交织，饥民惨遭杀害，同情饥民的禁军教头林冲因遭高俅父子陷害，被迫投奔梁山义军。

（89）《三打祝家庄》，新编历史剧，延安平剧院一九四四年集体创作，李纶、魏晨旭、任桂林执笔，取材于小说《水浒传》。主要内容是，梁山宋江率军两次攻打祝家庄，因情况不明而失利，第三次攻打，改变了策略，派人打进庄去作内应，弄清了情况，联合庄内贫苦农户，里应外合，取得成功。

（90）《恶虎村》，又名《江都县》、《三义绝交》，戏曲传统剧目。清代杨振纲根据小说《施公案》改编。主要内容是，清代江都县令施世纶升迁，路经恶虎村时，被庄主濮天雕、武天虬劫去。施世纶的护卫黄天霸与濮天雕、武天虬是盟兄弟，他借祝寿为名，入庄探明情况，当夜聚集同伙，杀死武天虬夫妇和濮天雕妻，逼死濮天雕，救出施世纶，并火烧了庄院。毛泽东看了晋绥平剧院演出团演出的《恶虎村》并提出修改意见后，晋绥平剧院曾对该剧作了改编的尝试。

巴黎解放和北伐军占领上海

《在杨家沟中共中央扩大会议上的讲话》

原文

从现在起到明年一年内，国内形势还会有很大的变化，有利于我们的变化。中国革命已经进入高潮，将来还会更加高涨。以前我们曾希望在革命高潮中有城市暴动来配合，现在看来这是很难了，只能有像巴黎解放和北伐军占领上海那样的里应外合。

《毛泽东文集》第 4 卷，人民出版社 1996 年版，第 329 页

注释

（91）巴黎解放，指第二次世界大战后期，巴黎人民为策应盟军进攻巴黎举行的一次成功的武装起义。一九四四年六月，盟军在诺曼底登陆后，巴黎人民抵抗运动进入高潮。八月十九日，在法国共产党的领导下，巴黎全市举行了反对法西斯德国统治的武装起义。二十四日，起义者占领了德军在城市的大部分据点。当天傍晚，盟军坦克部队进抵业已基本解放的巴黎城。二十五日，巴黎解放。北伐军占领上海，这里指上海工人阶级为配合北伐战争、推翻北洋军阀统治而举行的第三次武装起义。一九二七年三月二十日北伐军东路军占领上海附近的龙华，二十一日上海工人在中国共产党的领导下举行了武装起义，经过三十个小时的战斗，于二十二日取得胜利。

人们在自己生活的社会生产中，彼此发生一定的必然的不依赖他们本身意志为转移的关系

《中国的社会经济形态、阶级关系和人民民主革命》

原文

中国的社会经济形态，还在一百多年以前（一八四〇年中英鸦片战争时期），就开始由古代的独立的封建的社会经济形态，逐步地改变为半殖民地的半封建的社会经济形态，即是说半独立的半资本主义的社会经济形态。在目前整个中国社会经济中，一方面，存在着外国帝国主义的经济，本国封建主义的经济、官僚资本主义的经济和自由资本主义的经济，这些就是旧中国的社会经济形态；另一方面，存在着新式的国家经济、被解放了的农民和小生产者的经济和在新民主国家指导下的私人资本主义经济，这些就是新中国的社会经济形态。就生产技术而论，中国存在着大规模的机器生产事业、中小规模的机器生产事业和以家族为单位的手执简单工具以从事生产的各种小生产事业。旧中国的半殖民地半封建的经济形态，在鸦片战争以来的长时期内占据优势。这种优势，现在正在被新中国的新民主主义的经济形态所迅速地代替着。

马克思说："人们在自己生活的社会生产中，彼此发生一定的必然的不依赖他们本身意志为转移的关系，即生产关系。这些生产关系，是适合于他们的物质生产力的一定的发展阶段的。这些生产关系的总和，就组成社会的经济结构，即现实的基础，而法律的及政治的上层建筑物，就是在这个基础上竖立起来的。同时，一定的社会意识形式，是和这个基础相适合的。物质生活的生产方式，决定着一般社会生活的，政治生活的，精神生活的过程。不是人们的意识决定人们的存在，而是相反，正是人们的社会存在决定人们的意识。社会的物质生产力发展到一定阶段时，就和现存的生产关系，或者说，就和所有权关系（所有权关

系不过是现存生产关系的法律上的表现而已）发生矛盾。而生产力，在此以前，是在这些关系的内部发展了的。于是这些关系，就由生产力的发展形式，变成生产力的枷锁。那时，社会革命的时代就到来了。随着经济基础的变更，在整个庞大的上层建筑物中，也就或多或少地迅速地发生大变革。”

中国现阶段的人民民主革命的任务，就是要改变旧的社会经济形态、旧的生产关系以及竖立在其上面的一切社会的、政治的、精神的旧的建筑物，建立新的社会经济形态、新的生产关系以及竖立在其上面的一切社会的、政治的、精神的新的建筑物。我们的基本任务，就是如此。

《毛泽东文集》第 5 卷，人民出版社 1996 年版，第 57—58 页

注释

（92）见马克思《〈政治经济学批判〉序言》。新的译文是："人们在自己生活的社会生产中发生一定的、必然的，不以他们的意志为转移的关系，即同他们的物质生产力的一定发展阶段相适合的生产关系。这些生产关系的总和构成社会的经济结构，即有法律的和政治的上层建筑竖立其上并有一定的社会意识形式与之相适应的现实基础。物质生活的生产方式制约着整个社会生活、政治生活和精神生活的过程。不是人们的意识决定人们的存在，相反，是人们的社会存在决定人们的意识。社会的物质生产力发展到一定阶段，便同它们一直在其中运动的现存生产关系或财产关系（这只是生产关系的法律用语）发生矛盾。于是这些关系便由生产力的发展形式变成生产力的桎梏。那时社会革命的时代就到来了。随着经济基础的变更，全部庞大的上层建筑也或慢或快地发生变革。"（《马克思恩格斯选集》第 2 卷，人民出版社 1995 年版，第 32—33 页）

袁世凯、曹锟

《在中共中央政治局会议上的报告和结论》

原文

关于建立民主集中制的各级人民代表会议制度问题，我们政权的制度是采取议会制呢，还是采取民主集中制？过去我们叫苏维埃代表大会制度，苏维埃就是代表会议，我们又叫“苏维埃”，又叫“代表大会”，“苏维埃代表大会”就成了“代表大会代表大会”。这是死搬外国名词。现在我们就用“人民代表会议”这一名词。我们采用民主集中制，而不采用资产阶级议会制。议会制，袁世凯、曹锟都搞过，已经臭了。在中国采取民主集中制是很合适的。我们提出开人民代表大会，孙中山遗嘱还写着要开国民会议，国民党天天念遗嘱，他们是不能反对的。外国资产阶级也不能反对，蒋介石开过两次“国大”他们也没有反对。德国、北朝鲜也是这样搞的。我看我们可以这样决定，不必搞资产阶级的议会制和三权鼎立等。

《毛泽东文集》第5卷，人民出版社1996年版，第136页

注释

（93）袁世凯（一八五九——一九一六），河南项城人，北洋军阀首领。清末曾任山东巡抚、直隶总督兼北洋大臣、内阁总理大臣等职。辛亥革命后，一九一二年在英、美、日等帝国主义支持下，窃取中华民国临时大总统职务，组织了代表大地主大买办阶级的第一个北

洋军阀政府。一九一三年用武力胁迫国会选举他为总统，接着又把国会解散，另行组织御用工具“政治会议”和“约法会议”。一九一五年十二月恢复帝制。一九一六年三月在全国人民反对下被迫取消帝制。曹锟（一八六二——一九三八），天津人，北洋军阀直系首领之一。在一九一二年袁世凯窃取政权后，历任北洋军第三师师长、直隶督军、直鲁豫巡阅使等职。一九二二年第一次直奉战争后，他在英、美帝国主义支持下，控制了北京政府。次年十月，他贿买国会议员，当上了总统。

《帝国主义论》
列昂节夫

《在中共中央政治局会议上的报告和结论》

■ 原文

我党的理论水平，必须承认还是低的，必须提高一步。这样大的党，在许多基本理论问题上或是不了解，或是不巩固，如划阶级就表现了我们党理论水平之低。党内有许多新知识分子和工农干部，对许多基本观点不知道，对许多问题不会解释。全国有几百万学生、教授，还有许多戏班子，你说不出一篇道理来，就只好听他的。我们在理论上要提高，还要普及。中央委员、政治局委员要当作一个政治任务来注意这个问题，不然就说不服那些犯错误的同志，例如有一个候补中委，看见土改中打人、杀人的现象，他不赞成，但是他讲不出一篇道理来，没有那一股神气。如果要求大家读全部马列选集，也不现实，可以挑选一些，不然书那么多，读起来也是困难。华东局印了五本，说是有人在读。如果五本不够，可以选十本，包括《联共（布）党史》、《列宁主义概论》、《帝国主义论》在内。列昂节夫的《政治经济学》也可以选一些。宣传部可以研究一下，看挑些什么书好，五本不够就十本，但是不要太多，多则不灵。

《毛泽东文集》第5卷，人民出版社1996年版，第137—138页

注释

（94）《帝国主义论》，即列宁著《帝国主义是资本主义的最高阶段》。

（95）列昂节夫（一九〇一——一九七四），苏联经济学家、苏联科学院通讯院士。《政治经济学》一书是他早期的著作，出版于一九三五年。

《论中国》

《在中共中央政治局会议上的报告和结论》

■ 原文

“大约五年左右根本上打倒国民党”，这里有一个“大约”，一个“左右”，还有“根本上”。这些形容词不能去掉，去掉一个都不行。关于公开宣传“五年左右根本上打倒国民党”，这固然有好处，原则上我不反对，但用什么方式讲，怎么讲，还得考虑。我现在倾向于讲困难一些，像“八一”社论上那样的提法，这可以使人更沉着、更努力些。在内部，首先在干部中，其次在战士中，是可以说的，在地方上也可以说。但说就要说得清楚些，有个“大约”五年“左右”和“根本上”，这就不会错。还要估计到，虽然解释清楚了，但一传出去，还会即刻被说成是“五年”胜利。“建军五百万”，“消灭敌人五百个旅的正规军”，“大约五年左右根本上打倒国民党”，这些话简单明了，是口号式的。口号的作用，就是好讲好传。斯大林在《论中国》里讲得很好，那时他就指出了在联合战线中对国民党要批评。我们说“又团结又斗争”，这意思一样，作成了口号式的，就好讲好传。

《毛泽东文集》第5卷，人民出版社1996年版，第143—144页

注释

（96）指《列宁斯大林论中国》一书。书中编入斯大林一九二七年五月二十四日发表的演说《中国革命和共产国际的任务》，其中指出：“支持武汉的政策同时就是展开资产阶级民主革命并取得由此而产生的

一切结果的政策。由此便有了共产党人之参加武汉国民党和武汉革命政府，这一参加并不排斥共产党人用一切办法批评国民党党内自己的同盟者的不彻底和动摇，而是以此为前提。”

曹操、张绣 刘秀 王莽

《中原我军占领南阳》

原文

在人民解放军伟大的胜利的攻势下，南阳守敌王凌云于四日下午弃城南逃，我军当即占领南阳。南阳为古宛县，三国时曹操与张绣曾于此城发生争夺战。后汉光武帝刘秀，曾于此地起兵，发动反对王莽王朝的战争，创立了后汉王朝。民间所传二十八宿，即刘秀的二十八个主要干部，多是出生于南阳一带。

《毛泽东文集》第5卷，人民出版社1996年版，第185页

注释

（97）曹操（一五五——二二〇），谯（今安徽亳县）人，三国时的政治家和军事家。张绣（？——二〇七），三国武威祖厉（今甘肃靖远西南）人，董卓部将张济之侄。张济死后，继领其众屯兵宛城（今南阳）。一九七——一九八年，曹操几次征讨张绣。后张绣降曹。

（98）刘秀（公元前六年——公元五十七年），南阳蔡阳（今湖北枣阳西南）人，西汉皇族。新朝末年起兵反对王莽，加入绿林军，公元二十五年称帝，建立东汉王朝，亦称后汉王朝。

（99）王莽（公元前四十五年——公元二十三年），“新王朝”的建立者。西汉末年，以外戚掌握政权。公元八年称帝，改国号为“新”。公元二十三年，农民起义军攻入长安，王莽被杀，新朝灭亡。

斯大林做列宁主义的定义

《在中共七届二中全会上的总结》

原文

马克思主义的普遍真理与中国革命的具体实践的统一，应该这样提法，这样提法较好。而不应该像王明同志的提法，说毛泽东思想“是马列主义在殖民地半殖民地的具体运用和发展”，这种提法不妥当。因为照王明的提法，则有点划分“市场”的味道。世界上殖民地半殖民地的范围很宽，一划分开，就似乎是说，斯大林只管那些工业发展的地方，而殖民地半殖民地就归我们管，那岂不就把马克思主义的“市场”分割了吗？而且，我们说殖民地半殖民地归我们，可是有那么一个国家，提出不买你的货，而要直接到莫斯科去买货，这又怎么办呢？另外，如果是真理，那它就有点普遍性，就不能不超过一定的范围。比如，拿日本来说，按照王明的提法，它现在算归我们，将来美帝国主义撤走以后，它又该归斯大林管了，这岂不是笑话？当然，我们不要忙于想宽了，先把中国自己的事情做好。如果有可以运用到其他国家的经验，自然会有人运用的。所以，不要做这种定义。斯大林做列宁主义的定义，是在对第二国际机会主义和季诺维也夫等的斗争中产生的。那时候在俄国，有马克思、列宁的影响，还有季诺维也夫及第二国际机会主义的影响，所以要那样提。马、恩、列、斯在中国的威信很高，中国不发生这种问题。

《毛泽东文集》第5卷，人民出版社1996年版，第259—260页

注释

（100）斯大林一九二四年在《论列宁主义基础》的讲演中说："列宁主义是帝国主义和无产阶级革命时代的马克思主义。确切些说，列宁主义是无产阶级革命的理论和策略，特别是无产阶级专政的理论和策略。"(《斯大林选集》上卷，人民出版社 1979 年版，第 185 页)

《桥》

《关于工会工作的方针》

原文

做工会工作的同志应该抱主动的态度，主动地和资本家搞好关系，和行政搞好关系（对厂长方面也应该强调主动，如像《桥》里面的宋厂长那样）。党、政、工三方面，共同的目的都是为了搞好生产，有什么不能解决的问题呢？你们要做宣传工作，要向市委书记、市长做宣传工作，也要向我们做宣传工作，因为我们照顾的方面很多，不能像你们专心搞一门。

《毛泽东文集》第5卷，人民出版社1996年版，第327页

注释

（101）《桥》，是东北电影制片厂一九四九年四月拍摄完成的一部故事片。这部影片讲述了东北解放战争中工人阶级在极端困难条件下修复被破坏的松花江铁桥的事迹。影片中的宋厂长充分依靠群众，发动大家想办法，使遇到的各种困难逐一得到克服。

叶公好龙

《同绥远负责人的谈话》

原文

现在共产党成了全国性的大党，又有了政协全国委员会，我当主席有责任使各个方面都有利，使别的党派也有利，否则会引起不满，会被人骂，甚至会被推翻。绥远也一样要注意，归绥就有两个“党”，我们的与傅先生的。军政委员会就架在这个矛盾之上，要处理好。现在全国都在执行统一战线，华中、华南的政府也一样是统一战线的政府。农村和城市的情况不同，没有别的党派参加政府，但也有非党干部。没有非党干部参加政府就会出毛病。共产党要永远与非党人士合作，这样就不容易做坏事和发生官僚主义。苏联也是共产党与非党合作，《真理报》说，政府干部中党员占四分之三，其他是非党干部。中国永远是党与非党的联盟，长期合作。双方要把干部都当成自己的干部看，打破关门主义。关门主义过去是有的，“三怕”的说法就是证明。没有统一战线，革命不能胜利，胜利了也不能巩固。搞统一战线哪能怕麻烦，怕捣乱，怕人家吃了你的饭？切不可叶公好龙。长征二万五千里不是因为有统一战线，而是因为太纯洁。这次政府的名单中，共产党人和进步人士还是一半一半好，要搞五湖四海。别人在民主革命困难时期拥护共产党，为我们说过好话，帮过忙，我们胜利了不能不要人家。傅先生交出了北平，解决绥远问题就要有所不同。这证明我们的政策正确，今后还将继续证明这一点。

《毛泽东文集》第 6 卷，人民出版社 1999 年版，第 13—14 页

注释

（102）叶公好龙，出自汉朝刘向《新序·杂事》。这里是用以比喻口头上拥护统一战线，实际上又害怕搞统一战线。

大禹、伯鲧

《同绥远负责人的谈话》

原文

中国已归人民，一草一木都是人民的，任何事情我们都要负责并且管理好，不能像踢皮球那样送给别人去。国民党的一千万党、政、军人员我们也要包起来，包括绥远的在内，特务也要管好，使所有的人都有出路。没有这一条不行，眼睛里只看到绥东解放区八十万人民就会弄错事情。湖南有十万失业军政人员和广大的孤寡没有人管，如果只管共产党的孤寡就会出乱子，那就不是大禹治水，而是伯鲧治水了。因此要统筹全局，要使干部懂得一有前途，二顾全局。用和平方法改造过来，也会有不愉快的事，要经过曲折与激烈的斗争才能实现。抗战初期，蒋介石认为共产党是政治问题，想用“溶共”的方法来解决我们，却不知道我们是不怕火的真金，越溶越强大，最后把蒋家天下夺过来，为人民所有。新政协讨论通过我们提出的《共同纲领》，是我们同资产阶级直接交锋的开始。资本家想要我们只搞农业，由他们搞工商业和交通运输，这怎么行？我们不但要学会搞政治斗争，还要学会搞经济工作，这是一个战略问题。

《毛泽东文集》第 6 卷，人民出版社 1999 年版，第 14—15 页

注释

（103）大禹、伯鲧，都是传说中的中国古代部落首领。鲧为禹之父。他们先后奉尧、舜之命治水。鲧采用筑堤堵水的方法未能治平水患，禹改用疏通江河、兴修沟渠的办法治理洪水获得成功。

《胜利冲昏头脑》

《对私营工商业要有所不同、一视同仁》

■ 原文

今天的资本主义工商业对社会是需要的，有利的。私营工商业统统要拿到政府的翅膀之下来，是有理由的，因为适应了人民的需要，改善了工人的生活。当然，资本家要拿走一部分利润，那是必需的。私营工商业是会长期存在的，我们不可能很快实行社会主义。到哪一天才需要全面进攻，取消资本家的那一部分呢？照苏联的例子，时间是很长的。他们一九二九年开始集体化，消灭富农经济，后来又搞快了，因此一九三〇年斯大林有一篇文章《胜利冲昏头脑》。所以必须慎重。现在我们有广大的国营工商业，需要把这些企业搞好。要有所不同，一视同仁。有所不同者，是国营占领导地位，是进步的，把位置反转过来是不行的，因为私营工商业比较落后，这一点必须公开说明，我曾同几个资本家说过。其他则一般的应当一视同仁，有的是要逐渐才能办到的，如收购、采办、出口以及市场。工资问题将来也是要解决的。在私人工厂中，也可以有模范工作者和劳动英雄，也应当有生产竞赛。总的说来，这种政策对于国家和人民是有利的，这个利是超过对资本家的利益。裁员问题、失业救济问题，都应该是一样的，一视同仁，或者如陈云同志所说的“不分厚薄”。这个精神在《共同纲领》第二十六条中已经有了，即统筹兼顾。

《毛泽东文集》第 6 卷，人民出版社 1999 年版，第 61—62 页

注释

（104）见《斯大林选集》下卷（人民出版社1979年版），第238—244页。

希特勒

《朝鲜战局和我们的方针》

原文

美帝国主义在今天是有许多困难的，内部争吵，外部也不一致。它在军事上只有一个长处，就是铁多，另外却有三个弱点，合起来是一长三短。三个弱点是：第一，战线太长，从德国柏林到朝鲜；第二，运输路线太远，隔着两个大洋，大西洋和太平洋；第三，战斗力太弱。在第二次世界大战中，德国希特勒的战线是从波罗的海到黑海，日本东条的战线是从中国东北到南洋，都比美国从柏林到朝鲜的战线短。在运输路线上，希特勒从柏林到莫斯科，也比隔着两个大洋要短。在战斗力上，美军不如德、日的军队，这一点不仅郑洞国知道，就是我们八路军也是早就知道的。敌人是不可怕的，它的装腔作势和气势汹汹是吓唬人的。但是，美帝国主义也可能在今天要乱来，它是什么都可能干出来的。假如它要那样干，我们没有准备就不好了，我们准备了就好对付它。所谓那样干，无非是打第三次世界大战，而且打原子弹，长期地打，要比第一、第二次世界大战打得长。我们中国人民是打惯了仗的，我们的愿望是不要打仗，但你一定要打，就只好让你打。你打你的，我打我的，你打原子弹，我打手榴弹，抓住你的弱点，跟着你打，最后打败你。对战争打起来的时候，不是小打而是大打，不是短打而是长打，不是普通的打而是打原子弹，我们要有充分准备。你如果一定要那样干，我们就跟上来。

《毛泽东文集》第 6 卷，人民出版社 1999 年版，第 93—94 页

注释

（105）希特勒（一八八九——一九四五），德国法西斯首领，纳粹党党魁。一九三三年在德国垄断资产阶级支持下出任总理，次年总统兴登堡死后，自称国家元首，实行法西斯统治。一九三九年九月派德军入侵波兰，挑起第二次世界大战；一九四一年六月大举进攻苏联。一九四五年四月在苏军解放柏林时自杀。

一九四八年“搬石头”的经验

《中共中央政治局扩大会议决议要点》

原文

1、我们的党是伟大的，光荣的，正确的，这是主要方面，必须加以肯定，并向各级干部讲明白。但是存在着问题，必须加以整理，并对新区建党采取慎重的态度，这方面也要讲明白。

2、整党、建党，均须由中央及各中央局实行严格的控制，下面不得自由行动。

3、整党，应以三年时间实现之。其步骤，应是以一年时间（一九五一年）普遍进行关于怎样做一个共产党员的教育，使所有党员明白做一个共产党员的标准，并训练组织工作人员。同时，进行典型试验。然后，根据经验进行整党，但城市可以在一九五一年进行整党。整党时，首先将“第四部分人”清洗出去。然后对“第二部分人”、“第三部分人”加以区别，对其中经过教育而仍确实不合党员条件者劝其退党，务使这些退党者自愿地退出，不要伤感情，不要重复一九四八年“搬石头”的经验。

4、城市及新区建党必须采取慎重的方针。城市着重在产业工人中建立党的组织。乡村须在土改完毕始能吸收经过教育合于党员条件者建立党的支部，在头两年内乡村支部一般不要超过十个党员。无论在城市和乡村，均应对于愿意接受党的教育的积极分子，进行关于怎样做一个共产党员的教育，经过这种教育然后将其中确实合于党员条件者吸收入党。

《毛泽东文集》第6卷，人民出版社1999年版，第145—146页

注释

（106）指一九四八年整党运动中曾经发生的“左”的偏向。所谓“搬石头”，即抛开原有的党支部，将原基层干部一律撤职，有的地区甚至大批停止地主、富农家庭出身的党员的党籍。中共中央及时总结这方面的教训，明确规定整党的主要内容为“三查三整”，即查阶级、查思想、查作风以及整顿组织、整顿思想、整顿作风，使整党工作克服“左”的偏向，健康地向前发展。

唐三藏

《在全国政协一届四次会议闭幕会上的讲话》

原文

第二，关于学习苏联的问题。我们要进行伟大的五年计划建设，工作很艰苦，经验又不够，因此要学习苏联的先进经验。在这个问题上，共产党内、共产党外，老干部、新干部，技术人员、知识分子，工人群众、农民群众，他们中间都有一些人是有抵触的。他们应该懂得，我们这个民族，从来就是接受外国的先进经验和优秀文化的。在封建时代，唐朝兴盛的时候，我国曾经和印度发生密切的关系。我们的唐三藏法师，万里长征去取经，比较后代学外国困难得多。有人证明，我们现在用的乐器大部分是西域来的，就是从新疆以西的地区来的。我们这个民族，从来不拒绝接受别的民族的优良传统。在帝国主义压迫我们的时候，特别是中日战争我国失败到辛亥革命那一段时间，就是说从一八九四年到一九一一年那一段时间，全国学习西方资本主义的文化，学习资产阶级的民主主义，学习他们的科学，有一个很大的高潮。那时，我们的先辈（在座的也有）很热诚地参加学习西方的活动，许多留学生到日本、到西洋去。那一次学习，对我们国家的进步是有很大的帮助的，特别是在自然科学方面，现在还给我们留下了很大一批自然科学工作者，一批宝贵的遗产。但是我讲的古代和近代这两次学习外国，比较现在我们学习苏联的规模，学习苏联先进经验的效用，那是要差得远的。那末，我们现在学习苏联，广泛地学习他们各个部门的先进经验，请他们的顾问来，派我们的留学生去，应该采取什么态度呢？应该采取真心真意的态度，把他们所有的长处都学来，不但学习马克思列宁主义的理论，而且学习他们先进的科学技术，一切我们用得着的，统统应该虚心地学习。对于那些在这个问题上因不了解而产生抵触情绪的人，应该说服他们。就是说，应该在全国掀起一个学习苏联的高潮，来建设我们的国家。

《毛泽东文集》第 6 卷，人民出版社 1999 年版，第 263—264 页

注释

（107）唐三藏，即玄奘（六〇二——六六四），唐代著名高僧，俗称唐僧。唐贞观三年（公元六二九年）前往印度研习佛教典籍，历经十余年回国，译出佛经七十五部，共计一千三百三十五卷。

曹操 周瑜 程普

《青年团的工作要照顾青年的特点》

原文

要选青年干部当团中央委员。三国时代，曹操带领大军下江南，攻打东吴。那时，周瑜是个“青年团员”，当东吴的统帅，程普等老将不服，后来说服了，还是由他当，结果打了胜仗。现在要周瑜当团中央委员，大家就不赞成！团中央委员尽选年龄大的，年轻的太少，这行吗？自然不能统统按年龄，还要按能力。团中央委员候选人的名单，三十岁以下的原来只有九个，现在经过党中央讨论，增加到六十几个，也只占四分之一多一点。三十岁以上的还占差不多四分之三，有的同志还说少了。我说不少。六十几个青年人是否都十分称职，有的同志说没有把握。要充分相信青年人，绝大多数是会胜任的。个别人可能不称职，也不用怕，以后可以改选掉。这样做，基本方向是不会错的。青年人不比我们弱。老年人有经验，当然强，但生理机能在逐渐退化，眼睛耳朵不那么灵了，手脚也不如青年敏捷。这是自然规律。要说服那些不赞成的同志。

《毛泽东文集》第 6 卷，人民出版社 1999 年版，第 278 页

注释

（108）曹操（一五五——二二〇），谯（今安徽亳州）人，三国时政治家、军事家、文学家。建安十三年（公元二〇八年），率几十万大军南下，被孙权和刘备的军队联合击败于赤壁。

（109）周瑜（一七五——二一〇），庐江舒县（今安徽庐江东南）

人，三国时吴国孙权部将，任前部大都督。建安十三年（公元二〇八年），曹操率大军南下，周瑜坚决主战，并亲率东吴军队与刘备军队联合大败曹军于赤壁。

（110）程普（？——二一五），右北平土垠（今河北丰润东）人。初追随孙坚，后辅佐孙权，任左都督。建安十三年（公元二〇八年），在周瑜统率下参加赤壁大战。

韩信将兵，多多益善

《关于农业互助合作的两次谈话》

原文

在新区，无论大、中、小县，要在今冬明春，经过充分准备，办好一个到两个合作社，至少一个，一般一个到两个，至多三个，根据工作好坏而定。要分派数字，摊派。多了冒进，少了右倾。有也可以，没有也可以，那就是自流了。可否超过三个？只要合乎条件，合乎章程、决议，是自愿的，有强的领导骨干（主要是两条：公道，能干），办得好，那是“韩信将兵，多多益善”。

《毛泽东文集》第6卷，人民出版社1999年版，第298页

注释

（111）“韩信将兵，多多益善”，出自《史记·淮阴侯列传》。一次汉高祖刘邦问大将韩信能指挥多少军队，韩信答：“臣多多而益善耳。”

群居终日，言不及义，好行小惠，难矣哉

《关于农业互助合作的两次谈话》

原文

要搞社会主义。“确保私有”是受了资产阶级的影响。“群居终日，言不及义，好行小惠，难矣哉”。“言不及义”就是言不及社会主义，不搞社会主义。搞农贷，发救济粮，依率计征，依法减免，兴修小型水利，打井开渠，深耕密植，合理施肥，推广新式步犁、水车、喷雾器、农药，反对“五多”等等，这些都是好事。但是不靠社会主义，只在小农经济基础上搞这一套，那就是对农民行小惠。这些好事跟总路线、社会主义联系起来，那就不同了，就不是小惠了。必须搞社会主义，使这些好事与社会主义联系起来。至于“确保私有”、“四大自由”，那更是小惠了，而且是惠及富农和富裕中农。不靠社会主义，想从小农经济做文章，靠在个体经济基础上行小惠，而希望大增产粮食，解决粮食问题，解决国计民生的大计，那真是难矣哉！

《毛泽东文集》第6卷，人民出版社1999年版，第302页

注释

（112）见《论语·卫灵公》。

生产关系的基础就是所有制

《关于农业互助合作的两次谈话》

原文

总路线就是逐步改变生产关系。斯大林说，生产关系的基础就是所有制。这一点同志们必须弄清楚。现在，私有制和社会主义公有制都是合法的，但是私有制要逐步变为不合法。在三亩地上“确保私有”，搞“四大自由”，结果就是发展少数富农，走资本主义的路。

《毛泽东文集》第6卷，人民出版社1999年版，第305页

注释

（113）参见斯大林《论辩证唯物主义和历史唯物主义》（《斯大林选集》下卷，人民出版社1979年版，第446—449页）。

孔夫子

孔夫子著春秋「而乱臣贼子惧」

鲁宣公时代「初税亩」

鲁哀公还说过什么「二，吾犹不足，如之何其彻也？」

「普天之下，莫非王土；率土之滨，莫非王臣」

人类历史有五十万年

《关于辛亥革命的评价》

原文

在人类历史上，有过几次性质不同的大的革命。

第一次，是奴隶主推翻原始共产主义社会，使人类的生产和社会大进一步。那时的原始共产主义社会，不是我们现在讲的共产主义社会，而是一些氏族部落组成的原始社会，他们互相打仗，捉到了俘虏就通通杀掉。奴隶主就不把俘虏杀掉，而是拿俘虏做奴隶，虽然刺瞎他一只眼，或者弄伤他一只手，但总还是要让他做工。是把人杀掉好呢，还是不杀掉让他做工好呢？还是奴隶制好，奴隶制可以积累财富。原始共产主义社会的生产力很低，奴隶制就大进一步。现在一讲奴隶制，人们就觉得它很坏，其实奴隶制的产生在当时是一个伟大的进步。

第二次，是封建地主革掉奴隶主的命。这次革命，在中国大概是在春秋战国时代。关于这个问题，历史学家们还在争论不决，有人说西周就是封建社会了。我想，今天中央人民政府委员会对这个问题可以不去作结论。我个人是比较相信郭沫若副总理的在春秋战国时代产生封建制的主张的。郭沫若曾经用很多材料证明，孔夫子所以成为圣人，是因为他是革命党，到处参加造反。说孔夫子著春秋“而乱臣贼子惧”，那是孟子讲的。其实当时孔夫子周游列国，就是哪里造反他就到哪里去，哪里想革命他就到哪里去。所以此人不可一笔抹煞，不能简单地就是“打倒孔家店”。总之，在春秋战国时代，发生了激烈的变化，发生了大的阶级斗争、革命斗争，从那时起，开始允许土地私有，允许土地收租。

大概是在鲁宣公时代“初税亩”，第一次开始收地租。鲁哀公还说过什么“二，吾犹不足，如之何其彻也?”，彻，即十分之一。可见当时收地租大概是收百分之二十左右。这证明当时的社会制度已经开始变革，不再是实行井田制，而是采用收土地税的办法了。过去是“普天之下，莫非王土；率土之滨，莫非王臣”，这个时候是搞私有了。私有制曾经是一个很好的东西。有人说过这样的话：人类历史有五十万年，但其中四十九万五千年就不懂得私有制这一条，因而没有进到文明社会。

《毛泽东文集》第 6 卷，人民出版社 1999 年版，第 344—345 页

注释

（114）孔夫子，即孔子（公元前五五一——前四七九），名丘，字仲尼，陬邑（今山东曲阜）人。春秋末期思想家、政治家、教育家，儒家的创始人。

（115）“孔夫子著春秋‘而乱臣贼子惧’”，见《孟子·滕文公下》。原文是：“孔子成春秋而乱臣贼子惧。”

（116）“鲁宣公时代‘初税亩’”，见《春秋·鲁宣公十五年》。鲁宣公十五年，即公元前五九四年。

（117）“鲁哀公还说过什么‘二，吾犹不足，如之何其彻也?’”，见《论语·颜渊》。

（118）“普天之下，莫非王土；率土之滨，莫非王臣”，见《诗经·小雅·北山》。

（119）“人类历史有五十万年”。迄今为止的考古发现证明，人类的历史至少有二百万年。

戊戌变法

《关于辛亥革命的评价》

原文

孙中山及其一派人领导的辛亥革命，是人类历史上资产阶级民主革命中的一次。在辛亥革命以前，中国还有过改良派。对改良派也应该估计有进步的一面。戊戌变法在当时受压迫，为什么？就是因为它有进步性，它受到顽固派的仇恨。孙中山比改良派又更进一大步，他公开号召实行资产阶级民主革命，推翻了清朝的统治，结束了中国两千多年的封建帝制，建立了中华民国和临时革命政府，并制定了一个《临时约法》。辛亥革命以后，谁要再想做皇帝，就做不成了。所以我们说它有伟大的历史意义。我本人也曾经参加了这次民主革命，当了一名战士，吃七块二。当时程潜先生就参加了，他是师长，虽不是我的顶头上司，但地位比我高。

《毛泽东文集》第 6 卷，人民出版社 1999 年版，第 345—346 页

注释

（120）戊戌变法，又称戊戌维新，指一八九八年（戊戌年）发生的变法维新运动。当时，中国面临被帝国主义列强瓜分的严重危机。康有为、梁启超、谭嗣同等人，在清朝光绪皇帝的支持下，企图通过自上而下的变法维新，逐步地在中国推行地主阶级和资产阶级联合统治的君主立宪制度，发展民族资本主义，以挽救民族危亡。但是，这个运动缺乏人民群众的基础，又遭到以慈禧太后为首的顽固派的坚决反对。变法三个多月以后，慈禧太后发动政变，幽禁光绪皇帝，杀害谭嗣同等六人，变法遭到失败。

董仲舒

非圣诬法，大乱之殃

《关于辛亥革命的评价》

原文

我们在座的各位是不是圣人？要说是圣人嘛，圣人就多得很；要说不是圣人嘛，我看圣人也就一个没有。人总是有缺点的，总是要犯错误的，只是不要错得太多就是了。比如当主席，说十句话错了六句，错了百分之六十，那他的主席就当不成了。要说一句话都不错，没有那回事。写文章，总是改来改去，如果不错，何必改呢？做一篇文章，往往要犯很多错误。过去我到过上海，上海那个地方很复杂，我经常走错路，总是犯错误。凡是我有了错误，希望能及时得到朋友们的批评和纠正。一个人总是会有许多缺点的。如果觉得自己一点缺点也没有，“老虎屁股摸不得”，那就不好了。要做到“言者无罪，闻者足戒”。我们是靠老实吃饭，不靠摆架子吃饭。当然，在帝国主义面前，在艾德礼等人面前，还是可以“摆摆架子”的，但靠摆架子吃饭就不好了。如果共产党的领袖人物就说不得，各民主党派、人民团体的领导人物就说不得，那就不好了。对孔夫子，自董仲舒以来就说不得了，“非圣诬法，大乱之殃”。我们不能这样，我们要实事求是。我们对一切事情都要加以分析；好，就肯定；不好，就批评。

《毛泽东文集》第6卷，人民出版社1999年版，第346—347页

注释

（121）董仲舒（公元前一九七——前一〇四），广川（今河北枣强东北）人。西汉思想家，是孔子学派在西汉的主要代表。他提出“罢黜百家，独尊儒术”，为汉武帝采纳，确立儒学的正统地位。

（122）“非圣诬法，大乱之殃”，见《汉书·金日磾传》。

夫物之不齐，物之情也

《同印度总理尼赫鲁的四次谈话》

原文

我们在合作方面得到一条经验：无论是人与人之间、政党与政党之间、国与国之间的合作，都必须是互利的，而不能使任何一方受到损害。如果任何一方受到损害，合作就不能维持下去。正因为这个原因，我们的五项原则之一就是平等互利。

中国古代的圣人之一孟子曾经说过："夫物之不齐，物之情也。"这就是说，事物的多样性是世界的实况。马克思主义也是承认事物的多样性的，这是同形而上学不同的地方。

国与国之间不应该互相警戒，尤其是在友好的国家之间。像我国同美国这样互相警戒着是不好的。

《毛泽东文集》第 6 卷，人民出版社 1999 年版，第 364 页

注释

（123）见《孟子·滕文公上》。

蒋家天下陈家党 薛笃弼

《关于政协的性质和任务》

原文

现在政协全国委员会的名单是否完全？完全的事情世界上是没有的。这次就把薛笃弼给忘了，将来可以补上。缺点哪年都有的，可以改，可以补救。我们不姓蒋，不是“蒋家天下陈家党”，他们惜墨如金，是党派不叫党派，叫社会贤达。

《毛泽东文集》第 6 卷，人民出版社 1999 年版，第 387 页

注释

（124）薛笃弼（一八九二——一九七三），山西运城人。曾任北洋政府司法部次长、国民党政府甘肃省省长、民政部部长、内政部部长、水利部部长等职。中华人民共和国成立后任上海市政协常委、第二届全国政协委员。

（125）“蒋家天下陈家党”，是对国民党一党专政和蒋介石独裁统治的贬称。陈，指陈果夫、陈立夫兄弟，他们先后担任过国民党中央执行委员会常委、组织部部长等职，是国民党 CC 系的首领。

共产党人认为隐秘自己的观点与意图是可耻的事

《在中国共产党全国代表会议上的讲话》

原文

对于我们的党说来，高岗、饶漱石事件是一个重要的教训，全党应该引为鉴戒，务必使党内不要重复出现这样的事件。高岗、饶漱石在党内玩弄阴谋，进行秘密活动，在同志背后进行挑拨离间，但在公开场合则把他们的活动伪装起来。他们的这种活动完全是地主阶级和资产阶级在历史上常常采取的那一类丑恶的活动。马克思、恩格斯在《共产党宣言》上说过："共产党人认为隐秘自己的观点与意图是可耻的事。"我们是共产党人，更不待说是党的高级干部，在政治上都要光明磊落，应该随时公开说出自己的政治见解，对于每一个重大的政治问题表示自己或者赞成或者反对的态度，而绝对不可以学高岗、饶漱石那样玩弄阴谋手段。

《毛泽东文集》第6卷，人民出版社1999年版，第391页

注释

（126）这句话的新译文是："共产党人不屑于隐瞒自己的观点和意图。"(《马克思恩格斯选集》第1卷，人民出版社1995年版，第307页)

孔夫子

《在中国共产党全国代表会议上的讲话》

原文

我们应当从这里得出一条经验，就是不要被假象所迷惑。我们有的同志容易被假象所迷惑。一切事物，它的现象同它的本质之间是有矛盾的。人们必须通过对现象的分析和研究，才能了解到事物的本质，因此需要有科学。不然，用直觉一看就看出本质来，还要科学干什么？还要研究干什么？所以要研究，就是因为现象同本质之间有矛盾。但假象跟一般现象有区别，因为它是假象。所以得出一条经验，就是尽可能不要被假象所迷惑。

第五点，骄傲情绪的危险。不要逞英雄。事业是多数人做的，少数人的作用是有限的。应当承认少数人的作用，就是领导者、干部的作用，但是，没有什么了不起的作用，有了不起的作用的还是群众。干部与群众的正确关系是，没有干部也不行，但是，事情是广大群众做的，干部起一种领导作用，不要夸大干部的这种作用。没有你就不得了吗？历史证明，各种事实证明，没有你也行。比如没有高岗、饶漱石是不是不得了呢？那还不是也行吗！没有托洛茨基，没有张国焘，没有陈独秀，还不是也行吗！这些都是坏人。至于好人呢，没有你也可以。没有你，地球就不转了吗？地球还是照样地转，事业还是照样地进行，也许还要进行得好些。孔夫子早已没有了，我们中国有了共产党，总比孔夫子高明一点吧，可见没有孔夫子事情还做得好一些嘛！

《毛泽东文集》第 6 卷，人民出版社 1999 年版，第 401—402 页

注释

（127）孔夫子，即孔子，春秋末期思想家、政治家、教育家，儒家的创始人。

犯过一次所谓『胜利冲昏头脑』的错误

《关于农业合作化问题》

原文

我党中央是怎样决定在中国进行农业合作化的呢?

第一、它是准备以十八年的时间基本上完成这个计划的。从一九四九年十月中华人民共和国成立的时候起，到一九五二年，这三年多一点的时间，是为完成恢复我国经济的任务度过了的。在这个时间内，在农业方面，我们除了实行土地改革和恢复农业生产这些任务之外，我们还在一切老解放区大大地推广了农业生产互助组的组织，并且着手组织半社会主义的农业生产合作社，取得了一些经验。接着是从一九五三年起的第一个五年计划，到现在已经实行了差不多三年，我们的农业合作化运动已经向全国范围内推广，我们的经验也增加了。从中华人民共和国成立直到第三个五年计划的完成，共有时间十八年。我们准备在这个时间内，同基本上完成社会主义工业化、基本上完成手工业和资本主义工商业的社会主义改造同时，基本上完成农业方面的社会主义的改造。这是可能的吗?苏联的经验告诉我们，这是完全可能的。苏联是在一九二〇年结束国内战争的，从一九二一年到一九三七年，共有十七年时间完成了农业的合作化，而它的合作化的主要工作是在一九二九年到一九三四年这六年时间内完成的。在这个时间内，虽然苏联的一些地方党组织，如像《苏联共产党(布)历史简明教程》上所说的，犯过一次所谓“胜利冲昏头脑”的错误，但是很快就被纠正。苏联终于用很大的努力胜利地完成了整个农业的社会主义改造，并且在农业方面完成了强大的技术改造。苏联所走过的这一条道路，正是我们的榜样。

《毛泽东文集》第 6 卷，人民出版社 1999 年版，第 433—434 页

注释

（128）参见《联共（布）党史简明教程》（人民出版社 1975 年版）第 338—341 页。

孔夫子

《农业合作化的全面规划和加强领导问题》

原文

领导方法很重要。要不犯错误，就要注意领导方法，加强领导。有几项关于领导方法的建议，看是不是可行。这就是我们大家都在做的，一年开几次会，或者大会或者小会，解决当前发生的问题。如果有问题，就要从个别中看出普遍性。不要把所有的麻雀统统捉来解剖，然后才证明“麻雀虽小，肝胆俱全”。从来的科学家都不是这么干的。只要有几个合作社搞清楚了，就可以作出适当的结论。除了开会的方法以外，还有打电报、打电话、出去巡视这些方法，也是很重要的领导方法。另外，各省要选择恰当的人，办好刊物，改善刊物，迅速交流经验。再一点建议，是不是请你们试试看。我用十一天工夫，看了一百二十几篇报告，包括改文章写按语在内，我就“周游列国”，比孔夫子走得宽，云南、新疆一概“走”到了。你们每个省、每个自治区是不是可以一年或者半年编一本书，每个县搞一篇，使得各县的经验能够交流，这对迅速推广合作化运动有好处。还有一个方法就是发简报。县委对地委，地委对省委、区党委，省委、区党委对中央，都要有简报，报告合作社进度如何，发生了什么问题。各级领导接到这样的简报，掌握了情况，有问题就有办法处置了。这是关于几个领导方法的建议，请各位同志考虑。

《毛泽东文集》第6卷，人民出版社1999年版，第478—479页

注释

（129）孔夫子，即孔子，春秋末期思想家、政治家、教育家，儒家的创始人。

孔夫子

《工商业者要掌握自己的命运》

■ 原文

农民搞合作化，对于私有制总有些恋恋不舍。《打渔杀家》中的萧桂英临离家时还爱惜家具是有理由的。旧的东西要一下子去掉很不容易，新的东西要一下子接受也不容易。一种新的社会制度，一种新的思想，要慢慢地才能在人们的头脑里占领阵地，才能使旧的东西的影响逐步缩小。一个城市有少数核心人物思想先搞通，对我们的事业是有好处的。民建中央和全国工商联委员有三百人左右，各省各市还有一批会员，合起来就有好几万人。在这些人中间争取一批人，早点建立决心，不是立即共产，而是作思想准备，接受社会主义、共产主义的宣传教育。现在先搞半共产。农民在一九六〇年以前也只搞半社会主义的农业生产合作社。总之是要逐步地做，不使人们感到突然。生产关系、生活方式都要逐步改变，不要突然改变，最后是要改变的，但是要安排好，要使这些人过得去。一个工作岗位，一个政治地位，都要安排好。民族资产阶级同官僚资产阶级、地主阶级不同。对地主，在一定时期要剥夺他们的政治权利，改变成分后才可恢复公民权，加入合作社，那时就不叫地主而叫农民。对地主来说，这事实上是解放了他们。他们在全国总共三千万人，以后要同大家一起共同富裕起来。将来农民的生活要超过现在的富农。资本家如果将来饿肚子，这个制度就不好。如果大家生活不提高，革命就没有必要，因此生活福利都要逐步提高。总之，要逐行逐业安排好。社会主义改造完成了，大家都领薪水，资产阶级不见了，都成了工人阶级，我看这是好事。我总劝人赞成共产，也许一时感觉不好，但将来会说好的。社会主义会有缺点的，将来还要发展到共产主义，共产主义也要分阶段。旧的制度不行了，新的制度就要起来代替。生产力总要向前发展，同生产关系发生矛盾，这就推动着社会不断前进。几千年以后看马克思，就像现在看孔夫子。

《毛泽东文集》第 6 卷，人民出版社 1999 年版，第 489—490 页

注释

（130）孔夫子，即孔子，春秋末期思想家、政治家、教育家，儒家的创始人。

无产阶级要解放自己，就要解放整个人类

《工商业者要掌握自己的命运》

原文

现在中国正处在大变革时代，社会动荡不安，农民的个体所有制要变成集体所有制，资本家也要改变其私人所有制，许多人掌握不住自己的命运。其实要掌握是可以掌握的，即要了解社会发展趋势，站在社会主义方面，有觉悟地逐渐转变到新制度去。人们考虑的，不外是一个饭碗，一张选票，有饭吃不会死人，有选票可以当家做主，说文明点就是一个工作岗位和一个政治地位。地主只给饭碗，暂时不给选票，这对地主来说是突然转变，没有思想准备的。对资产阶级则不同。马克思说：无产阶级要解放自己，就要解放整个人类。如果地主、资产阶级、小资产阶级不解放，无产阶级本身就不能解放，必须全人类都解放，变成一个新制度，无产阶级才能最后解放自己。

中心的目的是要经过一批先知先觉作思想准备，要大家掌握自己的命运。在旧社会连蒋委员长自己也不能掌握自己的命运，十五个吊桶打水，七上八下。现在要大家逐渐减少吊桶，改用抽水机，不用吊桶。我是宣传共产主义的，要走向共产主义，就要经过几十年的努力把我们的国家建设成为真正富强的国家。

《毛泽东文集》第 6 卷，人民出版社 1999 年版，第 490—491 页

注释

（131）参见恩格斯《〈共产党宣言〉1883年德文版序言》。恩格斯说：被剥削阶级和剥削阶级之间、被统治阶级和统治阶级之间的斗争，现在已经达到这样一个阶段，“即被剥削被压迫的阶级（无产阶级），如果不同时使整个社会永远摆脱剥削、压迫和阶级斗争，就不再能使自己从剥削它压迫它的那个阶级（资产阶级）下解放出来，——这个基本思想完全是属于马克思一个人的”。（《马克思恩格斯选集》第1卷，人民出版社1995年版，第252页）

天下大势，分久必合，合久必分

《加快手工业的社会主义改造》

原文

你们说，在手工业改造高潮中，修理和服务行业集中生产，撤点过多，群众不满意。这就糟糕！现在怎么办？“天下大势，分久必合，合久必分”。

《毛泽东文集》第7卷，人民出版社1999年版，第11页

注释

（132）见《三国演义》第一回。

将欲取之，必先与之

《加快手工业的社会主义改造》

原文

国家调拨物资给合作社，要合理作价，不能按国家调拨价格作价。合作社和国家企业不一样，社会主义集体所有制和社会主义全民所有制有区别。合作社开始时期经济基础不大，需要国家帮助。国家将替换下来的旧机器和公私合营并厂后多余的机器、厂房，低价拨给合作社，很好。“将欲取之，必先与之”。待合作社的基础大了，国家就要多收税，原料还要加价。那时，合作社在形式上是集体所有，在实际上成了全民所有。

《毛泽东文集》第7卷，人民出版社1999年版，第12—13页

注释

（133）参见《老子·三十六章》，原文是：“将欲夺之，必固与之”。又见《战国策·魏策》，原文是：“将欲取之，必姑与之”。

在特定的条件下，英国和美国也可以和平进到社会主义

《同长征、艾地的谈话》

原文

要不要进行武装斗争，不是我们单方面能决定的，我们并不是资产阶级的参谋长。我们可以而且应当这样说，我们要争取和平进到社会主义；但还应当说，即使一时不说也要这样考虑问题，当资产阶级用武装来进攻的时候，我们就要被迫进行武装斗争来取得革命胜利。恩格斯生前曾经说过，在特定的条件下，英国和美国也可以和平进到社会主义。但到二十世纪，到帝国主义时代，美国和英国都成为帝国主义国家，情况就不同了。列宁就不再那样说了。自然，也可以设想，今后会有少数国家，在全世界范围内整个力量对比发生了根本变化的条件之下，可能不再经过国内的武装斗争而和平取得革命的胜利。力量的因素是很重要的，包括武装力量在内。现在我们的阵营还只包括全世界三分之一的国家。到我们占大多数或绝大多数的时候，是会有一些国家在我们的巨大力量包围之下，不必经过国内的武装斗争而和平取得革命胜利的。在资产阶级掌握国家机关和军队的国家，我们如果只作和平取得革命胜利的打算，那是要吃亏的，因为我们并不是资产阶级的参谋长，他让不让你和平取得胜利，并不决定于你的主观愿望。我们现在也说要争取和平解放台湾，但我们并不是美国和蒋介石的参谋长，我们不能替他们做答案。

《毛泽东文集》第7卷，人民出版社1999年版，第16页

注释

（134）参见恩格斯《1891年社会民主党纲领草案批判》。原文是："可以设想，在人民代议机关把一切权力集中在自己手里、只要取得大多数人民的支持就能够按照宪法随意办事的国家里，旧社会有可能和平长入新社会，比如在法国和美国那样的民主共和国，在英国那样的君主国"。（《马克思恩格斯选集》第4卷，人民出版社1995年版，第411页）

公开承认错误，揭露犯错误的原因，分析产生错误的环境，仔细讨论改正错误的方法——这才是郑重的党的标志

苏联共产党二十次代表大会

《共产党人对错误必须采取分析的态度》

原文

共产党人对于共产主义运动中所发生的错误，必须采取分析的态度。有些人认为斯大林完全错了，这是严重的误解。斯大林是一个伟大的马克思列宁主义者，但是也是一个犯了几个严重错误而不自觉其为错误的马克思列宁主义者。我们应当用历史的观点看斯大林，对于他的正确的地方和错误的地方作出全面的和适当的分析，从而吸取有益的教训。不论是他的正确的地方，或者错误的地方，都是国际共产主义运动的一种现象，带有时代的特点。整个说来，国际共产主义运动还只有一百年多一点的时间，从十月革命胜利以来，还只有三十九年的时间，许多革命工作的经验还是不足的。我们有伟大的成绩，但是还有缺点和错误。如同一个成绩出现了接着又创造新的成绩一样，一个缺点或错误克服了，新的缺点或错误又可能产生，又有待于我们去克服。而成绩总是多于缺点，正确的地方总是多于错误的地方，缺点和错误总是要被克服的。好的领导者不在于不犯错误，而在于认真地对待错误。完全不犯错误的人在世界上是从来没有的。列宁说："公开承认错误，揭露错误的原因，分析产生错误的环境，仔细讨论改正错误的方法——这才是郑重的党的标志，这才是党执行自己的义务，这才是教育和训练阶级，以至于群众。"苏联共产党遵循列宁的遗教，现在正在认真地对待斯大林在领导社会主义建设中所犯的某些性质严重的错误及其所遗留的后果。由于其后果的严重性，所以苏联共产党有必要在肯定斯大林的伟大功绩

的同时，又尖锐地揭露斯大林所犯的错误的实质，号召全党以此为戒，坚决地消除这种错误所造成的不良后果。我们中国共产党人深信，经过苏联共产党二十次代表大会这一次尖锐的批判之后，过去被某些错误政策所严重地压抑了的一切积极因素，必将普遍地活跃起来，苏联共产党和苏联人民将比较过去更好地团结一致，为了建设一个人类从来没有看见过的伟大的共产主义社会和争取全世界的持久和平而奋斗。

《毛泽东文集》第7卷，人民出版社1999年版，第20—21页

注释

（135）前句见列宁《共产主义运动中的“左派”幼稚病》。新的译文是：“公开承认错误，揭露犯错误的原因，分析产生错误的环境，仔细讨论改正错误的方法——这才是一个郑重的党的标志，这才是党履行自己的义务，这才是教育和训练阶级，进而又教育和训练群众。”（《列宁选集》第4卷，人民出版社1995年版，第167页）

（136）苏联共产党二十次代表大会，即苏联共产党第二十次全国代表大会，一九五六年二月十四日至二十五日在莫斯科举行。在完成会议的主要议程后，苏共中央第一书记赫鲁晓夫向全体代表作了《关于克服个人崇拜及其后果》的秘密报告。这个报告揭露了斯大林时期所犯的错误及其严重后果，对于破除迷信、解放思想起了一定作用，但报告全盘否定斯大林的历史地位和作用，给国际共产主义运动带来巨大冲击。

义务交售制

《论十大关系》

■ 原文

苏联的办法把农民挖得很苦。他们采取所谓义务交售制等项办法，把农民生产的东西拿走太多，给的代价又极低。他们这样来积累资金，使农民的生产积极性受到极大的损害。你要母鸡多生蛋，又不给它米吃，又要马儿跑得好，又要马儿不吃草。世界上哪有这样的道理！

《毛泽东文集》第7卷，人民出版社1999年版，第29—30页

注释

（137）义务交售制，是苏联一九三三年至一九五七年实行的国家收购农产品的一项主要办法。集体农庄和个体农户每年必须按照国家规定的义务交售的数量和价格向国家提供农产品。

不准革命

《论十大关系》

原文

《阿 Q 正传》是一篇好小说，我劝看过的同志再看一遍，没看过的同志好好地看看。鲁迅在这篇小说里面，主要是写一个落后的不觉悟的农民。他专门写了“不准革命”一章，说假洋鬼子不准阿 Q 革命。其实，阿 Q 当时的所谓革命，不过是想跟别人一样拿点东西而已。可是，这样的革命假洋鬼子也还是不准。我看在这点上，有些人很有点像假洋鬼子。他们不准犯错误的人革命，不分犯错误和反革命的界限，甚至把一些犯错误的人杀掉了。我们要记住这个教训。无论在社会上不准人家革命，还是在党内不准犯错误的同志改正错误，都是不好的。

《毛泽东文集》第 7 卷，人民出版社 1999 年版，第 39—40 页

注释

（138）见鲁迅《阿 Q 正传》。

《法门寺》

《论十大关系》

原文

第一，我国过去是殖民地、半殖民地，不是帝国主义，历来受人欺负。工农业不发达，科学技术水平低，除了地大物博，人口众多，历史悠久，以及在文学上有部《红楼梦》等等以外，很多地方不如人家，骄傲不起来。但是，有些人做奴隶做久了，感觉事事不如人，在外国人面前伸不直腰，像《法门寺》里的贾桂一样，人家让他坐，他说站惯了，不想坐。在这方面要鼓点劲，要把民族自信心提高起来，把抗美援朝中提倡的"藐视美帝国主义"的精神发展起来。

《毛泽东文集》第7卷，人民出版社1999年版，第43页

注释

（139）《法门寺》是一出京剧，描写明武宗时专权的宦官刘瑾随皇太后去法门寺拈香，在那里审理一宗案件的过程。贾桂是这出戏中刘瑾的亲信奴才。戏中有这样一个情节：郿坞县县令赵廉向贾桂行贿，贾桂就在刘瑾面前为赵廉说情开脱。当赵廉去见刘瑾时，刘瑾叫赵廉坐，赵廉请贾桂也坐，贾桂回答说："您倒甭让，我站惯了。"

辛亥革命

《论十大关系》

原文

第二，我们的革命是后进的。虽然辛亥革命打倒皇帝比俄国早，但是那时没有共产党，那次革命也失败了。人民革命的胜利是在一九四九年，比苏联的十月革命晚了三十几年。在这点上，也轮不到我们来骄傲。苏联和我们不同，一、沙皇俄国是帝国主义，二、后来又有了一个十月革命。所以许多苏联人很骄傲，尾巴翘得很高。

《毛泽东文集》第7卷，人民出版社1999年版，第43页

注释

(140) 辛亥革命，是以孙中山为首的资产阶级政党同盟会所领导的推翻清朝专制王朝的革命。一九一一年(辛亥年)十月十日，革命党人发动新军在湖北武昌举行起义，接着各省热烈响应，外国帝国主义所支持的清朝反动统治迅速瓦解。一九一二年一月在南京成立了中华民国临时政府，孙中山就任临时大总统。两千多年的中国封建帝制从此结束，民主共和国的观念从此深入人心。但是资产阶级革命派力量很弱，并具有妥协性，没有能力发动广大人民的力量比较彻底地进行反帝反封建的革命。辛亥革命的成果迅即被北洋军阀袁世凯篡夺，中国仍然没有摆脱半殖民地、半封建社会的状态。

袁世凯

《美帝国主义是纸老虎》

原文

一切会有变化。腐朽的大的力量要让位给新生的小的力量。力量小的要变成大的，因为大多数人要求变。美帝国主义力量大要变小，因为美国人民也不高兴本国的政府。

我这一辈子就经历了这种变化。我们这里在座的有清朝出生的人，有民国出生的人。

清朝，早被推翻了。什么人推？孙中山领导的党和人民一起推。孙中山力量很小，清朝的官员看不起他。他多次起义总是失败。最后，还是孙中山推翻了清朝。大，不可怕。大的要被小的推翻。小的要变大。推翻清朝以后，孙中山失败了。因为他没有满足人民的要求，比如没有满足人民对土地的要求，对反帝的要求。他也不晓得镇压反革命，当时反革命到处跑。后来，他就失败于北洋军阀首领袁世凯之手。袁世凯的力量比孙中山的大。但还是照这个规律：力量小的，同人民联系的，强；力量大的，反人民的，弱。尔后，孙中山的资产阶级民主革命派同我们共产党合作，把袁世凯留下来的军阀系统打败了。

蒋介石统治中国，得到全世界各国政府的承认，统治了二十二年，力量最大。我们力量小，原先有五万多党员，经过反革命的镇压，只剩下一万多党员。敌人到处捣乱。但还是照这个规律：强大的失败，因为它脱离人民；弱小的胜利，因为它同人民联系在一起，为人民工作。结果，也就是这样。

抗日战争的时候，日本很强大，国民党的军队被赶到了偏僻的地区，共产党领导的武装力量，也只能在敌后农村开展游击战争。日本占领了中国的大城市北京、天津、上海、南京、武汉、广州。但是，日本军国主义，还有德国希特勒，也是照这个规律，没几年就倒了台。

我们经过了很多困难，从南方被赶到北方，从几十万人到只剩下几万人。长征二万五千里，剩下二万五千人。

《毛泽东文集》第7卷，人民出版社1999年版，第71—72页

注释

（141）袁世凯（一八五九——一九一六），河南项城人。清朝末年曾任山东巡抚、直隶总督兼北洋大臣等职，成为北洋军阀首领。一九一一年辛亥革命时，出任清政府内阁总理大臣。一九一二年在英、美、日等帝国主义国家支持下窃取中华民国临时大总统职务，组织了代表大地主大买办阶级的第一个北洋军阀政府。

首先研究近代社会，就容易理解古代社会

《同音乐工作者的谈话》

原文

历史总是要重视的。历史久，有好处也有坏处。美国历史短，也许有它的好处，负担轻，可以不记这么多东西。我们历史久，也有它的好处。把老传统丢掉，人家会说是卖国，要砍也砍不断，没有办法。但是要回顾那么久的历史，是有些麻烦的。

要向外国学习科学的原理。学了这些原理，要用来研究中国的东西。我们要西医学中医，道理也就是这样。自然科学、社会科学的一般道理都要学。水是怎么构成的，人是猿变的，世界各国都是相同的。艺术又怎么样呢？中国的音乐、舞蹈、绘画是有道理的，问题是讲不大出来，因为没有多研究。应该学外国的近代的东西，学了以后来研究中国的东西。如果先学了西医，先学了解剖学、药物学等等，再来研究中医、中药，是可以快一点把中国的东西搞好的。马克思讲过，首先研究近代社会，就容易理解古代社会。这是倒行的，却要快些。

《毛泽东文集》第7卷，人民出版社1999年版，第78—79页

注释

（142）马克思在《〈政治经济学批判〉导言》中说："人体解剖对于猴体解剖是一把钥匙。反过来说，低等动物身上表露的高等动物的征

兆，只有在高等动物本身已被认识之后才能理解。因此，资产阶级经济为古代经济等等提供了钥匙。”（《马克思恩格斯选集》第2卷，人民出版社1995年版，第23页）

桐城派

列宁也曾经想到过对资产阶级采取别的办法

布尔什维克

八股文章

《同音乐工作者的谈话》

原文

对资产阶级，对知识分子的问题处理不好的话，对革命事业是不利的。对资产阶级的办法，中国就与苏联不同。中国的资产阶级和他们的知识分子，人数虽少，但是他们有近代文化，我们现在还是要团结他们。地主阶级也有文化，那是古老文化，不是近代文化。做几句旧诗，做几句桐城派的文章，今天用不着。拿工人农民来说，工人比较有文化，他们有技术，但还不能当工程师，比较资产阶级和知识分子就差。农民不能说没有文化，精耕细作，唱民歌、跳舞也是文化。但是他们大多数不识字，没有现代的文化技术，能用锄头、木犁，不能用拖拉机。资产阶级在近代文化、近代技术这些方面，比其他阶级要高，因此必须团结他们，并且把他们改造过来。资产阶级掌握的文化，有些是旧的、用不到的，但是许多东西用得到。音乐家中的许多人在思想上是属于资产阶级的。我们这些人过去也是这样。但是我们从那方面转过来了，他们为什么不能过来呢？事实上已经有许多人过来了。团结他们是有利于工人阶级的革命事业的。要团结他们，帮助他们改造，把他们化过来。在座的都是“西医”，是学西洋音乐的，要依靠你们。请吹鼓手来办音乐专门学校是不行的，这些事还是要靠你们办。

中国革命有中国的特点。苏联革命采取苏联当时的那种形式，有其不得不如此的原因。列宁也曾经想到过对资产阶级采取别的办法。但是那个时候资产阶级不相信布尔什维克会胜利，他们要反抗。无产阶级开始又没有军队，只有八万党员。我们的情况和苏联不同。中国不是帝国主义国家。我们打了二十多年仗，有军队，有二百万党员。中国的民族资产阶级也受帝国主义压迫。因此，革命的表现形式不同。

表现形式应该有所不同，政治上如此，艺术上也如此。特别像中国这样大的国家，应该"标新立异"，但是，应该是为群众所欢迎的标新立异。为群众所欢迎的标新立异，越多越好，不要雷同。雷同就成为八股。过去有人搞八股文章，搞了五六百年。形式到处一样就不好。妇女的服装和男的一样，是不能持久的。在革命胜利以后的一个时期内，妇女不打扮，是标志一种风气的转变，表示革命，这是好的，但不能持久。还是要多样化为好。

民族形式可以掺杂一些外国东西。小说一定要写章回小说，就可以不必；但语言、写法，应该是中国的。鲁迅是民族化的，但是他还主张过硬译。我倒赞成理论书硬译，有个好处，准确。

《毛泽东文集》第 7 卷，人民出版社 1999 年版，第 79—81 页

注释

（143）桐城派，是古文中的一个流派，主张"义理"、"考据"、"辞章"合而为一，主要代表人物是清朝康熙、乾隆年间的方苞、刘大櫆、姚鼐。由于他们都是安徽桐城人，所以后人把他们和他们这一派的人称为桐城派。这一派的作家并不都是桐城人。

（144）"列宁也曾经想到过对资产阶级采取别的办法"。十月革命后，列宁曾考虑对资本家实行"赎买"的政策。由于发生了国内战争，由于资本家阶级一般地站在反对苏维埃政权的立场上，列宁关于国家资本主义的这种设想没有能行得通。

（145）布尔什维克，指布尔什维克党，原苏联共产党的前身，一九一二年正式建立。

（146）八股文，是中国明、清封建皇朝考试制度所规定的一种特殊文体。八股文每篇由破题、承题、起讲、入手、起股、中股、后股、束

股八部分组成。“破题”一般用两句，说破题目的要义。“承题”一般用三句至五句，承接破题的意义而说明之。“起讲”概说全体，为议论的开始。“入手”为起讲后入手之处。起股、中股、后股和束股这四个段落才是正式的议论，中股为全篇文字的重心。在这四个段落中，每一段落都有两股两相比偶的文字，合共有八股，所以叫作八股文，也称为八比。

唐明皇
孔子
《死魂灵》
《阿Q正传》
《毁灭》
西太后
隋朝、唐朝的九部乐、十部乐
中学为体，西学为用

《同音乐工作者的谈话》

原文

要把根本道理讲清楚：基本原理，西洋的也要学。解剖刀一定要用中国式的，讲不通。就医学来说，要以西方的近代科学来研究中国的传统医学的规律，发展中国的新医学。音乐的基本原理各国是一样的，但运用起来不同，表现形式应该是各种各样的。比如写游记，我们一起去游香山，游的地方虽然一样，但是每个人写出来的就不一样。

要把外国的好东西都学到。比如学医，细菌学、生物化学、解剖学、病理学，这些都要学。也要把中国的好东西都学到。要重视中国的东西，否则很多研究就没有对象了。中国历史上有好多东西没有传下来。唐明皇不会做皇帝，前半辈会做，后半辈不会做。他是懂艺术的，他是导演，也会打鼓，但是没有把东西传下来。还要靠你们。你们是“西医”，但是要中国化，要学到一套以后来研究中国的东西，把学的东西中国化。

学了外国的，就对中国的没有信心，那不好。但不是说不要学外国。

近代文化，外国比我们高，要承认这一点。艺术是不是这样呢？中国某一点上有独特之处，在另一点上外国比我们高明。小说，外国是后起之秀，我们落后了。鲁迅对于外国的东西和中国的东西都懂，但他不轻视中国的。只在中医和京剧方面他的看法不大正确。中医医死了他的父亲。他对地方戏还是喜欢的。

孔子是教育家，也是音乐家，他把音乐列为六门课程中的第二门。

我们接受外国的长处，会使我们自己的东西有一个跃进。中国的和外国的要有机地结合，而不是套用外国的东西。学外国织帽子的方法，要织中国的帽子。外国有用的东西，都要学到，用来改进和发扬中国的东西，创造中国独特的新东西。搬要搬一些，但要以自己的东西为主。要《死魂灵》，也要《阿Q正传》。鲁迅翻译了《死魂灵》、《毁灭》等等，但是他的光彩主要不在这方面，是在创作。

中国的文化应该发展。外国的乐曲不会听，不会奏，是不好的。外国作品不翻译是错误的，像西太后反对“洋鬼子”是错误的。要向外国学习，学来创作中国的东西。

演些外国音乐，不要害怕。隋朝、唐朝的九部乐、十部乐，多数是西域音乐，还有高丽、印度来的外国音乐。演外国音乐并没有使我们自己的音乐消亡了，我们的音乐继续在发展。外国音乐我们能消化它，吸收它的长处，就对我们有益。文化上对外国的东西一概排斥，或者全盘吸收，都是错误的。

应该越搞越中国化，而不是越搞越洋化。这样争论就可以统一了。要反对教条主义，反对保守主义，这两个东西对中国都是不利的。学外国不等于一切照搬。向古人学习是为了现在的活人，向外国人学习是为了今天的中国人。

中国的和外国的，两边都要学好。半瓶醋是不行的，要使两个半瓶醋变成两个一瓶醋。

这不是什么“中学为体，西学为用”。“学”是指基本理论，这是中外一致的，不应该分中西。

非驴非马也可以。骡子就是非驴非马。驴马结合是会改变形象的，不会完全不变。中国的面貌，无论是政治、经济、文化都不应该是旧的，都应该改变，但中国的特点要保存。应该是在中国的基础上面，吸取外国的东西。应该交配起来，有机地结合。

《毛泽东文集》第7卷，人民出版社1999年版，第81—83页

注释

（147）唐明皇，即唐玄宗李隆基（六八五——七六二），公元七一二至七五六年在位。

（148）孔子（公元前五五一——前四七九），名丘，字仲尼，陬邑（今山东曲阜）人。春秋末期思想家、政治家、教育家，儒家的创始人。他设立的六门课程（即六艺）是：礼、乐、射、御、书、数。

（149）《死魂灵》，俄国作家果戈理创作的长篇小说。

（150）《阿Q正传》，鲁迅小说的代表作。

（151）《毁灭》，苏联作家法捷耶夫创作的长篇小说。

（152）西太后，即叶赫那拉氏（一八三五——一九〇八），清朝咸丰皇帝的妃子。一八六一年其子载淳（同治皇帝）即位后，被尊为慈禧太后，因住在西宫，所以又称西太后。她是同治、光绪两朝的实际统治者，清末顽固势力的总代表，对内实行残酷统治，对外妥协投降同时又盲目地排外。一八九八年，她镇压了主张向西方学习的戊戌维新运动。

（153）隋朝的九部乐是：清乐、西凉、龟兹、天竺、康国、疏勒、安国、高丽、礼毕（据《隋书》卷十五，音乐下）。唐朝的十部乐是：燕乐、清商、西凉、天竺、高丽、龟兹、安国、疏勒、康国、高昌（据《新唐书》卷二十一，礼乐十一）。其中，龟兹、康国、安国、疏勒、高昌都属于西域，高丽即朝鲜，天竺即印度。

（154）“中学为体，西学为用”，这一中国近代有关中学与西学关系的命题，是由洋务派思想家张之洞提出的。他在《劝学篇·设学》中说：“旧学为体，新学为用，不使偏废。”所谓“中学为体”，就是要以儒家的三纲五常等伦理道德作为立国的不能改变的根本原则。所谓“西学为用”，就是采用西方资本主义国家的一些科学技术，作为维持中国封建地主阶级统治的一种手段。

名落孙山

《关于第八届中央委员会的选举问题》

原文

事情往往有很大的偶然性。有这样一个故事，一些人去考试，一个名叫孙山的人去看了榜回来，别人问他自己的儿子考上没有，他说“解名尽处是孙山，贤郎更在孙山外”。意思是说最后一名是我孙山，你的儿子在我孙山后面，没有考取。这就是所谓“名落孙山”的典故。我说今天没有列上名单的同志，即名落孙山的同志，很可能是将来在中国起很大作用的同志。当然这是说可能，也不一定是这样。也许是孙山以内的人将来起很大作用。这有两种可能。

《毛泽东文集》第7卷，人民出版社1999年版，第107—108页

注释

（155）“名落孙山”，中国成语。

学习，再学习

《中国共产党第八次全国代表大会开幕词》

原文

十月革命以后，列宁给苏联共产党提出了这样的任务：学习，再学习。苏联的同志们，苏联的人民，按照列宁的指示做了。他们在不长的时间内，取得了极其灿烂的成就。（长时间的热烈的鼓掌）苏联共产党在不久以前召开的第二十次代表大会上，又制定了许多正确的方针，批判了党内存在的缺点。可以断定，他们的工作，在今后将有极其伟大的发展。（长时间的热烈的鼓掌）

《毛泽东文集》第 7 卷，人民出版社 1999 年版，第 116—117 页

注释

（156）见列宁《俄国革命的五年和世界革命的前途》："我们今天最重要的任务就是学习再学习"。(《列宁选集》第 4 卷，人民出版社 1995 年版，第 728 页）又见列宁《宁肯少些，但要好些》："为了革新我们的国家机关，我们一定要给自己提出这样的任务：第一是学习，第二是学习，第三还是学习"。(《列宁选集》第 4 卷，人民出版社 1995 年版，第 786 页）

成吉思汗

《吸取历史教训，反对大国沙文主义》

原文

到现在还有人怀疑我们社会主义建不成功，说我们是假共产党，那又有什么办法呢？这些人吃完饭，睡完觉，就在那里宣传，说什么中国党不是真正的共产党，中国建不成社会主义，要建成那才怪呢！看吧，中国也许要变成一个帝国主义，除了美、英、法帝国主义以外，又出现了第四个帝国主义——中国！现在中国没有工业，没有资本，可是过一百年以后，那才厉害呢！成吉思汗复活，欧洲又要吃亏，也许要打到南斯拉夫去！要防范“黄祸”呀！

绝不会如此！中国党是个马列主义的政党，中国人民是爱好和平的。我们认为，侵略就是犯罪，我们不侵犯别人一寸土、一根草。我们是爱好和平的，是马克思主义的。

《毛泽东文集》第 7 卷，人民出版社 1999 年版，第 122—123 页

注释

（157）成吉思汗（一一六二——一二二七），元太祖，名铁木真。一二〇六年统一蒙古各部，建立蒙古汗国，称成吉思汗。他曾多次统率远征军侵略中亚、西亚、东欧等地区，给这些地区带来了极大的破坏。

批判托洛茨基的一篇长文章

《吸取历史教训，反对大国沙文主义》

原文

我在见到斯大林之前，从感情上说对他就不怎么样。我不太喜欢看他的著作，只看过《论列宁主义基础》、批判托洛茨基的一篇长文章、《胜利冲昏头脑》等。他写的关于中国革命的文章我更不爱看。他和列宁不同，列宁是把心给别人，平等待人，而斯大林则站在别人的头上发号施令。他的著作中都有这种气氛。我见到他以后就更不高兴了，在莫斯科的时候和他吵得很厉害。斯大林有脾气，有时冲动起来，讲一些不大适当的话。

我曾写过一些歌颂斯大林的文章，一共三篇：一篇是在延安庆祝他六十寿辰时写的，第二篇是在莫斯科的祝词，第三篇是他死后《真理报》要我写的。我向来不愿祝贺人家，也不愿人家祝贺我。但到莫斯科去祝寿，不歌颂他，还能骂他不成？他死后，苏联需要我们的支持，而我们也要支持苏联，就写了那篇歌功颂德的文章。这不是对斯大林个人的，而是对苏联党的。延安的那篇文章，我抛掉了个人感情，把他当做社会主义国家的领袖。那篇文章还比较有生气，其他两篇不是出于内心意愿，而是出于需要。人的生活就是这样矛盾的，感情上不愿写，但理智上不这样不行。

《毛泽东文集》第7卷，人民出版社1999年版，第125—126页

注释

（158）指斯大林《托洛茨基主义还是列宁主义?》一文（《斯大林全集》第6卷，人民出版社1956年版，第281—309页）。

物极必反

《我们党的一些历史经验》

原文

共产党人不要怕犯错误。错误有两重性。错误一方面损害党，损害人民；另一方面是好教员，很好地教育了党，教育了人民，对革命有好处。失败是成功之母。失败如果没有什么好处，为什么是成功之母？错误犯得太多了，一定要反过来。这是马克思主义。“物极必反”，错误成了堆，光明就会到来。

《毛泽东文集》第 7 卷，人民出版社 1999 年版，第 136 页

注释

（159）“物极必反”，中国成语。

瑞蚨祥、同仁堂 王麻子、东来顺、全聚德 韩愈

《同民建和工商联负责人的谈话》

原文

工商联将来怎么办？也可以长期共存，互相监督。定息取消了，资本家也还要改造。工商联这个名称可以保存下来。历史名字要保存，商务印书馆、中华书局的名字为什么不要，瑞蚨祥、同仁堂一万年要保存。全国有名的招牌要拍下照片来，有许多招牌的字是写得好的，不留下来后代就不知道了。把《申报》取消了，我不高兴。《解放日报》可以恢复为《申报》。党报也可以用原来的名字。我年青时到乡下走亲戚，那里都叫卖《申报》，可见深入人心。内容改变，名称保存。王麻子、东来顺、全聚德要永远保存下去。内容是社会主义的，名称是封建时代的也可以。“长城”和“省”，就是从元朝开始这样叫的。

韩愈有一篇文章叫《送穷文》，我们要写送穷文。中国要几十年才能将穷鬼送走。

《毛泽东文集》第7卷，人民出版社1999年版，第171—172页

注释

（160）瑞蚨祥，指北京瑞蚨祥绸布店，一八七〇年前后开业。同仁堂，指北京同仁堂药店，一六六九年开业。

（161）王麻子，指北京王麻子刀剪铺，一六五一年开业。东来顺，指北京东来顺饭庄，一九〇三年开业。全聚德，指北京全聚德烤鸭店，

一八六四年开业。

（162）韩愈（七六八——八二四），河南河阳（今孟县）人，唐代文学家、哲学家。

匈牙利事件

《同工商界人士的谈话》

原文

匈牙利事件是出了好，还是不出好呢？既然有问题就不能不出，出了反而好，有脓包总要出脓。匈牙利事件主要是因为本国的工作没有做好，一概硬套苏联的办法，没有照顾到本国的具体情况。因此得出一条教训，我们要根据马列主义普遍真理，结合本国的具体情况来办事。我们提过学习苏联先进经验的口号，但我们从来没有提过学习他们落后经验的口号。总的来说，中国政治上是好的，社会主义阵营也是好的，匈牙利事件也基本上解决了。当然，世界上还会出乱子的，中国也会出乱子的。但不要以为出了一个高岗，出了一个贝利亚，斯大林犯了错误，就不得了，就睡不着觉了。我们政府的性格，你们也都摸熟了，是跟人民商量办事的，是跟工人、农民、资本家、民主党派商量办事的，可以叫它是个商量政府。我们不是板起面孔专门教训人的，不是意见提得不对就给他一棒子，打得他头向下、脚朝天。我们叫人民政府，你们有话尽可以讲，不会借故整人的。

《毛泽东文集》第 7 卷，人民出版社 1999 年版，第 178 页

注释

（163）匈牙利事件，指匈牙利一九五六年十月至十一月发生的反政府政治事件。

楚弓楚得 顺乎天理，应乎人情，适乎世界之潮流，合乎人群之需要，而为先知先觉者所决志行之，则断无不成者也

《同工商界人士的谈话》

原文

要对工人说清楚，我们采取这个政策对整个民族是有利的，对工人、农民、中小工商业者都是有利的，这个利他们一时还可能不了解。大学生中百分之七十是资产阶级的子弟，他们是不要继承权的，但是对政府这样对待资本家他们是会满意的。民主党派、无党派人士、少数民族上层领袖、宗教界也都会满意的。很快地取消定息，他们会不满意的。还有外国人，他们到中国来都要到上海看看荣毅仁先生，看看他有几部汽车，一部还是两部，房子里有没有钢琴。有一个法国资本家看过以后说，只要法国共产党这样做，他就放心了。我们这样做，对亚非国家和欧洲的一些国家的影响也很大。所以，急于取消定息是没有好处的。实际上定息没有几个钱，一年只有一亿二千五百万元，有人还说只有一亿一千万,七年总计不到八个亿。这个钱没有送给日本人、美国人，是送给中国人的。总之肥水没有落入外人田，是“楚弓楚得”，是国家的购买力，也是公债推销的对象，还可以用来开工厂，可以从各方面来考虑。我们做事要“顺乎天理，应乎人情，适乎世界之潮流，合乎人群之需要，而为先知先觉者所决志行之，则断无不成者也”，这是伟大的革命家孙中山先生说的。我们的革命就是继承孙中山先生的工作，完成了资产阶级民主主义革命，然后完成社会主义革命。革命是为建设扫清道路。革命把生产关系和上层建筑加以改变，把经济制度加以改变，把政府、意识形态、法律、政治、文化、艺术这些上层建筑加以改

变，但目的不在于建立一个新的政府、一个新的生产关系，而在于发展生产。

《毛泽东文集》第7卷，人民出版社1999年版，第181—182页

注释

（164）“楚弓楚得”，典出《说苑·至公》：“楚共王出猎而遗其弓，左右请求之。共王曰：‘止！楚人遗弓，楚人得之，又何求焉？’”

（165）后句见孙中山《建国方略》（《孙中山全集》第六卷，中华书局1985年版，第228页）。

可以把辩证法简要地确定为关于对立统一的学说。这样就会抓住辩证法的核心，可是这需要解释和发展

对立的统一（一致、同一、均势），是有条件的、一时的、暂存的、相对的。互相排斥的对立的斗争则是绝对的，正如发展、运动是绝对的一样

老子

《在省市自治区党委书记会议上的讲话》

原文

关于辩证法，列宁说过：“可以把辩证法简要地确定为关于对立统一的学说。这样就会抓住辩证法的核心，可是这需要解释和发展。”解释和发展，这就是我们的工作。要解释，我们现在解释太少了。还要发展，我们在革命中有丰富的经验，应当发展这个学说。列宁还说：“对立的统一（一致、同一、均势），是有条件的、一时的、暂存的、相对的。互相排斥的对立的斗争则是绝对的，正如发展、运动是绝对的一样。”从这种观点出发，我们提出了百花齐放、百家争鸣这个方针。

真理是跟谬误相比较，并且同它作斗争发展起来的。美是跟丑相比较，并且同它作斗争发展起来的。善恶也是这样，善事、善人是跟恶事、恶人相比较，并且同它作斗争发展起来的。总之，香花是跟毒草相比较，并且同它作斗争发展起来的。禁止人们跟谬误、丑恶、敌对的东西见面，跟唯心主义、形而上学的东西见面，跟孔子、老子、蒋介石的东西见面，这样的政策是危险的政策。它将引导人们思想衰退，单打一，见不得世面，唱不得对台戏。

《毛泽东文集》第7卷，人民出版社1999年版，第192—193页

注释

（166）第一句见列宁《辩证法的要素》。新的译文是：“可以把辩

证法简要地规定为关于对立面的统一的学说。这样就会抓住辩证法的核心，可是这需要说明和发挥。”(《列宁选集》第2卷，人民出版社1995年版，第412页)

（167）第二句见列宁《谈谈辩证法问题》。新的译文是：“对立面的统一（一致、同一、均势）是有条件的、暂时的、易逝的、相对的。相互排斥的对立面的斗争是绝对的，正如发展、运动是绝对的一样。”(《列宁选集》第2卷，人民出版社1995年版，第557页)

（168）老子，相传即老聃，姓李名耳，苦县（今河南鹿邑东）人，春秋时期思想家，道家的创始人。

康德 黑格尔 克劳塞维茨

《在省市自治区党委书记会议上的讲话》

原文

我劝在座的同志，你们如果懂得唯物主义和辩证法，那就还需要补学一点它的对立面唯心主义和形而上学。康德和黑格尔的书，孔子和蒋介石的书，这些反面的东西，需要读一读。不懂得唯心主义和形而上学，没有同这些反面的东西作过斗争，你那个唯物主义和辩证法是不巩固的。我们有些共产党员、共产党的知识分子的缺点，恰恰是对于反面的东西知道得太少。读了几本马克思的书，就那么照着讲，比较单调。讲话，写文章，缺乏说服力。你不研究反面的东西，就驳不倒它。马克思、恩格斯、列宁都不是这样。他们努力学习和研究当代的和历史上的各种东西，并且教人们也这么做。马克思主义的三个组成部分，是在研究资产阶级的东西，研究德国的古典哲学、英国的古典经济学、法国的空想社会主义，并且跟它们作斗争的过程中产生的。斯大林就比较差一些。比如在他那个时期，把德国古典唯心主义哲学说成是德国贵族对于法国革命的一种反动。作这样一个结论，就把德国古典唯心主义哲学全盘否定了。他否定德国的军事学，说德国人打了败仗，那个军事学也用不得了，克劳塞维茨的书也不应当读了。

《毛泽东文集》第7卷，人民出版社1999年版，第193—194页

注释

（169）康德（一七二四——一八〇四），德国古典唯心主义哲学的奠基人，近代西方哲学史上二元论、先验论和不可知论的著名代表。主

要著作有《纯粹理性批判》、《实践理性批判》、《判断力批判》等。

（170）黑格尔（一七七〇——一八三一），德国古典哲学家，客观唯心主义者，辩证法大师。主要著作有《精神现象学》、《逻辑学》、《法哲学原理》等。

（171）克劳塞维茨（一七八〇——一八三一），德国军事理论家，主要著作有《战争论》。

像战争与和平、资产阶级与无产阶级、生与死等等现象不能是同一的，因为它们是根本对立和相互排斥的

战争是政治通过另一种手段的继续

《在省市自治区党委书记会议上的讲话》

原文

斯大林有许多形而上学，并且教会许多人搞形而上学。他在《苏联共产党（布）历史简明教程》中讲，马克思主义辩证法有四个基本特征。他第一条讲事物的联系，好像无缘无故什么东西都是联系的。究竟是什么东西联系呢？就是对立的两个侧面的联系。各种事物都有对立的两个侧面。他第四条讲事物的内在矛盾，又只讲对立面的斗争，不讲对立面的统一。按照对立统一这个辩证法的根本规律，对立面是斗争的，又是统一的，是互相排斥的，又是互相联系的，在一定条件下互相转化的。

苏联编的《简明哲学辞典》第四版关于同一性的一条，就反映了斯大林的观点。辞典里说："像战争与和平、资产阶级与无产阶级、生与死等等现象不能是同一的，因为它们是根本对立和相互排斥的。"这就是说，这些根本对立的现象，没有马克思主义的同一性，它们只是互相排斥，不互相联结，不能在一定条件下互相转化。这种说法，是根本错误的。

在他们看来，战争就是战争，和平就是和平，两个东西只是互相排斥，毫无联系，战争不能转化到和平，和平不能转化到战争。列宁引用过克劳塞维茨的话："战争是政治通过另一种手段的继续。"和平时期的斗争是政治，战争也是政治，但用的是特殊手段。战争与和平既互相排斥，又互相联结，并在一定条件下互相转化。和平时期不酝酿战争，为

什么突然来一个战争？战争中间不酝酿和平，为什么突然来一个和平？

《毛泽东文集》第7卷，人民出版社1999年版，第194—195页

注释

（172）前句见罗森塔尔、尤金编的《简明哲学辞典》（人民出版社1955年版）第156页。

（173）后句见列宁《战争与革命》（《列宁全集》第30卷，人民出版社1985年版，第78页）。克劳塞维茨这句话的原文是："战争无非是政治交往用另一种手段的继续。"（《战争论》，商务印书馆1982年版，第894页）

哥白尼关于太阳系的学说 达尔文的进化论

《关于正确处理人民内部矛盾的问题》

原文

百花齐放，百家争鸣，长期共存，互相监督，这几个口号是怎样提出来的呢？它是根据中国的具体情况提出来的，是在承认社会主义社会仍然存在着各种矛盾的基础上提出来的，是在国家需要迅速发展经济和文化的迫切要求上提出来的。百花齐放、百家争鸣的方针，是促进艺术发展和科学进步的方针，是促进我国的社会主义文化繁荣的方针。艺术上不同的形式和风格可以自由发展，科学上不同的学派可以自由争论。利用行政力量，强制推行一种风格，一种学派，禁止另一种风格，另一种学派，我们认为会有害于艺术和科学的发展。艺术和科学中的是非问题，应当通过艺术界科学界的自由讨论去解决，通过艺术和科学的实践去解决，而不应当采取简单的方法去解决。为了判断正确的东西和错误的东西，常常需要有考验的时间。历史上新的正确的东西，在开始的时候常常得不到多数人承认，只能在斗争中曲折地发展。正确的东西，好的东西，人们一开始常常不承认它们是香花，反而把它们看作毒草。哥白尼关于太阳系的学说，达尔文的进化论，都曾经被看作是错误的东西，都曾经经历艰苦的斗争。我国历史上也有许多这样的事例。同旧社会比较起来，在社会主义社会中，新生事物的成长条件，和过去根本不同了，好得多了。但是压抑新生力量，压抑合理的意见，仍然是常有的事。不是由于有意压抑，只是由于鉴别不清，也会妨碍新生事物的成长。因此，对于科学上、艺术上的是非，应当保持慎重的态度，提倡自由讨论，不要轻率地作结论。我们认为，采取这种态度可以帮助科学和艺术得到比较顺利的发展。

《毛泽东文集》第7卷，人民出版社1999年版，第229—230页

注释

（174）哥白尼（一四七三——一五四三），波兰天文学家。哥白尼在《天体运行论》一书中，证明地球绕自己的轴旋转，并和其他行星一起，围绕着太阳运行，推翻了约两千年来的地球不动学说。

（175）达尔文（一八〇九——一八八二），英国生物学家。达尔文在他的《物种起源》等著作中，提出了进化论的学说，说明了生物的演变和人类的起源。

祸兮福所倚，福兮祸所伏

《关于正确处理人民内部矛盾的问题》

原文

总之，我们必须学会全面地看问题，不但要看到事物的正面，也要看到它的反面。在一定的条件下，坏的东西可以引出好的结果，好的东西也可以引出坏的结果。老子在二千多年以前就说过："祸兮福所倚，福兮祸所伏。"日本打到中国，日本人叫胜利。中国大片土地被侵占，中国人叫失败。但是在中国的失败里面包含着胜利，在日本的胜利里面包含着失败。历史难道不是这样证明了吗？

《毛泽东文集》第7卷，人民出版社1999年版，第238页

注释

（176）见《老子·五十八章》。原文是："祸兮福之所倚，福兮祸之所伏。"

关关雎鸠 唐宋八大家

《在普通教育工作座谈会上的讲话》

原文

苏联的教材，应当学的就要学，不应当学的就不要学。你们要来一个改革，不要照抄外国的，一定要符合中国的情况，并且还要有地方的特点。农业课本要由省里编，地理可以编地方地理，文学也要有乡土文学，历史可以有各省自己的史料。课程要减少，分量要减轻，减少门类，为的是全面发展。“关关雎鸠”这几句诗一点诗味也没有，《楚辞》、《离骚》没有人懂。语文课可选《水浒》、《三国演义》、唐宋八大家的作品。现在作文太少，至少每星期作一次，如果有困难少一点也可以。

《毛泽东文集》第7卷，人民出版社1999年版，第247—248页

注释

（177）“关关雎鸠”，见《诗经·周南·关雎》。全诗为：“关关雎鸠，在河之洲。窈窕淑女，君子好逑。参差荇菜，左右流之。窈窕淑女，寤寐求之。求之不得，寤寐思服。悠哉悠哉，辗转反侧。参差荇菜，左右采之。窈窕淑女，琴瑟友之。参差荇菜，左右芼之。窈窕淑女，钟鼓乐之。”

（178）唐宋八大家，指唐代文学家韩愈、柳宗元和宋代文学家欧阳修、苏洵、苏轼、苏辙、曾巩、王安石。

教育者首先应当受教育

《同文艺界代表的谈话》

原文

报纸、广播、文工团、剧团、文学艺术都是教育人民的。有人说，“不讲教育，说娱乐好了”，这也可以，但是你演戏，总要影响人。所以教育者首先应当受教育，这是马克思讲的。我们这些人应当受教育，说不用受教育是站不住脚的。这些教育人的人，他们从事的工作，整个说来，是教育人的过程，要几十年，把六亿人口教育好。

《毛泽东文集》第 7 卷，人民出版社 1999 年版，第 252—253 页

注释

（179）见马克思《关于费尔巴哈的提纲》。原文是：“教育者本人一定是受教育的。”（《马克思恩格斯选集》第 1 卷，人民出版社 1995 年版，第 55 页）

拉普 薛仁贵 张士贵

《同文艺界代表的谈话》

原文

苏联十月革命后，教条主义也厉害得很，那时的文学团体“拉普”曾经对作家采取命令主义，强迫别人必须怎样写作。但听说那个时期还有一些言论自由，还有“同路人”，“同路人”还有刊物。我们可不可以让人家办个唱反调的刊物？不妨公开唱反调。苏联那时有人公开承认自己是“同路人”，可见这一点同我们今天是不同的。开头几年还可以唱反调，有些言论自由，以后就只许讲党和政府的好话，不许讲坏话，不能批评，搞个人崇拜。斯大林常常把两种矛盾混淆起来了。我们的文化教育政策不采取他们的办法，我们采取有领导的百花齐放、百家争鸣。现在还没有造成放的环境，还是放得不够，是百花想放而不敢放，是百家想鸣而不敢鸣。陈其通他们四人的文章，我就读了两遍，他们无非是“忧心如焚”，唯恐天下大乱。应该估计到中国的情况，两头小中间大，小资产阶级那么多，无非是思想混乱，要求解答问题。

我说这些话，是想和同志们交换意见，看看客观情况是否如此。相信马克思主义的，在知识分子中占十分之一——五十万，有没有这么多？不信的，那么多，这不能强迫。假如经过三个或者四个五年计划，有三分之一的人相信马克思主义世界观，又不是教条主义，不是机会主义，那就好了。

鲁迅不是共产党员，他是了解马克思主义世界观的。他用了一番功夫研究，又经过自己的实践，相信马克思主义是真理。特别是他后期的杂文，很有力量。他的杂文有力量，就在于有了马克思主义世界观。我看鲁迅在世还会写杂文，小说恐怕写不动了，大概是文联主席，开会的时候讲一讲。这三十三个题目，他一讲或者写出杂文来，就解决问题。他一定有话讲，他一定会讲的，而且是很勇敢的。

真正的马克思主义者是不怕什么的，任何人也不怕。不怕别人整不整，顶多没有饭吃，讨饭，挨整，坐班房，杀头，受冤枉。我没有讨过饭。要革命，不准备杀头是不行的。被敌人杀了不冤枉。被自己人错杀了就很不好，所以我们党内有一条：一个不杀。但是坐班房、受点整也难说。上次我曾讲了薛仁贵、孙行者的事。薛仁贵害了病，打胜仗，功劳挂在别人身上。对孙行者也不公平，他自然个人英雄主义蛮厉害，自称齐天大圣，玉皇大帝只封他“弼马温”，所以他就大闹天宫，反官僚主义。我看宗派主义和主观主义都有，张士贵宗派主义、官僚主义都有。

《毛泽东文集》第 7 卷，人民出版社 1999 年版，第 253—254 页

注释

（180）“拉普”，“俄罗斯无产阶级作家联盟”简称的音译。成立于一九二五年。一九三二年联共（布）中央作出《关于改组文学艺术团体的决定》，解散“拉普”，成立苏联作家协会。

（181）薛仁贵（六一四——六八三），即薛礼，绛州龙门（今山西河津）人，唐代将军。

（182）张士贵（？——约六五六），本名忽峍，虢州卢氏（今属河南）人，唐代将军。

曹丕 曹植 韩愈 萧统

《同文艺界代表的谈话》

原文

中国自觉的文学批评的历史是从哪里开始的呢？从曹丕的《典论·论文》和曹植的《与杨德祖书》开始的吧！以后有《文心雕龙》等。韩愈是提倡古文的，其实他那个古文是新古文，道理是没有什么的，只要文章是新的。人家说好的，他说坏，人家说坏的，他说好。《昭明文选》里也有批评，昭明太子萧统的那篇序言里就讲“事出于沈思”，这是思想性；又讲“义归乎翰藻”，这是艺术性。单是理论，他不要，要有思想性，也要有艺术性。

《毛泽东文集》第7卷，人民出版社1999年版，第256页

注释

（183）曹丕（一八七——二二六），沛国谯（今安徽亳县）人，曹操之子，魏文帝，三国时期文论家、诗人。

（184）曹植（一九二——二三二），沛国谯（今安徽亳县）人，曹操之子，三国时期文学家、诗人。

（185）韩愈，唐代文学家、哲学家。

（186）萧统（五〇一——五三一），兰陵（今江苏常州西北）人，南朝梁武帝萧衍之子。公元五〇二年立为皇太子，未及即位而卒，谥号昭明。编有中国现存最早的诗文总集《文选》，后人习称《昭明文选》。

整风运动是一个『普遍的马克思主义的教育运动』

《在中国共产党全国宣传工作会议上的讲话》

原文

我们的党是一个伟大的党，光荣的党，正确的党。这是必须肯定的。但是我们还有缺点，这个事实也要肯定。不应该肯定我们的一切，只应该肯定正确的东西；同时，也不应该否定我们的一切，只应该否定错误的东西。在我们的工作中间成绩是主要的，但是缺点和错误也还不少。因此我们要进行整风。我们自己来批评自己的主观主义、官僚主义和宗派主义，这会不会使我们的党丧失威信呢？我看不会。相反的，会增加党的威信。抗日时期的整风就是证明。它增加了党的威信，增加了同志们的威信，增加了老干部的威信，新干部也有了很大的进步。一个共产党，一个国民党，这两个党比较起来，谁怕批评呢？国民党害怕批评。它禁止批评，结果并没有能够挽救它的失败。共产党是不怕批评的，因为我们是马克思主义者，真理是在我们方面，工农基本群众是在我们方面。我们过去说过，整风运动是一个“普遍的马克思主义的教育运动”。整风就是全党通过批评和自我批评来学习马克思主义。在整风中间，我们一定可以更多地学到一些马克思主义。

《毛泽东文集》第 7 卷，人民出版社 1999 年版，第 274—275 页

注释

（187）见毛泽东《论军队生产自给，兼论整风和生产两大运动的重要性》(《毛泽东文集》第 3 卷，人民出版社 1991 年版，第 1108 页)。

《林冲夜奔》

《坚持艰苦奋斗，密切联系群众》

原文

我们党现在准备开展一次整风运动。整风是用批评和自我批评解决党内矛盾的一种方法，也是解决党同人民之间的矛盾的一种方法。这次整风，就是整顿三风，整顿官僚主义、宗派主义和主观主义。要经过整风，把我们党艰苦奋斗的传统好好发扬起来。因为革命胜利了，有一部分同志，革命意志有些衰退，革命热情有些不足，全心全意为人民服务的精神少了，过去跟敌人打仗时的那种拼命精神少了，而闹地位，闹名誉，讲究吃，讲究穿，比薪水高低，争名夺利，这些东西多起来了。听说去年评级的时候，就有些人闹得不像样子，痛哭流涕。人不是长着两只眼睛吗？两只眼睛里面有水，叫眼泪。评级评得跟他不对头的时候，就双泪长流。在打蒋介石的时候，抗美援朝的时候，土地改革的时候，镇压反革命的时候，他一滴眼泪也不出，搞社会主义他一滴眼泪也不出，一触动到他个人的利益，就双泪长流。听说还有三天不吃饭的事情。我说，三天不吃饭，没有什么要紧，一个星期不吃饭就有点危险了。总而言之，争名誉，争地位，比较薪水，比较吃穿，比较享受，这么一种思想出来了。为个人的利益而绝食，而流泪，这也算是一种人民内部的矛盾。有一出戏，叫《林冲夜奔》，唱词里说："男儿有泪不轻弹，只因未到伤心处。"我们现在有些同志，他们也是男儿（也许还有女儿），他们是男儿有泪不轻弹，只因未到评级时。这个风也要整一下吧。有泪不轻弹是对的，伤心处是什么？就是工人阶级、广大劳动人民危急存亡的时候，那个时候可以弹几滴眼泪。至于你那个什么级，就是评得不对，你也要吞下去，眼泪不要往外头流，要往里头流。世界上是有许多不公道的事情，那个级可能评得不对，那也无须闹，无关大局，只要有饭吃就行。革命党嘛，以饿不死人为原则。人没有饿死，就要做革命工作，就要奋斗。一万年以后，也要奋斗。共产党就是要奋斗，就是要全心全意为人民服务，不要半心半意或者三分之二的心三分之二的意为人民服务。革命意志衰退的人，要经过整风重新振作起来。

《毛泽东文集》第7卷，人民出版社1999年版，第284—285页

注释

（188）《林冲夜奔》，原名《夜奔》，是明代传奇《宝剑记》中的一折。

开慧

开慧所述那一首

《给李淑一的信》

原文

惠书收到。过于谦让了。我们是一辈的人，不是前辈后辈关系，你所取的态度不适当，要改。已指出“巫峡”，读者已知所指何处，似不必再出现“三峡”字面。大作读毕，感慨系之。开慧所述那一首不好，不要写了吧。有《游仙》一首为赠。这种游仙，作者自己不在内，别于古之游仙诗。但词里有之，如咏七夕之类。我失骄杨君失柳，杨柳轻飏直上重霄九。问讯吴刚何所有，吴刚捧出桂花酒。寂寞嫦娥舒广袖，万里长空且为忠魂舞。忽报人间曾伏虎，泪飞顿作倾盆雨。

暑假或寒假你如有可能，请到板仓代我看一看开慧的墓。此外，你如去看直荀的墓的时候，请为我代致悼意。你如见到柳午亭先生时，请为我代致问候。午亭先生和你有何困难，请告。

《毛泽东文集》第7卷，人民出版社1999年版，第298页

注释

（189）开慧，即杨开慧（一九〇一——一九三〇），湖南长沙人，毛泽东的夫人。一九二一年加入中国共产党，一九三〇年十月被国民党反动派逮捕，十一月牺牲。

（190）“开慧所述那一首”，指《虞美人·枕上》(《毛泽东诗词集》，中央文献出版社1996年版，第166页)。

范仲淹

《对范仲淹两首词的评注》

原文

词有婉约、豪放两派，各有兴会，应当兼读。读婉约派久了，厌倦了，要改读豪放派。豪放派读久了，又厌倦了，应当改读婉约派。我的兴趣偏于豪放，不废婉约。婉约派中有许多意境苍凉而又优美的词。范仲淹的上两首，介于婉约与豪放两派之间，可算中间派吧；但基本上仍属婉约，既苍凉又优美，使人不厌读。婉约派中的一味儿女情长，豪放派中的一味铜琶铁板，读久了，都令人厌倦的。人的心情是复杂的，有所偏但仍是复杂的。所谓复杂，就是对立统一。人的心情，经常有对立的成分，不是单一的，是可以分析的。词的婉约、豪放两派，在一个人读起来，有时喜欢前者，有时喜欢后者，就是一例。睡不着，哼范词，写了这些。江青看后，给李讷看一看。

《毛泽东文集》第 7 卷，人民出版社 1999 年版，第 304 页

注释

（191）范仲淹（九八九——一〇五二），字希文，苏州吴县（今吴县市）人，北宋政治家、文学家。他的两首词指《苏幕遮》和《渔家傲》。《苏幕遮》原词为：“碧云天，黄叶地，秋色连波，波上寒烟翠。山映斜阳天接水，芳草无情，更在斜阳外。黯乡魂，追旅思，夜夜除非，好梦留人睡。明月楼高休独倚。酒入愁肠，化作相思泪。”《渔家傲》原词为：“塞下秋来风景异，衡阳雁去无留意。四面边声连角起。千嶂里，长烟落日孤城闭。浊酒一杯家万里，燕然未勒归无计。羌管悠悠霜满地。人不寐，将军白发征夫泪。”

重要的是，坚冰已经打破，航线已经开通，道路已经指明

《在苏联最高苏维埃庆祝十月革命四十周年会上的讲话》

原文

世界各国人民从苏联人民所获得的成就中，一天比一天明显地看到自己的将来。苏联的道路，十月革命的道路，从根本上说来，是全人类发展的共同的光明大道。世界各国的广大人民热烈地庆祝十月革命的四十周年，因为这四十年的历史使他们确信，无产阶级必然能够战胜资产阶级，社会主义必然能够战胜资本主义，被压迫民族必然能够战胜帝国主义。当然，在人民前面还有困难和曲折。但是，列宁在三十六年前说得好，“重要的是，坚冰已经打破，航线已经开通，道路已经指明”。

中国共产党所领导的人民革命，从来就是十月革命所开始的世界无产阶级社会主义革命的一个组成部分。中国革命有自己民族的特点，估计到这些特点是完全必要的。但是不论在革命事业中和社会主义建设事业中，我们都充分地利用了苏联共产党和苏联人民的丰富经验。中国人民感到幸运，因为有十月革命和苏联社会主义建设的经验，使自己可以减少或者避免许多错误，可以比较顺利地进行自己的事业，虽然中国人民面前的困难还很多。

《毛泽东文集》第7卷，人民出版社1999年版，第314—315页

注释

（192）见列宁《十月革命四周年》。新的译文是："重要的是，坚冰已经打破，航路已经开通，道路已经指明。"（《列宁选集》第4卷，人民出版社1995年版，第569页）

布尔什维克

《在莫斯科共产党和工人党代表会议上的讲话》

原文

问题是不能用钢铁数量多少来作决定，而是首先由人心的向背来作决定的。历史上从来就是如此。历史上从来就是弱者战胜强者，没有枪的人战胜全副武装的人。布尔什维克曾经一枝枪也没有。苏联同志告诉我，二月革命的时候，只有四万党员；十月革命的时候，也只有二十四万党员。《联共（布）党史简明教程》那本书上的第一页第一段写了一个辩证法：从小组到全国。开头是稀稀拉拉的几十个人的小组，后来变成整个国家的领导者。苏联同志，你们修改《联共党史》的时候，我希望不要把这几句话修改掉了。我们中国也是如此，开头是稀稀拉拉几十个人的共产主义者的小组，现在也是领导着整个国家，领导着六亿四千万人口的大党。几十个共产主义者的小组，现在发展成一千二百万党员。我这话是特别想同资本主义国家共产党同志们交换意见的，因为他们现在还处在困难中，有些党很小，有些党有成批党员退出党。我说这不足为怪，也许是好事。我们的道路是曲折的，是按照螺旋形上升的。

还要讲个纸老虎问题。一九四六年蒋介石开始向我们进攻的时候，我们许多同志，全国人民，都很忧虑：战争是不是能够打赢？我本人也忧虑这件事。但是我们有一条信心。那时有一个美国记者到了延安，名字叫安娜·路易斯·斯特朗。这个人就是在苏联住了二三十年，后来被斯大林赶走，以后又被赫鲁晓夫同志恢复了名誉的那位女作家。我同她谈话的时候谈了许多问题，蒋介石、希特勒、日本、美国、原子弹等等。我说一切所有号称强大的反动派统统不过是纸老虎，原因是他们脱离人民。你看，希特勒是不是纸老虎？希特勒不是被打倒了吗？我也谈到沙皇是纸老虎，中国皇帝是纸老虎，日本帝国主义是纸老虎，你看，都倒了。美帝国主义没有倒，还有原子弹，我看也是要倒的，也是纸老虎。蒋介石很强大，有四百多万正规军。那时我们在延安。延安这个地方有多少人？有七千人。我们有多少军队呢？我们有九十万游击队，统统被蒋介石分割成几十个根据地。但是我们说，蒋介石不过是一个纸老虎，我们一定会打赢他。为了同敌人作斗争，我们在一个长时间内形成了一个概念，就是说，在战略上我们要藐视一切敌人，在战术上我们要重视一切敌人。也就是说在整体上我们一定要藐视他，在一个一个的具体问题上我们一定要重视他。如果不是在整体上藐视敌人，我们就要犯机会主义的错误。马克思、恩格斯只有两个人，那时他们就说全世界资本主义要被打倒。但是在具体问题上，在一个一个敌人的问题上，如果我们不重视他，我们就要犯冒险主义的错误。打仗只能一仗一仗地打，敌人只能一部分一部分地消灭。工厂只能一个一个地盖，农民犁田只能一块一块地犁。就是吃饭也是如此。我们在战略上藐视吃饭：这顿饭我们能够吃下去。但是具体地吃，却是一口口地吃的，你不可能把一桌酒席一口吞下去。这叫做各个解决，军事书上叫做各个击破。

《毛泽东文集》第 7 卷，人民出版社 1999 年版，第 327—329 页

注释

（193）布尔什维克，指布尔什维克党，原苏联共产党前身，一九一二年正式建立。

不犯错误的人全世界一个也没有

《在莫斯科共产党和工人党代表会议上的讲话》

原文

在团结问题上我想讲一点方法问题。我说对同志不管他是什么人，只要不是敌对分子、破坏分子，那就要采取团结的态度。对他们要采取辩证的方法，而不应采取形而上学的方法。什么叫辩证的方法？就是对一切加以分析，承认人总是要犯错误的，不因为一个人犯了错误就否定他的一切。列宁曾讲过，不犯错误的人全世界一个也没有。我就是犯过许多错误的，这些错误对我很有益处，这些错误教育了我。任何一个人都要人支持。一个好汉也要三个帮，一个篱笆也要三个桩。这是中国的成语。中国还有一句成语，荷花虽好，也要绿叶扶持。你赫鲁晓夫同志这朵荷花虽好，也要绿叶扶持。我毛泽东这朵荷花不好，更要绿叶扶持。我们中国还有一句成语，三个臭皮匠，合成一个诸葛亮。这合乎我们赫鲁晓夫同志的口号——集体领导。单独的一个诸葛亮总是不完全的，总是有缺陷的。你看我们这十二国宣言，已有第一、第二、第三、第四次草稿，现在文字上的修正还没有完结。我看要是自称全智全能，像上帝一样，那种思想是不妥当的。因此，对犯错误的同志应该采取什么态度呢？应该有分析，采取辩证的方法，而不采取形而上学的方法。我们党曾经陷入形而上学——教条主义，对自己不喜欢的人就全部毁灭他。后来我们批判了教条主义，逐步地多学会了一点辩证法。辩证法的基本观点就是对立面的统一。承认这个观点，对犯错误的同志怎么办呢？对犯错误的同志第一是要斗争，要把错误思想彻底肃清；第二，还要帮助他。一曰斗，二曰帮。从善意出发帮助他改正错误，使他有一条出路。

《毛泽东文集》第7卷，人民出版社1999年版，第330—331页

注释

（194）见列宁《共产主义运动中的“左派”幼稚病》。原文是：“不犯错误的人是没有而且也不可能有的。”（《列宁选集》第4卷，人民出版社1995年版，第146页）

生产就包含着消费，新产品的生产就是原材料的消费，机器的消耗，劳动力的消耗

《在成都会议上的讲话》

原文

各省、市、自治区要每两个月开一次会，开几个人或十几个人的小型会，检查总结一次工作。协作区也要两三个月开一次会。今年要抓紧，因为是群众运动，两个月变化很大，要互通情报。开会的目的，是为了调整生产节奏。工业要有生产节奏，农业也要有，商业、文教、政治都要有点节奏。一波未平一波又起，这是快和慢的对立的统一。在多快好省、鼓足干劲、力争上游的总路线下，波浪式地前进，这是缓和急的对立的统一，劳和逸的对立的统一。只有急和劳，就是片面性。如果专搞劳动强度，不休息，那怎么行呀？湖北有个县委书记，不看农民的情绪，腊月二十九还让修水库，结果民工跑了一半。做事总是有缓有急，是苦战和休整的统一。打仗也是有节奏的。从前打仗，两个战役之间必须有一个休整、补充和练兵的时间，不可能一个接一个地打。但在中央苏区，那些“百分之百的布尔什维克”，就是反对休整，主张“勇猛果敢，乘胜直追，直捣南昌”，那怎么行呢？苦战和休整的对立的统一，这是规律，而且是互相转化的。没有一种事情不是互相转化的。急转化为缓，缓转化为急，劳转化为逸，逸转化为劳。苦战和休整，也是如此。劳和逸、急和缓有同一性，苦战和休整也有同一性。睡眠和起床也是对立的统一。试问，谁能担保起床以后就不睡觉？反之，“久卧者思起”。睡眠转化为起床，起床转化为睡眠。开会走向反面，转化为散会。只要一开会就包含着散会的因素，我们不能在成都开一万年的会。《红楼梦》里说：“千

里搭长棚，没有个不散的筵席。”这是真理。散会以后，问题积起来了，又转化为开会。团结中就包含不团结，有意见分歧就转化为斗争，不可能天天团结，年年团结。讲团结，就是因为有不团结。人总是参差不齐的，不平衡是绝对的、永久的、无条件的。不团结也是无条件的，讲团结时还有不团结，因此要做工作。只讲团结一致，不讲斗争，不是马列主义。从团结的愿望出发，经过斗争，才能达到新的团结。团结转化为斗争，斗争再转化为团结。不能光讲团结和一致，不讲矛盾和斗争。苏联就只强调一致，不讲矛盾，特别是不讲领导同被领导之间的矛盾。没有矛盾和斗争，就没有世界，就没有发展，就没有生命，就没有一切。老讲团结，就是“一潭死水”，就会冷冷清清。一潭死水好？还是“不尽长江滚滚来”，后浪逐前浪好？要打破旧的团结基础，经过斗争，在新的基础上达到新的团结。党是这样，阶级是这样，人也是这样。团结、斗争、团结，这就有工作做了。生产转化为消费，消费转化为生产。生产就是为了消费，生产不仅是为其他劳动者，生产者自己也是消费者。不吃饭，一点气力没有，不能生产，吃了饭有了热量，就可以多做工作。马克思认为，生产就包含着消费，新产品的生产就是原材料的消费，机器的消耗，劳动力的消耗。生产与消费，建设与破坏，都是对立的统一，是互相转化的。鞍钢的生产就包含消费，几十年就要更换设备。播种转化为收获，收获转化为播种。播种是消费种子，种子播下后，就向反面转化，由种子变为秧苗，以后收获，又得到新的种子。

《毛泽东文集》第7卷，人民出版社1999年版，第372—373页

注释

（195）参见马克思《〈政治经济学批判〉导言》(《马克思恩格斯选集》第2卷，人民出版社1995年版，第8—12页)。

马克思和列宁都曾说过，他们的理论仅仅是行动的指南，是指导方向的，不能当作教条

《同黑非洲青年代表团的谈话》

原文

我的著作，中国的情况，仅仅只能作你们的参考，你们办事要按照你们国家的实际情况。当然中国的情况你们也可以看看，比如上海、北京就可以看看。但是，你们做事一定要根据你们国家自己的情况，一个民族有自己的历史，有自己的环境。在这方面，我们过去是吃过亏的，照搬外国，就是照搬苏联的经验，结果把南方的根据地几乎都丢掉了，只好长征，使革命受了很大损失。马克思和列宁都曾说过，他们的理论仅仅是行动的指南，是指导方向的，不能当作教条。但我们有些同志就是不懂得这一点，后来受了损失，吃了苦头，才明白了。长征中我们走了很多路，用两条腿走的，全部路程等于地球的轴心，从中国钻进去，从美国出来，有一万二千五百公里。那时我们犯了错误，蒋介石就逼着我们走这么多路，走到北方来了。这以后我们就得到了教训，知道马列主义的普遍真理是应该相信的，但是要同中国革命的实际情况相结合。后来一结合就灵了，就打胜仗了。

《毛泽东文集》第 7 卷，人民出版社 1999 年版，第 383 页

注释

（196）见列宁《论策略书》。原文是：“马克思和恩格斯总是说，‘我们的学说不是教条，而是行动的指南’”。（《列宁选集》第 3 卷，人民出版社 1995 年版，第 24 页）

孔子
孟子
荀子
屈原
司马迁
王充、范缜、
柳宗元、张载、
王夫之
关汉卿、施耐庵、
吴承恩、曹雪芹

《教育与劳动结合的原则是不可移易的》

■ 原文

中国教育史有人民性的一面。孔子的有教无类，孟子的民贵君轻，荀子的人定胜天，屈原的批判君恶，司马迁的颂扬反抗，王充、范缜、柳宗元、张载、王夫之的古代唯物论，关汉卿、施耐庵、吴承恩、曹雪芹的民主文学，孙中山的民主革命，诸人情况不同，许多人并无教育专著，然而上举那些，不能不影响对人民的教育，谈中国教育史，应当提到他们。但是就教育史的主要侧面说来，几千年来的教育，确是剥削阶级手中的工具，而社会主义教育乃是工人阶级手中的工具。

《毛泽东文集》第 7 卷，人民出版社 1999 年版，第 398 页

注释

（197）孔子（公元前五五一——前四七九），名丘，字仲尼，陬邑（今山东曲阜）人。春秋末期思想家、教育家，儒家的创始人。

（198）孟子（约公元前三七二——前二八九），名轲，字子舆，邹（今山东邹县）人。战国时期思想家。

（199）荀子（约公元前三二五——前二三八），名况，字卿，战国末期哲学家、教育家。

（200）屈原（约公元前三三九——约前二七八），名平，字原，战国时期诗人、政治家。

（201）司马迁（公元前一四五或公元前一三五——？），字子长，左冯翊夏阳（今陕西韩城西南）人。西汉史学家、文学家。

（202）王充（二七——约九七），字仲任，会稽上虞（今浙江上虞）人，东汉时期哲学家。范缜（约四五〇——约五一五），字子真，南阳舞阴（今河南泌阳西北）人，南朝齐、梁时期无神论思想家。柳宗元（七七三——八一九），字子厚，河东解县（今山西永济）人，唐代文学家、哲学家。张载（一〇二〇——一〇七七），字子厚，原籍大梁（今河南开封），生于长安（今陕西西安），北宋哲学家。王夫之（一六一九——一六九二），字而农，湖南衡阳人，明末清初哲学家。

（203）关汉卿（约一二二〇——约一三〇〇），大都（今北京市）人，元代剧作家。施耐庵，元末明初小说家。吴承恩（约一五〇〇——约一五八二），字汝忠，淮安山阳（今江苏淮安）人，明代小说家。曹雪芹（一七一五——一七六三），名霑，字梦阮，满洲正白旗人，清代小说家。

一旦社会占有了生产资料，商品生产就将被消除，而产品对生产者的统治也将随之消除

斯大林对恩格斯的公式的分析

有一种『可怜的马克思主义者』认为，应当剥夺农村的中小生产者

《关于社会主义商品生产问题》

原文

现在，我们有些人大有要消灭商品生产之势。他们向往共产主义，一提商品生产就发愁，觉得这是资本主义的东西，没有分清社会主义商品生产和资本主义商品生产的区别，不懂得在社会主义条件下利用商品生产的作用的重要性。这是不承认客观法则的表现，是不认识五亿农民的问题。在社会主义时期，应当利用商品生产来团结几亿农民。我以为有了人民公社以后，商品生产、商品交换更要发展，要有计划地大大发展社会主义的商品生产，例如畜产品、大豆、黄麻、肠衣、果木、皮毛。现在有人倾向不要商业了，至少有几十万人不要商业了。这个观点是错误的，这是违背客观法则的。把陕西的核桃拿来吃了，一个钱不给，陕西的农民肯干吗？把七里营的棉花无代价地调出来，会马上打破脑袋。这是不认识五亿农民，不懂得无产阶级对农民应该采取什么态度。恩格斯曾经说过，“一旦社会占有了生产资料，商品生产就将被消除，而产品对生产者的统治也将随之消除”。产品在旧社会对人是有控制作用的。斯大林对恩格斯的这个公式所作的分析是对的，斯大林说：“恩格斯在他的公式中所指的，不是把一部分生产资料收归国有，而是把一切生产资料收归国有，即不仅把工业中的生产资料，而且也把农业中的生产资料都转归全民所有。”“恩格斯认为，在这样的国家中，在把一切生产资料公有化的同时，还应该消除商品生产。”现在我们的全民所有是一小部分，只占有生产资料和社会产品的一小部分。只有把一切

生产资料都占有了，才能废除商业。我们的经济学家似乎没有懂得这一点。

斯大林说，有一种“可怜的马克思主义者”认为，应当剥夺农村的中小生产者。我国也有这种人。有些同志急于要宣布人民公社是全民所有，废除商业，实行产品调拨，这就是剥夺农民，只会使台湾高兴。我们在一九五四年犯过点错误，征购粮食太多了，全体农民反对我们，人人说粮食，户户谈统购，这也是“可怜的马克思主义者”因为不知道农民手里到底有多少粮。这还是征购，只是过头了一点，农民就反对。曾经有过这种经验，犯过这种错误，后来我们就减下来了，决定只征购八百三十亿斤。现在农民的劳动，同土地和其他生产资料（种子、工具、水利工程、林木、肥料等）一样是他们自己所有的，因此有产品所有权。不知道什么道理，我们的哲学家、经济学家显然把这些问题忘记了。忘记了这一点，我们就有脱离农民的危险。

《毛泽东文集》第 7 卷，人民出版社 1999 年版，第 437—439 页

注释

（204）第一句见恩格斯《反杜林论》(《马克思恩格斯选集》第 3 卷，人民出版社 1995 年版，第 633 页）。

（205）第二句见斯大林《苏联社会主义经济问题》(《斯大林选集》下卷，人民出版社 1979 年版，第 546 页）。

（206）第三句见斯大林《苏联社会主义经济问题》。原文是：“也不能把另一种可怜的马克思主义者的意见当作答案，他们认为，也许应该夺取政权，并且剥夺农村的中小生产者，把他们的生产资料公有化。”(《斯大林选集》下卷，人民出版社 1979 年版，第 547 页）

决不能把商品生产看作是某种不依赖周围经济条件而独立自在的东西

纣王、秦始皇、曹操

血流漂杵

尽信《书》，则不如无《书》

商品生产「替封建制度服务过，可是，虽然它为资本主义生产准备了若干条件，却没有引导到资本主义」

一些决定性的经济条件

试问，为什么商品生产就不能在一定时期内同样地为我国社会主义社会服务而并不引导到资本主义呢？

《关于社会主义商品生产问题》

原文

商品生产不能与资本主义混为一谈。为什么怕商品生产？无非是怕资本主义。现在是国家同人民公社做生意，早已排除资本主义，怕商品生产做什么？不要怕，我看要大大发展商品生产。我国还有没有资本家剥削工人？没有了，为什么还怕呢？不能孤立地看商品生产，斯大林的话完全正确，他说："决不能把商品生产看作是某种不依赖周围经济条件而独立自在的东西。"商品生产，要看它是同什么经济制度相联系，同资本主义制度相联系就是资本主义的商品生产，同社会主义制度相联系就是社会主义的商品生产。商品生产从古就有，商朝的"商"字，就是表示当时已经有了商品生产的意思。把纣王、秦始皇、曹操看作坏人是完全错误的。纣王是个很有本事能文能武的人。纣王伐徐州之夷，打了胜仗，只是损失太大，俘虏太多，消化不了，以致亡了国。说什么"血流漂杵"，纣王残暴极了，这是《书经》中夸张的说法。所以孟子说："尽信《书》，则不如无《书》。"在奴隶时代商品生产并没有引导到资本主义。斯大林说，商品生产"替封建制度服务过，可是，虽然它为资本主义生产准备了若干条件，却没有引导到资本主义”。斯大林的这一说法不很准确，应该说：封建社会这个母胎中已经孕育了资本主义的生产方式。

一九四九年七届二中全会上，我的报告中就说到限制资本主义经济成分的问题，对资本主义经济成分不是漫无限制地任其泛滥。从一九五〇年开始，我们让资本主义经济成分发展了六年之久，但同时已经实行加工订货、统购包销、公私合营，对资本主义经济成分进行社会主义改造。到一九五六年，他们实际上空手过来了，斯大林所说的“一些决定性的经济条件”，我们已经完全有了。斯大林说：“试问，为什么商品生产就不能在一定时期内同样地为我国社会主义社会服务而并不引导到资本主义呢?”这句话很重要。已经把鬼吃了，还怕鬼？不要怕，不会引导到资本主义，因为已经没有了资本主义的经济基础。商品生产可以乖乖地为社会主义服务，把五亿农民引导到全民所有制。商品生产是不是有利的工具？应当肯定说：是。为了五亿农民，应当充分利用这个工具发展社会主义生产。要把这个问题提到干部中进行讨论。

《毛泽东文集》第 7 卷，人民出版社 1999 年版，第 439—440 页

注释

（207）“决不能把商品生产看作是某种不依赖周围经济条件而独立自在的东西”，见斯大林《苏联社会主义经济问题》(《斯大林选集》下卷，人民出版社 1979 年版，第 549 页)。

（208）纣王，又称帝辛，商朝最后的国君。秦始皇，即嬴政（公元前二五九——前二一〇)，秦王朝的建立者。曹操（一五五——二二〇)，字孟德，沛国谯（今安徽亳县）人，三国时期政治家、军事家。

（209）“血流漂杵”，见《书经·周书·武成》。

（210）“尽信《书》，则不如无《书》”，见《孟子·尽心下》。

（211）“商品生产‘替封建制度服务过，可是，虽然它为资本主义生产准备了若干条件，却没有引导到资本主义’”，见斯大林《苏联社会主义经济问题》(《斯大林选集》下卷，人民出版社1979年版，第549页)。

（212）“一些决定性的经济条件”，指生产资料公有制的建立、雇佣劳动制度的消灭和剥削制度的消灭。见斯大林《苏联社会主义经济问题》(《斯大林选集》下卷，人民出版社1979年版，第549页)。

（213）“试问，为什么商品生产就不能在一定时期内同样地为我国社会主义社会服务而并不引导到资本主义呢?”见斯大林《苏联社会主义经济问题》(《斯大林选集》下卷，人民出版社1979年版，第549页)。

张良

《在武昌会议上的讲话》

原文

破除迷信，不要把科学当迷信破除了。比如，人是要吃饭的，这是科学，不能破除。张良辟谷，但他吃肉。现在，不放手让群众吃饭，大概是产量报多了。人是要睡觉的，这也是科学。动物总是要休息，细菌也要休息，人的心脏一分钟跳七十二次，一天跳十万多次。一要吃饭，二要睡觉，破除了这两条，就不好办事，就要死人。此外，还有不少的东西被当作迷信在那里破除。人去压迫自然界，拿生产工具作用于生产对象，自然界这个对象要作抵抗，反作用一下，这是一条科学。人在地上走路，地就有个反抗，如果没有抵抗，就不能走路。草地不大抵抗，就不好走路；拌泥田不抵抗，陷进去就拔不出来，这种田要掺沙土。自然界有抵抗力，这是一条科学。你不承认，它就要把你整死。破除迷信以来，效力极大，敢想敢说敢做，但有一小部分破得过分了，把科学真理也破了。比如说，连睡觉也不要了，说睡觉一小时就够了。方针是破除迷信，但科学是不能破的。

《毛泽东文集》第7卷，人民出版社1999年版，第448—449页

注释

（214）张良（？——前一八六），字子房，城父（今安徽亳州东南）人，刘邦的重要谋士。

狂生夜坐的故事

《世界上有人怕鬼，也有人不怕鬼》

■ 原文

世界上有人怕鬼，也有人不怕鬼。鬼是怕它好呢，还是不怕它好？中国的小说里有一些不怕鬼的故事。我想你们的小说里也会有的。我想把不怕鬼的故事、小说编成一本小册子。经验证明鬼是怕不得的。越怕鬼就越有鬼，不怕鬼就没有鬼了。有狂生夜坐的故事。有一天晚上，狂生坐在屋子里。有一个鬼站在窗外，把头伸进窗内来，很难看，把舌头伸出来，头这么大，舌伸得这么长。狂生怎么办呢？他把墨涂在脸上，涂得像鬼一样，也伸出舌头，面向鬼望着，一小时，两小时，三小时，望着鬼，后来鬼就跑了。

《毛泽东文集》第 8 卷，人民出版社 1999 年版，第 51 页

注释

（215）见《聊斋志异·青凤》。

苏联《政治经济学教科书》（第三版）

《庐山会议讨论的十八个问题》

原文

一、读书。有鉴于去年许多领导同志，县、社干部，对于社会主义经济问题还不大了解，不懂得经济发展规律，有鉴于现在工作中还有事务主义，所以应当好好读书。八月份用一个月的时间来读书，或者实行干部轮训。不规定范围，大家不会读。中央、省、市、地委一级委员，包括县委书记，要读苏联《政治经济学教科书》（第三版）。时间三至六个月，或者一年。去年郑州会议提出读三本书，问读了没有，说是读了一点，读得不多，有的自己也没有读。对县、社干部，山东、河北的想法，是给他们编三本书：一本是好人好事的书，收集去年大跃进中敢于坚持真理、不随风倒，工作有前进的，不说谎、不浮夸、实事求是的例子，例如河北王国藩，山东菏泽一个生产队。一本是坏人坏事的书，收集专门说假话的、违法乱纪的或工作中犯了严重错误的例子。每省要找几个，各省编各省的，每本不超过二万五千字。第三本是中央从去年到现在的各种指示文件（加上各省的），有系统地编一本书。三本书大体十万字左右，每天读一万多字，一星期可以读完。读完后讨论，不仅读，还要考试。县、社党委成员能读政治经济学的也可以读。设法给县、社党委每年有一个系统思考问题的时间。我们提倡读书，使这些同志不要像热锅上的蚂蚁，整年整月陷入事务主义，搞得很忙乱，要使他们有时间想想问题。现在这些人都是热锅上的蚂蚁，要把他们拿出来冷一下。去年有了一年的实践，再读书会更好些。学习苏联，要读《政治经济学教科书》，教科书有缺点，但比较完整。缺点如第一章讲和平过渡，通过议会夺取政权，哪有那回事？在西藏都不可能，一定要有武装。他们的缺点我们不要去学，但在去年，把苏联一些好的经验也丢了。

《毛泽东文集》第 8 卷，人民出版社 1999 年版，第 75—76 页

注释

（216）指苏联科学院经济研究所编写的《政治经济学教科书》修订第三版下册（人民出版社 1959 年版）。

威廉氏

《关于发展畜牧业问题》

原文

有人建议，把猪升到六畜之首，不是“马、牛、羊、鸡、犬、豕（豕即猪）”，而是“猪、牛、羊、马、鸡、犬”。我举双手赞成，猪占首要地位，实在天公地道。苏联伟大土壤学家和农学家威廉氏强调地说，农、林、牧三者互相依赖，缺一不可，要把三者放在同等地位。这是完全正确的。我认为农、林业是发展畜牧业的祖宗，畜牧业是农、林业的儿子。然后，畜牧业又是农、林业（主要是农业）的祖宗，农、林业又变为儿子了。这就是三者平衡地互相依赖的道理。美国的种植业与畜牧业并重。我国也一定要走这条路线，因为这是证实了确有成效的科学经验。我国的肥料来源第一是养猪及大牲畜。一人一猪，一亩一猪，如果能办到了，肥料的主要来源就解决了。这是有机化学肥料，比无机化学肥料优胜十倍。一头猪就是一个小型有机化肥工厂。而且猪又有肉，又有鬃，又有皮，又有骨，又有内脏（可以作制药原料），我们何乐而不为呢？肥料是植物的粮食，植物是动物的粮食，动物是人类的粮食。由此观之，大养而特养其猪，以及其他牲畜，肯定是有道理的。以一个至两个五年计划完成这个光荣伟大的任务，看来是有可能的。用机械装备农业，是农、林、牧三结合大发展的决定性条件。今年已经成立了农业机械部，农业机械化的实现，看来为期不远了。

《毛泽东文集》第8卷，人民出版社1999年版，第101页

注释

（217）威廉氏，即威廉斯（一八六三——一九三九），苏联土壤学家、苏联科学院院士，著有《土壤学——农作学及土壤学原理》等。

思维是“移入人的头脑并在人的头脑中改造过的物质的东西”

《读苏联〈政治经济学教科书〉的谈话（节选）》

原文

存在是第一性的，思维是第二性的，只要肯定了这一条，我们就同唯心主义划清界限了。然后还要进一步解决客观存在能否认识、如何认识的问题。还是马克思说的那些话对，思维是“移入人的头脑并在人的头脑中改造过的物质的东西”。说思维和存在不能等同，是对的，但是因此就说思维和存在没有同一性，则是错误的。

《毛泽东文集》第 8 卷，人民出版社 1999 年版，第 104 页

注释

（218）见马克思《资本论》第一卷第二版跋。原文是：“观念的东西不外是移入人的头脑并在人的头脑中改造过的物质的东西而已。”（《马克思恩格斯选集》第 2 卷，人民出版社 1995 年版，第 112 页）

教科书说，随着生产资料社会主义公有化，「人们成为自己社会经济关系的主人」，「能够完全自觉地掌握和利用规律」
搞得不好，社会主义社会的矛盾可以发展到冲突的程度；搞得好，就可以不致发生冲突

《读苏联〈政治经济学教科书〉的谈话（节选）》

原文

教科书说，随着生产资料社会主义公有化，“人们成为自己社会经济关系的主人”，“能够完全自觉地掌握和利用规律”。把事情说得太容易了。这要有一个过程。规律，开始总是少数人认识，后来才是多数人认识。就是对少数人说来，也是从不认识到认识，也要经过实践和学习的过程。任何人开始总是不懂的，从来也没有什么先知先觉。斯大林自己还不是对有些东西认识不清楚？他曾经说过，搞得不好，社会主义社会的矛盾可以发展到冲突的程度；搞得好，就可以不致发生冲突。斯大林的这些话，讲得好。教科书比斯大林退了一步。认识规律，必须经过实践，取得成绩，发生问题，遇到失败，在这样的过程中，才能使认识逐步推进。要认识事物发展的客观规律，必须进行实践，在实践中必须采取马克思主义的态度来进行研究，而且必须经过胜利和失败的比较。反复实践，反复学习，经过多次胜利和失败，并且认真进行研究，才能逐步使自己的认识合乎规律。只看见胜利，没有看见失败，要认识规律是不行的。

《毛泽东文集》第8卷，人民出版社1999年版，第104—105页

注释

（219）《教科书》中包含这个引文的那段话是：“随着资本主义的消灭和生产资料的社会主义公有化，人们成为自己社会经济关系的主人。

人们认识了客观规律以后，能够完全自觉地掌握和利用这些规律来为整个社会谋福利。”（苏联《政治经济学教科书》修订第三版下册，人民出版社1959年版，第446页）

（220）后一句见斯大林《苏联社会主义经济问题》。原文是：“在社会主义制度下，通常不会弄到生产关系和生产力发生冲突，社会有可能及时使落后了的生产关系去适合生产力的性质。社会主义社会有可能做到这点，是因为在这个社会中没有那些能够组织反抗的衰朽的阶级。当然，就是在社会主义制度下，也会有落后的惰性的力量，它们不了解生产关系有改变的必要，但是这种力量，当然不难克服，不致把事情弄到冲突的地步。”（《斯大林选集》下卷，人民出版社1979年版，第577页）

这一段很有问题，不如斯大林讲得好

《读苏联〈政治经济学教科书〉的谈话（节选）》

原文

这一段很有问题，不如斯大林讲得好。教科书说，社会主义制度下的矛盾不是不可调和的矛盾，这个说法不合乎辩证法。一切矛盾都是不可调和的，哪里有什么可以调和的矛盾？只能说有对抗性的和非对抗性的矛盾，不能说有不可以调和的矛盾和可以调和的矛盾。资本主义制度是没落的，社会主义制度不是没落的，所以社会主义制度的矛盾，是前进道路上的矛盾，这点教科书是说得对的。

社会主义制度下，虽然没有一个阶级推翻另一个阶级的革命，但是还有革命，技术革命，文化革命，也是革命。从社会主义过渡到共产主义是革命，从共产主义的这一个阶段过渡到另一个阶段，也是革命。共产主义一定会有很多的阶段，因此也一定会有很多的革命。

《毛泽东文集》第 8 卷，人民出版社 1999 年版，第 108—109 页

注释

（221）“这一段”，指《教科书》中以下一段话：“然而，同以剥削为基础的社会形态不同，在社会主义制度下，这种矛盾不是对抗性的、不可调和的矛盾。因此，事情不会弄到发生经济危机、阶级斗争和社会革命这类冲突的地步。这些矛盾是发展中的矛盾，是社会在社会主义向共产主义逐步过渡的前进道路上的矛盾。充分认识社会经济发展规律的

社会主义国家，依靠群众——共产主义建设者的积极活动，能够及时克服产生的矛盾，因为在社会主义制度下，没有力图保存腐朽的经济关系的阶级，对社会发展进行着有意识的有计划的领导。”（苏联《政治经济学教科书》修订第三版下册，人民出版社 1959 年版，第 444 页）

《两个策略》
《帝国主义论》
百科全书派

《读苏联〈政治经济学教科书〉的谈话（节选）》

原文

我们党里有人说，学哲学只要读《反杜林论》、《唯物主义和经验批判主义》就够了，其他的书可以不必读。这种观点是错的。马克思这些老祖宗的书，必须读，他们的基本原理必须遵守，这是第一。但是，任何国家的共产党，任何国家的思想界，都要创造新的理论，写出新的著作，产生自己的理论家，来为当前的政治服务，单靠老祖宗是不行的。只有马克思和恩格斯，没有列宁，不写出《两个策略》等著作，就不能解决一九〇五年和以后出现的新问题。单有一九〇八年的《唯物主义和经验批判主义》，还不足以对付十月革命前后发生的新问题。适应这个时期革命的需要，列宁就写了《帝国主义论》、《国家与革命》等著作。列宁死了，又需要斯大林写出《论列宁主义基础》和《论列宁主义的几个问题》这样的著作，来对付反对派，保卫列宁主义。我们在第二次国内战争末期和抗战初期写了《实践论》、《矛盾论》，这些都是适应于当时的需要而不能不写的。现在，我们已经进入社会主义时代，出现了一系列的新问题，如果单有《实践论》、《矛盾论》，不适应新的需要，写出新的著作，形成新的理论，也是不行的。

无产阶级哲学的发展是这样，资产阶级哲学的发展也是这样。资产阶级哲学家都是为他们当前的政治服务的，而且每个国家，每个时期，都有新的理论家，提出新的理论。英国曾经出现了培根和霍布斯这样的资产阶级唯物论者；法国曾经出现了百科全书派这样的唯物论者；德国和俄国的资产阶级也有他们的唯物论者。他们都是资产阶级唯物论者，各有特点，但都是为当时的资产阶级政治服务的。所以，有了英国的，还要有法国的；有了法国的，还要有德国的和俄国的。

《毛泽东文集》第 8 卷，人民出版社 1999 年版，第 109—110 页

注释

（222）《两个策略》，即《社会民主党在民主革命中的两种策略》。

（223）《帝国主义论》，即《帝国主义是资本主义的最高阶段》。中国出版的中译本，曾有将书名译为《帝国主义论》的。

（224）百科全书派，是十八世纪法国一部分启蒙思想家在编纂《百科全书》的过程中形成的派别。其核心是以主编狄德罗为首的唯物主义者，他们的基本政治倾向是反对封建特权制度和天主教会，主张一切制度和观念要在理性的审判庭上受到批评和衡量。

立宪民主党

《读苏联〈政治经济学教科书〉的谈话（节选）》

原文

中国和俄国的历史经验证明：要取得革命的胜利，就要有一个成熟的党，这是一个很重要的条件。俄国布尔什维克党积极地参加了俄国的民主革命，在一九〇五年提出了同资产阶级相区别的民主革命纲领，这个纲领不只是要解决推翻沙皇的问题，而且要解决在推翻沙皇的革命斗争中如何同立宪民主党争夺领导权的问题。我们常说中国共产党在一九二七年的时候是幼年的党，从主要意义上来说，就是指我们党在同资产阶级联盟的时候，没有看到资产阶级会叛变革命，而且也没有做好应付这种叛变的准备。

《毛泽东文集》第 8 卷，人民出版社 1999 年版，第 110 页

注释

（225）立宪民主党，又称人民自由党，俄国自由资产阶级政党，一九〇五年成立。主张君主立宪，支持沙皇政权。

中国无产阶级和资产阶级的联盟，是『在地主阶级和买办资产阶级被粉碎的条件下产生的』，这个说法不对

《读苏联〈政治经济学教科书〉的谈话（节选）》

原文

这里说，中国无产阶级和资产阶级的联盟，是“在地主阶级和买办资产阶级被粉碎的条件下产生的”，这个说法不对。在第一次大革命的时候，我们就和孙中山建立了这种联盟。大革命失败以后，大资产阶级背叛了这个联盟。但是，我们同民族资产阶级联盟的因素还存在，如宋庆龄、何香凝坚持同我们合作。九一八事变后，杨杏佛、史量才也转过来靠近我们了。抗战时，我们同民族资产阶级又建立了抗日的联盟；三年解放战争，我们同他们是反蒋反美联盟。

《毛泽东文集》第 8 卷，人民出版社 1999 年版，第 110—111 页

注释

（226）《教科书》中包含这个引文的那两段话是：“中国共产党创造性地运用马克思列宁主义的原则，巧妙地运用了国内现有的通过广泛利用国家资本主义作为过渡措施，并同民族资产阶级结成联盟，来实行和平的社会主义经济改造的客观可能性。”“这个联盟是由中国革命的特点、中国革命的反封建反帝国主义的性质以及关心反对国际帝国主义及其在中国的走狗的统治的斗争的中国民族资产阶级的地位决定的。这个联盟是在地主阶级和买办资产阶级被粉碎的条件下产生的。”（苏联《政治经济学教科书》修订第三版下册，人民出版社 1959 年版，第 419—420 页）

第三国际

《读苏联〈政治经济学教科书〉的谈话（节选）》

原文

中国的资产阶级和俄国的资产阶级不同。我们历来把中国资产阶级分为两部分，一部分是官僚资产阶级，一部分是民族资产阶级。我们把官僚资产阶级这个大头吃掉了，民族资产阶级这个小头，想反抗也没有力量。他们看到中国无产阶级力量强大，同时我们又采取适当的政策对待他们，所以在民主革命胜利后，他们就有可能接受社会主义改造。

第三国际在中国第一次国内革命战争失败以后的一个决议中说，在反帝反封建的同时要反对资产阶级。这个决议没有区别中国资产阶级的两个部分，甚至认为中间派比蒋介石更危险。当时的"左"倾冒险分子执行了这条错误路线，结果把自己完全孤立起来。这个决议也没有区别民主革命和社会主义革命，所以立三路线就提出，一省或数省胜利之日，就是社会主义革命的开始。他们不懂得，民主革命在全国胜利之日，才是社会主义革命的开始。

《毛泽东文集》第 8 卷，人民出版社 1999 年版，第 111 页

注释

（227）第三国际，即共产国际，一九一九年三月在列宁领导下成立。一九二二年中国共产党参加共产国际，成为它的一个支部。一九四三年五月，共产国际执行委员会主席团通过决定，提议解散共产国际，六月共产国际正式宣布解散。

某些资本主义国家和过去的殖民地国家中，工人阶级通过议会和平地取得政权是有现实的可能性的

七月事件

《读苏联〈政治经济学教科书〉的谈话（节选）》

原文

这一段有问题。这里讲“某些资本主义国家和过去的殖民地国家中，工人阶级通过议会和平地取得政权是有现实的可能性的。”这里说“某些”究竟是哪一些呢？欧洲的主要国家，北美洲的国家，现在都武装到了牙齿，他们能让你和平地取得政权吗？我们认为，每一个国家的共产党和革命力量都要有两手准备：一手是和平方法取得胜利，一手是暴力斗争取得政权，缺一不可。而且要看到，总的趋势来说，资产阶级不愿意让步，不愿意放弃政权，他们要挣扎。资产阶级在要命的时候，他们为什么不用武力？十月革命，是准备了两手的。俄国一九一七年七月以前，列宁也曾经想用和平的方法取得胜利。七月事件说明，把政权和平地转到无产阶级手里已经不可能，布尔什维克转过来进行了三个月的武装准备，举行武装起义，才取得了十月革命的胜利。十月革命以后，列宁还想用和平的方法，用赎买的方法，实行社会主义改造，消灭资本主义。但是，资产阶级勾结十四个国家，发动了反革命的武装暴动和武装干涉。在俄国党的领导下，进行了三年的武装斗争，才巩固了十月革命的胜利。至于中国革命，我们是用了革命的两手政策来对付反动派的反革命两手政策的。

《毛泽东文集》第 8 卷，人民出版社 1999 年版，第 111—112 页

注释

（228）《教科书》中包含这个引文的那段话是：“在现代条件下，在强大的社会主义阵营已经形成，资本主义总危机进一步深刻化，殖民体系进一步瓦解，社会主义、民主和和平的思想对于全体劳动人类具有极大的吸引力的情况下，在某些资本主义国家和过去的殖民地国家中，工人阶级通过议会和平地取得政权是有现实的可能性的。在这些国家中，工人阶级如果把绝大多数的人民——劳动农民、小资产阶级、知识分子的广大阶层、国内的一切爱国力量——在自己的领导下团结起来，并且给机会主义分子以坚决的回击，就可能击败反动的反人民的势力，在议会中取得稳定的多数，把议会从资产阶级政权的机关变成人民的、工人的政权的机关，变成劳动者的民主的工具。这样依靠着无产阶级和劳动群众的革命运动的真正人民的议会，将能够顺利地解决社会主义革命的根本任务，其中包括把基本生产资料变成人民的财产的任务。”（苏联《政治经济学教科书》修订第三版下册，人民出版社 1959 年版，第 330 页）

（229）七月事件。一九一七年俄国二月革命后，出现了资产阶级临时政府和工兵代表苏维埃两个政权并存的局面。临时政府奉行反革命、反人民的政策。七月十六日，革命群众举行示威游行，要求工兵代表苏维埃正式夺取政权。布尔什维克党认为武装夺取政权的时机还不成熟，经极力劝阻无效，决定参加示威。七月十七日，彼得格勒五十万工人、士兵和水兵举行示威游行，要求全部政权归苏维埃。临时政府出动军队，屠杀示威群众，死伤约四百多人，同时逮捕和杀害布尔什维克党人，封闭《真理报》，解除赤卫队武装。这一事件称七月事件。此后，两个政权并存的局面结束。

『三反』、『五反』

《读苏联〈政治经济学教科书〉的谈话（节选）》

原文

说中国的阶级斗争不尖锐，这不合乎实际。中国革命可尖锐呢。我们连续打了二十二年的仗。我们用战争推翻了国民党的统治，接着没收了在整个资本主义经济中占百分之八十的官僚资本，这样才使我们有可能对占百分之二十的民族资本，采取和平的方式，逐步地进行社会主义改造，并且利用他们的经济、文化来为社会主义建设服务。在改造过程中，还经过了“三反”、“五反”那样激烈的斗争。

《毛泽东文集》第8卷，人民出版社1999年版，第112页

注释

（230）“三反”，指一九五一年十二月至一九五二年十月在国家机关、部队和国营企业等单位中开展的反对贪污、反对浪费、反对官僚主义的斗争。“五反”，指一九五二年在全国资本主义工商业中开展的反对行贿、反对偷税漏税、反对盗骗国家财产、反对偷工减料、反对盗窃经济情报的斗争。

革命首先从帝国主义世界的薄弱环节突破

《读苏联〈政治经济学教科书〉的谈话（节选）》

原文

列宁指出的那句话很对。一直到现在，社会主义革命成功的国家，资本主义发展水平比较高的，只有东德和捷克；其他的国家，资本主义发展水平都比较低。西方资本主义发展水平很高的国家，革命都没有革起来。列宁曾经说过，革命首先从帝国主义世界的薄弱环节突破。十月革命时的俄国是这样的薄弱环节，十月革命后的中国也是这样的薄弱环节。俄国和中国的共同点是：都有相当数量的无产阶级，都有大量的农民群众，都是大国。

《毛泽东文集》第8卷，人民出版社1999年版，第112—113页

注释

（231）参见列宁《第三国际及其在历史上的地位》(《列宁选集》第3卷，人民出版社1995年版，第789—797页)。

教科书的这个提法不妥当

《读苏联〈政治经济学教科书〉的谈话（节选）》

原文

教科书的这个提法不妥当。中国民主革命胜利以后，能够走上社会主义的道路，主要是由于我们推翻了帝国主义、封建主义、官僚资本主义的统治。国内的因素是主要的。已经胜利了的社会主义国家对我们的帮助，是一个重要条件。但是，它不能决定我们能不能够走社会主义道路的问题，只能影响我们在走上社会主义道路以后是前进得快一点还是慢一点的问题，有帮助可以快一些，没有帮助会慢一些。所谓帮助，包括他们经济上的援助，同时也包括我们对他们成功和失败的、正面和反面的经验的学习。

《毛泽东文集》第 8 卷，人民出版社 1999 年版，第 115 页

注释

（232）指《教科书》中以下一段话："社会主义革命要在俄国取得胜利，至少要有中等的资本主义发展水平，这是因为俄国是无产阶级专政的唯一的国家。现在，当社会主义已经在苏联取得了胜利，世界社会主义经济体系已经形成的时候，在资本主义不发达的、资本主义前经济形式占优势的国家里，由于先进的社会主义国家的帮助，也可以胜利地解决社会主义革命的任务。"（苏联《政治经济学教科书》修订第三版下册，人民出版社 1959 年版，第 331 页）

物之不齐，物之情也

《读苏联〈政治经济学教科书〉的谈话（节选）》

原文

社会主义国家的经济能够有计划按比例地发展，使不平衡得到调节，但是不平衡并不消失。“物之不齐，物之情也。”因为消灭了私有制，可以有计划地组织经济，所以就有可能自觉地掌握和利用不平衡是绝对的、平衡是相对的这个客观规律，以造成许多相对的平衡。

《毛泽东文集》第 8 卷，人民出版社 1999 年版，第 119 页

注释

（233）见《孟子·滕文公上》。原文是：“夫物之不齐，物之情也。”

这段写得不对，既否认了资本主义制度下的某种平衡，也否认了社会主义制度下的某种不平衡

《读苏联〈政治经济学教科书〉的谈话（节选）》

原文

这段写得不对，既否认了资本主义制度下的某种平衡，也否认了社会主义制度下的某种不平衡。资本主义技术的发展，有不平衡的方面，也有平衡的方面。问题是这种平衡和不平衡，同社会主义制度下的平衡和不平衡，在性质上不同。在社会主义制度下，技术发展有平衡，也有不平衡。例如解放初期，我们的地质工作人员只有二百来人，地质勘探情况同国民经济发展的需要极不平衡，经过几年来努力加强工作，这种不平衡已经走向平衡。但是，技术发展的新的不平衡又出现了。我国目前手工劳动还占很大比重，同发展生产、提高劳动生产率的需要不平衡，因此有必要广泛开展技术革新和技术革命，来解决这个不平衡。特别值得注意的，新的技术部门出现以后，技术发展不平衡的状况更加显著，例如，我们现在要搞尖端技术，就感到许多东西不相适应。

技术的发展是这样，经济的发展也是这样。教科书没有接触到社会主义生产发展的波浪式前进。说社会主义经济的发展一点波浪也没有，这是不可能设想的。任何事物的发展都不是直线的，而是螺旋式地上升，也就是波浪式发展。我们读书也是波浪式的，读书之前要做别的事情，读了几个钟头以后，要休息，不能无日无夜地读下去。今天读得多，明天读得少；而且每天读的时候，有时议论多，有时议论少。这些都是波浪，都是起伏。平衡是对不平衡来说的，没有了不平衡，还有什么平衡？事物的发展总是不平衡的，因此有平衡的要求。平衡和不平衡

的矛盾，在各方面、各部门、各个部门的各个环节都存在，不断地产生，不断地解决。有了头年的计划，又要有第二年的计划；有了年度的计划，又要有季度的计划；有了季度的计划，还要有月计划。一年十二个月，月月要解决平衡和不平衡的矛盾。计划常常要修改，就是因为新的不平衡的情况又出来了。

《毛泽东文集》第 8 卷，人民出版社 1999 年版，第 120—121 页

注释

（234）“这段”，指《教科书》中以下一段话：“在资本主义制度下，技术的发展极不平衡，必然加深生产中的比例失调现象，与此相反，社会主义计划经济保证根据国民经济的需要有计划地发展科学和技术。”（苏联《政治经济学教科书》修订第三版下册，人民出版社 1959 年版，第 482 页）

社会主义是生气勃勃的，创造性的，是人民群众本身的创造

《读苏联〈政治经济学教科书〉的谈话（节选）》

原文

列宁这句话，“社会主义是生气勃勃的，创造性的，是人民群众本身的创造”，讲得好。我们的群众路线，就是这样的。是不是合乎列宁主义呢？教科书在引用这句话以后，讲要吸收广大劳动群众“直接地和积极地参加生产管理，参加国家机关的工作，参加国家社会生活的一切部门的领导”，也讲得好。但是，讲是讲，做是做，做起来并不容易。

《毛泽东文集》第 8 卷，人民出版社 1999 年版，第 129 页

注释

（235）见列宁《全俄中央执行委员会会议文献》中的《答左派社会革命党人的质问》。新的译文是：“生气勃勃的创造性的社会主义是由人民群众自己创立的。”(《列宁全集》第 33 卷，人民出版社 1985 年版，第 53 页）

简单的协作就创造了一种生产力

《读苏联〈政治经济学教科书〉的谈话（节选）》

■ 原文

生产力和生产关系之间、生产关系和上层建筑之间的矛盾和不平衡是绝对的。上层建筑适应生产关系，生产关系适应生产力，或者说它们之间达到平衡，总是相对的。平衡和不平衡这个矛盾的两个侧面，不平衡是绝对的，平衡是相对的。如果只有平衡，没有不平衡，生产力、生产关系、上层建筑就不能发展了，就固定了。矛盾、斗争、分解是绝对的，统一、一致、团结是相对的，有条件的。有了这样的观点，就能够正确认识我们的社会和其他事物；没有这样的观点，认识就会停滞、僵化。

从世界的历史来看，资产阶级工业革命，不是在资产阶级建立自己的国家以前，而是在这以后；资本主义的生产关系的大发展，也不是在上层建筑革命以前，而是在这以后。都是先把上层建筑改变了，生产关系搞好了，上了轨道了，才为生产力的大发展开辟了道路，为物质基础的增强准备了条件。当然，生产关系的革命，是生产力的一定发展所引起的。但是，生产力的大发展，总是在生产关系改变以后。拿资本主义发展的历史来说，正如马克思所说的，简单的协作就创造了一种生产力。手工工场就是这样一种简单协作，在这种协作的基础上，就产生了资本主义发展第一阶段的生产关系。手工工场是非机器生产的资本主义。这种资本主义生产关系产生了一种改进技术的需要，为采用机器开辟了道路。在英国，是资产阶级革命（十七世纪）以后，才进行工业革命（十八世纪末到十九世纪初）。法国、德国、美国、日本，都是经过不同的形式，改变了上层建筑、生产关系之后，资本主义工业才大大发展起来。

《毛泽东文集》第 8 卷，人民出版社 1999 年版，第 131—132 页

注释

（236）见马克思《资本论》。原文是：“通过协作提高了个人生产力，而且是创造了一种生产力，这种生产力本身必然是集体力。”（《马克思恩格斯全集》第 23 卷，人民出版社 1972 年版，第 362 页）

克伦威尔

《同蒙哥马利的谈话》

■ 原文

蒙：我衡量一个政治领袖的标准是看他是否会为了地位而牺牲他的原则。你同意不同意这样一种标准？如果一个领袖为了取得很高的地位而牺牲他的原则，他就不是一个好人。

毛：我的意见是这样的，一个领袖应该是绝大多数人的代言人。

蒙：但是他也不能牺牲他的原则啊！

毛：这就是原则，他应该代表人民的愿望。

蒙：他必须带领人民去做最有利的事。

毛：他必须是为了人民的利益。

蒙：但是人民并不经常知道什么对他们最有利，领袖必须带领他们去做对他们有利的事情。

毛：人民是懂事情的。终究还是人民决定问题。正因为克伦威尔代表人民，所以国王才被迫让步。

《毛泽东文集》第 8 卷，人民出版社 1999 年版，第 192 页

注释

（237）克伦威尔（一五九九——一六五八），十七世纪英国资产阶级革命时期的主要军事、政治领导人，独立派领袖，资产阶级新贵族集团的代表人物。他率军战胜国王军队，一六四九年宣布成立共和国。一六五三年自任“护国主”，建立军事独裁政权。

康德
《新青年》
《益世报》
一八九八年康有为、梁启超参加的戊戌变法也失败了
同盟会
袁世凯

《美帝国主义是中日两国人民的共同敌人》

原文

胜利是逐步得来的，群众的觉悟也是逐步提高的。包括我们在内，也是逐步觉悟起来的。我自己也是如此，在中学读书时并不知道马列主义。我读的书有两个阶段，先是读私塾，是孔夫子那一套，是封建主义；接着进学校，读的是资本主义，信过康德的哲学。后来是客观环境逼得我同周围的人组织共产主义小组，研究马列主义。周恩来总理也是这样。我当时一则没有钱进大学，二则也读不下去了。我读的师范学校，是准备当教员的。我做过小学教员，也做过校长。那时一心想当教员，并没有想当共产党员。后来反对军阀，受到《新青年》的影响。《新青年》开始并不是共产主义的杂志。后来教员当不下去了，逼得我搞学生运动、工人运动，那时开始有共产党，这是一九一九、一九二〇、一九二一年的事情。周总理在南开学校毕业后，跑到日本住了一年半，回来搞五四运动，军阀抓他，又跑到法国去搞勤工俭学，开始给《益世报》写稿子，以后又搞共产主义小组。一九二七年大革命失败后，又有很多人跑到莫斯科，进中山大学念书。

中国革命是经过很多曲折道路才成功的。一八四〇年发生鸦片战争。一八五一年到一八六四年，太平天国经过十三年失败了。一八九八年康有为、梁启超参加的戊戌变法也失败了。以后有许多人跑到日本，约一两万人。一九〇五年，孙中山领导的同盟会就是在日本成立的。一九一一年的辛亥革命也失败了，袁世凯要做皇帝。接着军阀混战。

一九一九年五四运动。一九二一年中国共产党成立。一九二三年二七大罢工。一九二五年五卅运动，反对英帝国主义。一九二四年国共合作，在广州召开国民党一大。一九二六年北伐。一九二七年蒋介石叛变，我们转到地下，开始打游击。从一九二七年到一九四九年，共计打了二十二年仗，包括土地革命战争、抗日战争和解放战争。解放战争时，斗争的目标改变了，过去是日本帝国主义，现在变成美帝国主义及其走狗蒋介石，到一九四九年告一段落。新中国成立到去年是十年。这十年我们干的是社会主义革命和社会主义建设，就是你们现在看到的事情。这十年里有些成绩，但终究是时间短，成绩并不多。

《毛泽东文集》第 8 卷，人民出版社 1999 年版，第 203—205 页

注释

（238）康德（一七二四——一八〇四），德国古典唯心主义哲学的奠基人，近代西方哲学史上二元论、先验论和不可知论的著名代表。主要著作有《纯粹理性批判》、《实践理性批判》、《判断力批判》等。

（239）《新青年》，五四时期著名的刊物，一九一五年九月在上海创刊，陈独秀任主编。第一卷名《青年杂志》，后改为《新青年》。早期提倡民主和科学，反对旧道德，提倡新道德，反对旧文学，提倡新文学，后来成为宣传革命和共产主义的刊物。

（240）《益世报》，是在中国的罗马公教（天主教）教会出版的报纸，一九一五年在天津创刊，一九四九年一月天津解放时停刊。周恩来曾为《益世报》撰写《欧战后之欧洲危机》等文章。

（241）康有为（一八五八——一九二七），广东南海人。梁启超（一八七三——一九二九），广东新会人。一八九八年（戊戌年）康有为、梁启超同谭嗣同等在光绪皇帝的支持下发动变法，企图通过自上而下的变法维新，逐步地在中国推行地主阶级和资产阶级联合统治的君主立宪制度，发展民族资本主义。以慈禧太后为首的顽固派坚决反对变法维新，发动政变，杀害谭嗣同等六人，康有为、梁启超逃亡日本，变法

遭到失败。

（242）同盟会，指中国资产阶级革命政党中国同盟会。一九〇五年八月，兴中会与华兴会等革命团体的成员在日本东京联合组成同盟会，采用了孙中山提出的“驱除鞑虏，恢复中华，创立民国，平均地权”的资产阶级革命的政纲。孙中山被推选为总理。在他的领导下，同盟会积极进行革命宣传，并联合会党、新军发动多次武装起义。一九一一年（辛亥年）十月武昌起义爆发，很快形成推翻清王朝的全国性革命运动。在袁世凯窃取政权后，同盟会于一九一二年八月改组为国民党。

（243）袁世凯（一八五九——一九一六），河南项城人。清朝末年曾任山东巡抚、直隶总督兼北洋大臣等职，成为北洋军阀首领。一九一一年辛亥革命时，出任清政府内阁总理大臣。一九一二年在英、美、日等帝国主义国家支持下窃取中华民国临时大总统职务，组织了代表大地主大买办阶级的第一个北洋军阀政府。一九一四年五月宣布废除《中华民国临时约法》，同时公布《中华民国约法》，实行独裁专制。一九一五年五月接受日本企图灭亡中国的“二十一条”。同年十二月称帝，一九一六年三月在全国人民的反对下被迫取消帝制。

李世民

《坚决退赔，刹住“共产风”》

原文

机关、部队、学校圈用群众的土地，要坚决退还，机关、工厂的花园，通通都拿来种菜。今后发展副食品生产，只能开荒地，不能占用农民土地。李世民胜利后封功臣，就是采用圈农民土地的办法。清军入关后也是如此。现在是军队、学校都圈地，又不给人家钱，这实际上是封建残余，一定要纠正。

《毛泽东文集》第 8 卷，人民出版社 1999 年版，第 228—229 页

注释

（244）李世民，即唐太宗（五九九——六四九），六二六年至六四九年在位。

实事求是

《大兴调查研究之风》

原文

总之，我们对国内情况还是不太明，决心也不大，方法也不那么对。我们要分批摸各省、市、自治区的底，二十七个地方分开来摸。每一个省，每一个市，每一个自治区又按地、县、公社分头去摸。今年搞一个实事求是年好不好？河北省有个河间县，汉朝封了一个王叫河间献王。班固在《汉书·河间献王刘德》中说他“实事求是”，这句话一直流传到现在。提出今年搞个实事求是年，当然不是讲我们过去根本一点也不实事求是。我们党是有实事求是传统的，就是把马列主义的普遍真理同中国的实际相结合。但是建国以来，特别是最近几年，我们对实际情况不大摸底了，大概是官做大了。我这个人就是官做大了，我从前在江西那样的调查研究，现在就做得很少了。今年要做一点，这个会开完，我想去一个地方，做点调查研究工作。不然，对实际情况就不摸底。不摸清一个农村公社，不摸清一个城市公社，不摸清一个工厂，不摸清一个学校，不摸清一个商店，不摸清一个连队，就不行。其实，摸清这么几个单位的情况就差不多了。

现在我们看出了一个方向，就是同志们要把实事求是的精神恢复起来了。

《毛泽东文集》第8卷，人民出版社1999年版，第237页

注释

（245）实事求是，中国成语。见《汉书·河间献王传》。

《关于调查工作》

《要做系统的由历史到现状的调查研究》

原文

今年一月找出了三十年前我写的一篇文章，我自己看看觉得还有点道理，别人看怎么样不知道。“文章是自己的好”，我对自己的文章有些也并不喜欢，这一篇我是喜欢的。这篇文章是经过一番大斗争以后写出来的，是在红四军党的第九次代表大会以后，一九三〇年写的。过去到处找，找不到。这篇文章请大家研究一下，提出意见，哪些赞成，哪些不赞成，如果基本赞成，就照办，不用解释了。文章的主题是，做领导工作的人要依靠自己亲身的调查研究去解决问题。书面报告也可以看，但是这跟自己亲身的调查是不相同的。自己到处跑或者住下来做一个星期到十天的调查，主要是应该住下来做一番系统的调查研究。农村情况，只要先调查清楚一个乡就比较好办了，再去调查其他乡那就心中有数了。

《毛泽东文集》第 8 卷，人民出版社 1999 年版，第 252—253 页

注释

（246）“三十年前我写的一篇文章”，指《关于调查工作》。《调查工作》，是毛泽东一九三〇年五月为了反对当时红军中的教条主义思想而写的一篇文章。一九六一年三月十一日毛泽东在广州召开的中共中央中南局、西南局、华东局负责人和这三个地区所属省市自治区党委负责人参加的工作会议期间批示印发这篇文章时，将题目改为《关于调查工作》。一九六四年编入《毛泽东著作选读（甲种本）》时，毛泽东将题目改为《反对本本主义》。

遵义会议

《在广州中央工作会议上的讲话》

原文

这篇文章还提出这么一个观点，就是说，正确的策略只能从实践经验中产生，只能来源于调查研究。所谓策略路线是包括很宽的，包括政治路线的。比如，依靠些什么阶级，联合些什么阶级，打倒些什么阶级，就属于策略路线的问题。文章讲到商业资产阶级和流氓无产阶级，对这两个阶级我们的认识始终模糊，就是写文章这个时候，还是模糊的，对他们没有具体的政策，没有正确的政策，因为我们没有做这方面的调查。马克思、恩格斯提出的那些原理原则是经过调查得出的结论。如果没有伦敦图书馆，马克思就写不出《资本论》。列宁的《帝国主义论》，现在印出来是一个薄薄的本子，他研究的原始材料，比这本书不知厚多少倍。列宁的哲学著作《唯物主义和经验批判主义》，是他用好几年时间研究哲学史才写出来的。列宁写这本书是为了批判当时的唯心主义造神派的"经验批判主义"。我那篇文章批评社会科学研究专从书本子里面讨生活是危险的。因为那个时候我们正是失败的时候，一九二七年大革命失败后，一些知识分子倒退了，蜕化了，变到资产阶级方面去了。他们专从书本里讨生活，不到工人、农民、社会中去调查，不到群众中去调查，不在斗争中逐步深入调查研究。没有那些胜利和那些失败，不经过第五次反"围剿"的失败，不经过万里长征，我那个《中国革命战争的战略问题》小册子也不可能写出来。因为要写这本书，倒是逼着我研究了一下资产阶级的军事学。有人讲我的兵法靠两本书，一本是《三国演义》，一本是《孙子兵法》。《三国演义》我是看过的，《孙子兵法》当时我就没有看过。在遵义会议上，凯丰说：你那些东西，并不见得高明，无非是《三国演义》加《孙子兵法》。我就问他一句：你说《孙子兵法》一共有多少篇？第一篇的题目叫什么？请你讲讲。他答不出来。我说：你也没看过，你怎么晓得我就熟悉《孙子兵法》呢？凯丰他自己也没看过《孙子兵法》，却说我用的是《孙子兵法》。那时打仗，形势那么紧张，谁还管得什么孙子兵法，什么战斗条令，统统都忘记了的。打仗的时候要估计敌我形势，很快作出决策，哪个还去记起那些书呢？你们有些人不是学过四大教程吗？每次打仗都是用四大教程吗？如果那样就完全是教条主义嘛！我不是反对理论，马克思主义的原理原则非有不可，我这篇文章里头也讲了的。要把马克思主义当作工具看待，没有什么神秘，因为它合用，别的工具不合用。资产阶级的唯物主义不合用，只有马克思的唯物主义，就是辩证唯物主义，运用到社会问题上成为历史唯物主义，才合用。马克思创立了许多学说，如党的学说、民族学说、阶级斗争学说、无产阶级专政学说、文学艺术理论等等，也都应当当作合用的工具来看待。

《毛泽东文集》第 8 卷，人民出版社 1999 年版，第 262—264 页

注释

（247）遵义会议。一九三五年一月，中央政治局在长征途中举行遵义会议，事实上确立了毛泽东同志在党中央和红军的领导地位，开始确立以毛泽东同志为主要代表的马克思主义正确路线在党中央的领导地位，开始形成以毛泽东同志为核心的党的第一代中央领导集体，开启了党独立自主解决中国革命实际问题新阶段，在最危急关头挽救了党、挽救了红军、挽救了中国革命，并且在这以后使党能够战胜张国焘的分裂主义，胜利完成长征，打开中国革命新局面。这在党的历史上是一个生死攸关的转折点。

文王拘而演周易，仲尼厄而作春秋

《在扩大的中央工作会议上的讲话》

原文

不论党内党外，都要有充分的民主生活，就是说，都要认真实行民主集中制。要真正把问题敞开，让群众讲话，哪怕是骂自己的话，也要让人家讲。骂的结果，无非是自己倒台，不能做这项工作了，降到下级机关去做工作，或者调到别的地方去做工作，那又有什么不可以呢？一个人为什么只能上升不能下降呢？为什么只能做这个地方的工作而不能调到别个地方去呢？我认为这种下降和调动，不论正确与否，都是有益处的，可以锻炼革命意志，可以调查和研究许多新鲜情况，增加有益的知识。我自己就有这一方面的经验，得到很大的益处。不信，你们不妨试试看。司马迁说过："文王拘而演周易，仲尼厄而作春秋。屈原放逐，乃赋离骚。左丘失明，厥有国语。孙子膑脚，兵法修列。不韦迁蜀，世传吕览。韩非囚秦，说难孤愤。诗三百篇，大抵贤圣发愤之所为作也。"这几句话当中，所谓文王演周易，孔子作春秋，究竟有无其事，近人已有怀疑，我们可以不去理它，让专门家去解决吧，但是司马迁是相信有其事的。文王拘，仲尼厄，则确有其事。司马迁讲的这些事情，除左丘失明一例以外，都是指当时上级领导者对他们作了错误处理的。我们过去也错误地处理过一些干部，对这些人不论是全部处理错了的，或者是部分处理错了的，都应当按照具体情况，加以甄别和平反。但是，一般地说，这种错误处理，让他们下降，或者调动工作，对他们的革命意志总是一种锻炼，而且可以从人民群众中吸取许多新知识。我在这里申明，我不是提倡对干部，对同志，对任何人，可以不分青红皂白，作出错误处理，像古代人拘文王，厄孔子，放逐屈原，去掉孙膑的膝盖骨那样。我不是提倡这样做，而是反对这样做的。我是说，人类社会的各个历史阶段，总是有这样处理错误的事实。在阶级社会，这样的事实多得很。在社会主义社会，也在所难免。不论在正确路线领导的时期，还是在错误路线领导的时期，都在所难免。不过有一个区别。在正确路线领导的时期，一经发现有错误处理的，就能甄别、平反，向他们赔礼道歉，使他们心情舒畅，重新抬起头来。而在错误路线领导的时期，则不可能这样做，只能由代表正确路线的人们，在适当的时机，通过民主集中制的方法，起来纠正错误。至于由于自己犯了错误，经过同志们的批评和上级的鉴定，作出正确处理，因而下降或者调动工作的人，这种下降或者调动，对于他们改正错误，获得新的知识，会有益处，那就不待说了。

《毛泽东文集》第 8 卷，人民出版社 1999 年版，第 291—292 页

注释

（248）见司马迁《报任安书》。

刘邦、项羽

《在扩大的中央工作会议上的讲话》

原文

我们的集中制，是建立在民主基础上的集中制。无产阶级的集中，是在广泛民主基础上的集中。各级党委是执行集中领导的机关。但是，党委的领导，是集体领导，不是第一书记个人独断。在党委会内部只应当实行民主集中制。第一书记同其他书记和委员之间的关系是少数服从多数。拿中央常委或者政治局来说，常常有这样的事情，我讲的话，不管是对的还是不对的，只要大家不赞成，我就得服从他们的意见，因为他们是多数。听说现在有一些省委、地委、县委，有这样的情况：一切事情，第一书记一个人说了就算数。这是很错误的。哪有一个人说了就算数的道理呢？我这是指的大事，不是指有了决议之后的日常工作。只要是大事，就得集体讨论，认真地听取不同的意见，认真地对于复杂的情况和不同的意见加以分析。要想到事情的几种可能性，估计情况的几个方面，好的和坏的，顺利的和困难的，可能办到的和不可能办到的。尽可能地慎重一些，周到一些。如果不是这样，就是一人称霸。这样的第一书记，应当叫做霸王，不是民主集中制的“班长”。从前有个项羽，叫做西楚霸王，他就不爱听别人的不同意见。他那里有个范增，给他出过些主意，可是项羽不听范增的话。另外一个人叫刘邦，就是汉高祖，他比较能够采纳各种不同的意见。有个知识分子名叫郦食其，去见刘邦。初一报，说是读书人，孔夫子这一派的。回答说，现在军事时期，不见儒生。这个郦食其就发了火，他向管门房的人说，你给我滚进去报告，老子是高阳酒徒，不是儒生。管门房的人进去照样报告了一篇。好，请。请了进去，刘邦正在洗脚，连忙起来欢迎。郦食其因为刘邦不见儒生的事，心中还有火，批评了刘邦一顿。他说，你究竟要不要取天下，你为什么轻视长者！这时候，郦食其已经六十多岁了，刘邦比他年轻，所以他自称长者。刘邦一听，向他道歉，立即采纳了郦食其夺取陈留县的意见。此事见《史记》郦生陆贾列传。刘邦是在封建时代被历史家称为“豁达大度，从谏如流”的英雄人物。刘邦同项羽打了好几年仗，结果刘邦胜了，项羽败了，不是偶然的。我们现在有些第一书记，连封建时代的刘邦都不如，倒有点像项羽。这些同志如果不改，最后要垮台的。不是有一出戏叫《霸王别姬》吗？这些同志如果总是不改，难免有一天要“别姬”就是了。（笑声）我为什么要讲得这样厉害呢？是想讲得挖苦一点，对一些同志戳得痛一点，让这些同志好好地想一想，最好有两天睡不着觉。他们如果睡得着觉，我就不高兴，因为他们还没有被戳痛。

《毛泽东文集》第8卷，人民出版社1999年版，第294—296页

注释

（249）刘邦、项羽，见司马迁《史记》。

哥白尼、伽利略、达尔文

《在扩大的中央工作会议上的讲话》

原文

要使全党、全民团结起来，就必须发扬民主，让人讲话。在党内是这样，在党外也是这样。省委的同志，地委的同志，县委的同志，你们回去，一定要让人讲话。在座的同志们要这样做，不在座的同志们也要这样做，一切党的领导人员都要发扬党内民主，让人讲话。界限是什么呢？一个是，遵守党的纪律，少数服从多数，全党服从中央。另一个是，不准组织秘密集团。我们不怕公开的反对派，只怕秘密的反对派，这种人，当面不讲真话，当面讲的尽是些假的、骗人的话，真正的目的不讲出来。只要不是违反纪律的，只要不是搞秘密集团活动的，我们都允许他讲话，而且讲错了也不要处罚。讲错了话可以批评，但是要用道理说服人家。说而不服怎么办？让他保留意见。只要服从决议，服从多数人决定的东西，少数人可以保留不同的意见。在党内党外，容许少数人保留意见，是有好处的。错误的意见，让他暂时保留，将来他会改的。许多时候，少数人的意见，倒是正确的。历史上常常有这样的事实，起初，真理不是在多数人手里，而是在少数人手里。马克思、恩格斯手里有真理，可是他们在开始的时候是少数。列宁在很长一个时期内也是少数。我们党内也有这样的经验，在陈独秀统治的时候，在“左”倾路线统治的时候，真理都不在领导机关的多数人手里，而是在少数人手里。历史上的自然科学家，例如哥白尼、伽利略、达尔文，他们的学说曾经在一个长时间内不被多数人承认，反而被看作错误的东西，当时他们是少数。我们党在一九二一年成立的时候，只有几十个党员，也是少数人，可是这几十个人代表了真理，代表了中国的命运。

《毛泽东文集》第8卷，人民出版社1999年版，第307—308页

注释

（250）哥白尼（一四七三——一五四三），波兰天文学家。在《天体运行论》一书中，证明地球绕自己的轴旋转，并和其他行星一起，围绕着太阳旋转，推翻约两千年来的地球不动学说。伽利略（一五六四——一六四二），意大利物理学家、天文学家。一六三二年发表《关于托勒玫和哥白尼两大世界体系的对话》，支持和发展了哥白尼的地动说，次年被罗马天主教法庭判罪。达尔文（一八〇九——一八八二），英国生物学家。在《物种起源》等著作中，提出了进化论的学说，说明了生物的演变和人类的起源。

大约一百万年以来人类社会发展的历史事实

《学习马克思主义的认识论和辩证法》

原文

人类的历史，就是一个不断地从必然王国向自由王国发展的历史。这个历史永远不会完结。在有阶级存在的社会内，阶级斗争不会完结。在无阶级存在的社会内，新与旧、正确与错误之间的斗争永远不会完结。在生产斗争和科学实验范围内，人类总是不断发展的，自然界也总是不断发展的，永远不会停止在一个水平上。因此，人类总得不断地总结经验，有所发现，有所发明，有所创造，有所前进。停止的论点，悲观的论点，无所作为和骄傲自满的论点，都是错误的。其所以是错误，因为这些论点，不符合大约一百万年以来人类社会发展的历史事实，也不符合迄今为止我们所知道的自然界（例如天体史，地球史，生物史，其他各种自然科学史所反映的自然界）的历史事实。

《毛泽东文集》第8卷，人民出版社1999年版，第325页

注释

（251）迄今为止的考古发现证明，人类的历史至少有二百万年。

大有大的难处
百脚之虫，死而不僵

《两个中间地带》

原文

大家担心的是形势问题，尤其是国际形势。有些同志担心苏、美合作对我们不利。我总相信《红楼梦》上王熙凤说的那句话，“大有大的难处”。现在，美、苏两国都很困难。美国政策委员会主席罗斯特曾发表一篇文章，基调是说美、苏都碰到了许多困难，而且是没法解决的。我也不认识这个人，他同我的某些想法不谋而合，差不多。美国不论国内、国际到处都碰钉子，赫鲁晓夫也是这样。不要忘记这一点。还是《红楼梦》上冷子兴说的，“百脚之虫，死而不僵”。美国《锤与钢》杂志也说：美国像一株空了的大树，里边已被虫子咬空了，外边还枝叶茂盛。

《毛泽东文集》第8卷，人民出版社1999年版，第343页

注释

（252）“大有大的难处”，见《红楼梦》第六回。

（253）“百脚之虫，死而不僵”，见《红楼梦》第二回。

死光
秦始皇
研究政治经济学不能用实验方法，要用抽象法

《不搞科学技术，生产力无法提高》

原文

死光，要组织一批人专门去研究它。要有一小批人吃了饭不做别的事，专门研究它。没有成绩不要紧。军事上除进攻武器外，要注意防御问题的研究，也许我们将来在作战中主要是防御。进攻武器，比原子弹的数量我们比不赢人家。战争历来都需要攻防两手，筑城、挖山洞都是防嘛。秦始皇的万里长城没有多大用处。我们准备做一些蠢事，要搞地下工厂、地下铁道，逐年地搞。

三大革命运动中的科学实验，主要是指自然科学。社会科学的研究不能完全采用实验的方法。例如研究政治经济学不能用实验方法，要用抽象法，这是马克思在《资本论》里说的。商品、战争、辩证法等，是观察了千百次现象才能得出理论概括的。

《毛泽东文集》第 8 卷，人民出版社 1999 年版，第 352 页

注释

（254）死光，即激光。

（255）秦始皇，即嬴政（公元前二五九——前二一〇），秦王朝的建立者。

（256）“研究政治经济学不能用实验方法，要用抽象法”，见马克思《资本论》一八六七年第一版序言。原文是：“分析经济形式，既不

能用显微镜，也不能用化学试剂。二者都必须用抽象力来代替。”（《马克思恩格斯选集》第2卷，人民出版社1995年版，第99页）

鸦片战争
八国联军的战争
中日甲午战争
沙皇俄国同日本还在中国的土地上打过仗

《支持被压迫人民反对帝国主义的战争》

原文

打仗对我们没有好处。我们要进行建设，打仗就会把我们进行的建设打烂了。国民党打内战，跟我们打了好多年。后来我们又跟日本打了八年，不是我们打到日本去，而是日本打到中国来。讲长远一点，都是外国打到中国来。中国曾和英国进行了几次战争，如一八四〇年在广东开始的鸦片战争，又如八国联军的战争，英国等八个国家的军队占领了天津，打到北京。中日甲午战争，是一八九四年到一八九五年在旅顺、大连等地打的。以后日本占领了我们东北。在那以前，沙皇俄国同日本还在中国的土地上打过仗，那是在旅顺、辽阳、沈阳一带。最后是第二次世界大战期间，日本几乎侵占全中国。这些都不是我们打到外国去，都是外国人打到中国来。中国人打到外国去，在古代有过，那是中国的皇帝，打到越南、朝鲜。以后日本占领了朝鲜，法国占领了越南。

《毛泽东文集》第 8 卷，人民出版社 1999 年版，第 377 页

注释

（257）鸦片战争，是一八四〇年至一八四二年英国对中国发动的侵略战争。一八四〇年，英国政府因中国反对输入鸦片，借口保护通商，派兵侵略中国。中国军队在两广总督林则徐领导下进行了抵抗。广州人民自发地组织武装抗英团体，打击英国侵略军。福建、浙江等地人民也

自发地掀起了抗英斗争。一八四二年英国军队侵入长江，迫使清政府同英国侵略者签订了中国近代史上第一个不平等条约《南京条约》。

（258）“八国联军的战争”，指一九〇〇年英、美、德、法、俄、日、意、奥八个国家联合出兵侵略中国的战争。中国人民进行了英勇的抵抗。侵略者先后攻陷大沽、天津、北京等地，同时沙俄又单独入侵中国东北，迫使清政府于一九〇一年九月七日同这些国家签订了不平等的《辛丑条约》。

（259）中日甲午战争，指一八九四年（甲午年）发生的中日战争。这次战争是日本军国主义者蓄意挑起的。日本军队先向朝鲜发动侵略并对中国的陆海军进行挑衅，随后大举侵入中国的东北。中国军队曾经英勇作战，但是由于清朝政府的腐败及缺乏坚决反对侵略的准备，中国方面遭到了失败。一八九五年，清朝政府被迫同日本签订了不平等的《马关条约》。

（260）“沙皇俄国同日本还在中国的土地上打过仗”，指一九〇四年至一九〇五年日本同沙俄为争夺在中国东北和朝鲜的权益而进行的一次战争。战场主要在中国东北境内的奉天（今沈阳市）、辽阳地区和旅顺口一带，使中国人民遭受巨大的损失。沙俄在战争中遭到失败，经美国调停，同日本签订《朴次茅斯和约》。日俄战争后，日本取代了沙俄在中国东三省南部的支配地位；日本对于朝鲜的独占地位，也在《朴次茅斯和约》中得到沙俄的承认。

坂田的文章

一尺之捶，日取其半，万世不竭

艾思奇

老子、庄子

墨子

张载、李卓吾、王船山、谭嗣同

星云假说

富兰克林

《关于人的认识问题》

原文

今天我找你们来，是研究一下坂田的文章。坂田说基本粒子不是不可分的，电子是可分的。他这样说是站在辩证唯物主义立场上的。

世界是无限的。世界在时间上、在空间上都是无穷无尽的。在太阳系外有无数个恒星，太阳系和这些恒星组成银河系。银河系外又有无数个“银河系”。宇宙从大的方面看来是无限的。宇宙从小的方面看来也是无限的。不但原子可分，原子核也可分，电子也可以分，而且可以无限地分割下去。庄子讲“一尺之捶，日取其半，万世不竭”，这是对的。因此，我们对世界的认识也是无穷无尽的。要不然物理学这门科学就不再会发展了。如果我们的认识是有穷尽的，我们已经把一切都认识到了，还要我们这些人干什么？

人对事物的认识，总要经过多少次反复，要有一个积累的过程。要积累大量的感性材料，才会引起感性认识到理性认识的飞跃。关于从实践到感性认识，再从感性认识到理性认识的飞跃的道理，马克思和恩格斯都没有讲清楚，列宁也没有讲清楚。列宁写的《唯物主义和经验批判主义》，只讲清楚了唯物论，没有完全讲清楚认识论。最近艾思奇在高级党校讲话说到这一点，这是对的。这个道理中国的古人也没有讲清楚。老子、庄子没有讲清楚，墨子讲了认识论方面的问题，但也没有讲清楚。张载、李卓吾、王船山、谭嗣同都没有讲清楚。什么叫哲学？哲学就是认识论。“双十条”的第一个十条前面那一段话是我写的。我讲了物质变精神、精神变物质。我还说让哲学从哲学家的课堂上和书本里解放出来。

现在，我们对许多事物都还认识不清楚。认识总是在发展。有了大望远镜，我们看到的星星就更多了。说到太阳和地球的形成，一直到现在还没有人能够推翻康德的星云假说。如果说对太阳我们搞不十分清楚，那末对太阳与地球之间这一大块地方也还搞不清楚。现在有了人造卫星，对这方面的认识就渐渐多起来了。我们对地球上气候的变化，也不清楚，这也要研究。关于冰川时期问题，科学家们还在争论。

你说的这个“认识工具”的概念有点道理。“认识工具”当中要包括镢头、机器等等。人的认识来源于实践。我们用镢头、机器等等改造世界，我们的认识就深入了。工具是人的器官的延长，如镢头是手臂的延长，望远镜是眼睛的延长，身体五官都可以延长。

富兰克林说人是制造工具的动物。中国人说人为万物之灵。动物中有灵长类，猴子就是灵长类动物，但也不知道制造棍子打果子。在动物的头脑里，没有概念。

《毛泽东文集》第 8 卷，人民出版社 1999 年版，第 389—390 页

注释

（261）坂田的文章，指《自然辩证法研究通讯》一九六三年第一期刊载的日本物理学家坂田昌一的文章《基本粒子的新概念》，一九六五年六月《红旗》杂志发表时题目改为《关于新基本粒子观的对话》。

（262）“一尺之捶，日取其半，万世不竭”，见《庄子·天下》。

（263）艾思奇（一九一〇——一九六六），云南腾冲人，哲学家。当时任中共中央高级党校副校长。

（264）老子，相传即老聃，姓李名耳，苦县（今河南鹿邑东）人，春秋时期思想家，道家创始人。庄子（约前三六九——前二八六），名周，蒙（今河南商丘东北）人，战国时期哲学家。

（265）墨子（约前四六八——前三七六），名翟，春秋末期思想家、

政治家，墨家创始人。

（266）张载（一〇二〇——一〇七七），字子厚，原籍大梁（今河南开封），生于长安（今陕西西安），北宋哲学家。李卓吾，名贽（一五二七——一六〇二），泉州晋江（今属福建）人，明代思想家、文学家。王船山，即王夫之（一六一九——一六九二），字而农，湖南衡阳人，明末清初哲学家。谭嗣同（一八六五——一八九八），字复生，号壮飞，湖南浏阳人，近代维新派政治家、思想家。

（267）星云假说，是德国哲学家康德一七五五年提出的关于太阳系起源的一种学说。这一学说把太阳系的形成看成是物质按客观规律运动发展的过程。

（268）富兰克林（一七〇六——一七九〇），美国资产阶级革命时期的民主主义者，科学家。

宋朝辛弃疾写的一首词里说，当月亮从我们这里落下去的时候，它照亮着别的地方

太仪斡运，天回地游

《关于人的认识问题》

原文

事物在运动中。地球绕太阳转，自转成日，公转成年。哥白尼的时代，在欧洲只有几个人相信哥白尼的学说，例如伽利略、开普勒，在中国一个人也没有。不过宋朝辛弃疾写的一首词里说，当月亮从我们这里落下去的时候，它照亮着别的地方。晋朝的张华在他的一首诗里也写到“太仪斡运，天回地游”。

《毛泽东文集》第 8 卷，人民出版社 1999 年版，第 391—392 页

注释

（269）“宋朝辛弃疾写的一首词里说，当月亮从我们这里落下去的时候，它照亮着别的地方”，见辛弃疾《木兰花慢·可怜今夕月》。原词为：“可怜今夕月，向何处，去悠悠？是别有人间，那边才见，光影东头？是天外，空汗漫，但长风浩浩送中秋?”

（270）“太仪斡运，天回地游”，见张华《励志诗》。

曹雪芹
雍正
康熙

《关于人的认识问题》

原文

我们的脑子是个加工厂。工厂设备要更新，我们的脑子也要更新。我们身体的各种细胞都不断地在更新，现在我们皮肤上的细胞就不是我们生下来时皮肤上的细胞了，中间不知换了多少次。

曹雪芹在《红楼梦》里还是想补天，想补封建制度的天，但是《红楼梦》里写的却是封建家族的衰落，可以说是曹雪芹的世界观和他的创作发生矛盾。曹雪芹的家是在雍正手里衰落的。康熙有许多儿子，其中一个是雍正，雍正搞特务机关压迫他的对手，把康熙的另外两个儿子，第八个和第九个儿子，一个改名为狗，一个改名为猪。

“分”很重要，庖丁解牛。恩格斯在说到医学的时候，也非常重视解剖学。医学是建筑在解剖学基础上的。

《毛泽东文集》第 8 卷，人民出版社 1999 年版，第 393 页

注释

（271）曹雪芹（一七一五——一七六三），名霑，字梦阮，满正白旗人，清代小说家。

（272）雍正，即清世宗爱新觉罗·胤禛（一六七八——一七三五），一七二二年至一七三五年在位，年号雍正。

（273）康熙，即清圣祖爱新觉罗·玄烨（一六五四——一七二二），一六六一年至一七二二年在位，年号康熙。

约翰逊
《辩证唯物主义》
黑格尔
费尔巴哈
海克尔写的一本书

《同斯诺的谈话》

原文

毛：中国很大，自己要办的事很多，也很忙。中国也是一个“联合国”。我们这个“联合国”接待你，那个联合国还没有接待过你吧？你打算什么时候离开中国？

斯：再过几天就走。这次我回去，约翰逊可能找人让我去见他一次。你有什么口信要捎给他吗？

毛：没有。

斯：我也可以把这句话捎给他。

西方有些“毛学”专家，互相展开争辩，观点各有不同。我不久前在日内瓦参加了一次“北京问题专家”的会，会上辩论的一个问题是，《矛盾论》是不是对马列主义作出了新的贡献？

毛：是一些什么人？出版商吗？

斯：主要是大学教授，俄文、中文专家。辩论中提出的一个问题是，《矛盾论》是不是真的在一九三七年写的，是不是在《辩证唯物主义》小册子之前写的。

毛：是一九三七年写的。当时大家都去前线打日本了。

斯：当时有时间做研究工作？

毛：那时抗日军政大学要我去讲一讲哲学。

斯：《矛盾论》是讲演的一部分？

毛：就是。他们强迫我去讲课，我没有办法。这是写的讲义的一部分。花了几个星期，搜集了些材料，主要是总结中国革命的经验，每天晚上写，白天睡觉。讲课只讲了两个钟头。我讲课的时候，不准他们看书，也不准他们做笔记，我把讲义的大意讲了一下。

斯：是在写《辩证唯物主义》小册子以前几年？

毛：我不记得写过那样一本小册子。其实，《矛盾论》不如《实践论》那篇文章好。《实践论》是讲认识过程，说明人的认识是从什么地方来的，又向什么地方去。

斯：这两篇文章是同时写的吧？

毛：先后不久。

斯：是一九三八、一九三九年吗？

毛：不是一九三八年，三八年忙起来了，是一九三七年。

斯：现在我可以告诉那些教授们，主席自己是怎么讲的。教授们在进行学术性辩论时，可能还坚持他们的看法。主席看过黑格尔的文章吗？

毛：看过一些，还有费尔巴哈的。海克尔写的一本书里头有相当丰富的材料，他不承认他自己是唯物主义者，实际上是唯物主义者。

斯：什么时候读的？

毛：那很久了，是打游击战争的时候。

斯：主席一面搞革命，一面给许多教授提供了职业，现在可能很多人成为“毛学”专家。

毛：中国战国时期有一个人写了一部著作，叫《老子》，后来注解《老子》的在一百家以上。现在我的这些东西，甚至马克思、恩格斯、列宁的东西，在一千年以后看来可能是可笑的了。

斯：一千年是很长的时间。

毛：今后的一千年比过去的一千年可能变化大。

斯：深刻的技术革命，征服宇宙空间。但我相信主席著作的影响将远远超出我们这一代和下一代。

毛：你可能讲得过分了，我自己都不相信。

斯：中国历史上没有任何人物像主席经历过这么多的变革，从开始作为一个学生，到参加革命，到革命完成，并成为历史学家、哲学家。

《毛泽东文集》第8卷，人民出版社1999年版，第405—407页

注释

（274）约翰逊，当时任美国总统。

（275）《辩证唯物主义》，指一九三七年七、八月毛泽东为抗日军政大学讲授哲学而写的《辩证法唯物论（讲授提纲）》。后来，毛泽东将其中的两节，整理成为《实践论》和《矛盾论》两篇著作，收入《毛泽东选集》。

（276）黑格尔（一七七〇——一八三一），德国古典哲学家，客观唯心主义者，辩证法大师。主要著作有《精神现象学》、《逻辑学》、《法哲学原理》等。

（277）费尔巴哈（一八〇四——一八七二），德国古典哲学家，唯物主义的代表。主要著作有《黑格尔哲学批判》、《基督教的本质》等。

（278）“海克尔写的一本书”，指海克尔的《宇宙之谜》。海克尔（一八三四——一九一九），德国自然科学家、达尔文主义的卓越代表之一。他在《宇宙之谜》一书中，批判了唯心主义和僧侣主义，试图根据最新的科学成就建立严整的唯物主义体系。

《柳文指要》
高先生评郭文
郭老、康生、伯达

《给章士钊的信》

原文

各信及指要下部，都已收到，已经读过一遍，还想读一遍。上部也还想再读一遍。另有友人也想读。大问题是唯物史观问题，即主要是阶级斗争问题。但此事不能求之于世界观已经固定之老先生们，故不必改动。嗣后历史学者可能批评你这一点，请你要有精神准备，不怕人家批评。又高先生评郭文已读过，他的论点是地下不可能发掘出真、行、草墓石。草书不会书碑，可以断言。至于真、行是否曾经书碑，尚待地下发掘证实。但争论是应该有的，我当劝说郭老、康生、伯达诸同志赞成高二适一文公诸于世。柳文上部，盼即寄来。

《毛泽东文集》第 8 卷，人民出版社 1999 年版，第 417 页

注释

（279）这里的“指要”，指章士钊所著《柳文指要》。它是一部对柳宗元文集的专门研究著作。

（280）“高先生评郭文”，指当时南京市文史研究馆馆员高二适写的《〈兰亭序〉的真伪驳议》。此文对郭沫若的《由王谢墓志的出土论到〈兰亭序〉的真伪》一文提出了不同意见，一九六五年七月二十三日在《光明日报》上发表。

（281）郭老，指郭沫若。当时任中国科学院院长。康生

（一八九八——一九七五），山东胶南人，当时任中共中央书记处书记。伯达，即陈伯达，当时任中共中央政治局候补委员、《红旗》杂志总编辑。

杜甫

敷陈其事而直言之也

比者，以彼物比此物也

兴者，先言他物以引起所咏之词也

韩愈

李白

李贺

《给陈毅的信》

原文

又诗要用形象思维，不能如散文那样直说，所以比、兴两法是不能不用的。赋也可以用，如杜甫之《北征》，可谓“敷陈其事而直言之也”，然其中亦有比、兴。“比者，以彼物比此物也”，“兴者，先言他物以引起所咏之词也”。韩愈以文为诗；有些人说他完全不知诗，则未免太过，如《山石》，《衡岳》，《八月十五酬张功曹》之类，还是可以的。据此可以知为诗之不易。宋人多数不懂诗是要用形象思维的，一反唐人规律，所以味同嚼蜡。以上随便谈来，都是一些古典。要作今诗，则要用形象思维方法，反映阶级斗争与生产斗争，古典绝不能要。但用白话写诗，几十年来，迄无成功。民歌中倒是有一些好的。将来趋势，很可能从民歌中吸引养料和形式，发展成为一套吸引广大读者的新体诗歌。又李白只有很少几首律诗，李贺除有很少几首五言律外，七言律他一首也不写。李贺诗很值得一读，不知你有兴趣否？

《毛泽东文集》第 8 卷，人民出版社 1999 年版，第 421—422 页

注释

（282）杜甫（七一二——七七〇），字子美，祖籍襄阳（今属湖北），生于巩县（今属河南），唐代诗人。

（283）“敷陈其事而直言之也”，见宋朱熹《诗集传·周南·葛覃》。

（284）“比者，以彼物比此物也”，见宋朱熹《诗集传·周南·螽斯》。

（285）“兴者，先言他物以引起所咏之词也”，见宋朱熹《诗集传·周南·关雎》。

（286）韩愈，唐代文学家、诗人。

（287）李白（七〇一——七六二），字太白，祖籍陇西成纪（今甘肃静宁西南），生于碎叶（位于吉尔吉斯斯坦北部），唐代诗人。

（288）李贺（七九〇——八一六），字长吉，福昌（今属河南宜阳）人，唐代诗人。

百姓足，君孰与不足

《关于农业机械化问题的一封信》

原文

苏联的农业政策，历来就有错误，竭泽而渔，脱离群众，以致造成现在的困境，主要是长期陷在单纯再生产坑内，一遇荒年，连单纯再生产也保不住。我们也有过几年竭泽而渔（高征购）和很多地区荒年保不住单纯再生产的经验，总应该引以为戒吧。现在虽然提出了备战、备荒、为人民（这是最好地同时为国家的办法，还是“百姓足，君孰与不足”的老话）的口号，究竟能否持久地认真地实行，我看还是一个问题，要待将来才能看得出是否能够解决。苏联的农业不是基本上机械化了吗？是何原因至今陷于困境呢？此事很值得想一想。

《毛泽东文集》第 8 卷，人民出版社 1999 年版，第 428 页

注释

（289）见《论语·颜渊》。

杜林 林彪

《党的文艺政策应当调整》

原文

《反杜林论》出版后，柏林大学撤了杜林的职，恩格斯不高兴了，争论是争论嘛，为什么撤职？杜林这个人活了八十多岁，名誉不好。处分人要注意，动不动就要撤职，动不动就要关起来，表现是神经衰弱症。林彪不跑，我们也不会杀他，批是要批的。

蒋介石的时候，报纸、广播、学校、电影都是他们的，他们蒙蔽人民。我们都是从那儿来的。我学孔夫子、资产阶级的东西十三年，就是不知道马列，十月革命后才学马列，过去不知道。反动派没有多少威力，靠剥削过生活，他的兵都是靠抓壮丁，所以我们不怕他们。怕死的是林彪，叫他打锦州，他不打，最后两天他去了，俘虏十万人。又消灭了廖耀湘。长春沈阳解放。

释放俘虏放得好，国民党怕得很。

《毛泽东文集》第 8 卷，人民出版社 1999 年版，第 444 页

注释

（290）杜林，即卡尔·欧根·杜林（一八三三——一九二一），德国哲学家、庸俗经济学家，曾任柏林大学讲师。他曾称要对哲学、政治经济学和社会主义理论实行“全面的变革”，公开反对马克思主义。恩格斯在一八七六年至一八七八年写的《反杜林论》一书中，对杜林的理论体系作了系统的批判。一八七七年，杜林因公开指责柏林大学物理系教授赫尔姆霍茨，被取消了讲师资格。

（291）林彪（一九〇七——一九七一），湖北黄冈人。原任中共中央副主席、中央军委副主席。“文化大革命”中伙同陈伯达等组成反革命集团，并与江青反革命集团互相勾结、互相争夺，阴谋夺取党和国家最高领导权力。阴谋败露后，一九七一年九月十三日乘飞机外逃，在蒙古温都尔汗坠机身亡。一九七三年八月中共中央通过决议，开除林彪的党籍。一九八一年中华人民共和国最高人民法院特别法庭确认他为反革命集团案主犯。

三 《毛泽东诗词》用典

（一）正编

挥手从兹去
眼角眉梢都似恨，
热泪欲零还住
过眼滔滔云共雾
凭割断愁丝恨缕
要似昆仑崩绝壁
重比翼，和云翥

《贺新郎·别友》

原文

挥手从兹去。更那堪凄然相向，苦情重诉。眼角眉梢都似恨，热泪欲零还住。知误会前番书语。过眼滔滔云共雾，算人间知己吾和汝。人有病，天知否？　　今朝霜重东门路，照横塘半天残月，凄清如许。汽笛一声肠已断，从此天涯孤旅。凭割断愁丝恨缕。要似昆仑崩绝壁，又恰像台风扫寰宇。重比翼，和云翥。

注释

（1）“挥手从兹去。”本于李白《送友人》“挥手自兹去”。“自”字改作“从”字，按照词律这里当用平声，故改。

（2）“眼角眉梢都似恨，热泪欲零还住。”王勃《送杜少府之任蜀州》：“无为在歧路，儿女共沾巾。”在分别时流泪，是小儿女的情态，不是革命者的表现，所以不让热泪流下来。

（3）“过眼滔滔云共雾。”成语“过眼云烟”，“过眼”后面加上了“滔滔”，形容误会之大，把“云烟”改为“云共雾”，雾比烟大，也形容误会之大。

（4）“凭割断愁丝恨缕。”李煜《乌夜啼》：“剪不断，理还乱，是离愁。”李煜认为离愁是剪不断的，作者反其意而用之，认为离愁是可以割断的。

（5）“要似昆仑崩绝壁”。柳宗元《河右平饶歌》：“昆仑以颓。”把“以颓”改成“崩绝壁”，更富形象性，又符合词律的需要。

（6）“重比翼，和云翥。”本于《尔雅·释地》：“南方有比翼鸟焉，不比不飞。”

看万山红遍，
层林尽染；
漫江碧透，
百舸争流
鹰击长空，
鱼翔浅底
怅寥廓，
问苍茫大地，
谁主沉浮？
曾记否，
到中流击水，
浪遏飞舟？

《沁园春·长沙》

原文

独立寒秋，湘江北去，橘子洲头。看万山红遍，层林尽染；漫江碧透，百舸争流。鹰击长空，鱼翔浅底，万类霜天竞自由。怅寥廓，问苍茫大地，谁主沉浮？　　携来百侣曾游。忆往昔峥嵘岁月稠。恰同学少年，风华正茂；书生意气，挥斥方遒。指点江山，激扬文字，粪土当年万户侯。曾记否，到中流击水，浪遏飞舟？

注释

（7）“看万山红遍，层林尽染；漫江碧透，百舸争流。”《水经注·湘水》引《湘中记》：“湘川清照五六丈，下见底。”故称“碧透”。

（8）“鹰击长空，鱼翔浅底”。化自《诗经·大雅·文王之什·旱麓》：“鸢飞戾天，鱼跃于渊。”

（9）“怅寥廓，问苍茫大地，谁主沉浮？”屈原有《天问》，这里暗用“天问”意。

（10）“曾记否，到中流击水，浪遏飞舟？”《庄子·逍遥游》写大鹏起飞，“鹏之徙于南冥也，水击三千里。”毛泽东自注：“击水：游泳。那时初学，盛夏水涨，几死者数。一群人终于坚持，直到隆冬，犹在江中。当时有一篇诗，都忘记了，只记得两句：自信人生二百年，会当水击三千里。”

黄鹤楼

茫茫九派流中国，

沉沉一线穿南北

把酒酹滔滔，

心潮逐浪高！

《菩萨蛮·黄鹤楼》

原文

茫茫九派流中国，沉沉一线穿南北。烟雨莽苍苍，龟蛇锁大江。黄鹤知何去？剩有游人处。把酒酹滔滔，心潮逐浪高！

注释

（11）“黄鹤楼”。历代诗人咏黄鹤楼的诗，以唐崔颢的《黄鹤楼》为著名：“昔人已乘黄鹤去，此地空余黄鹤楼。黄鹤一去不复返，白云千载空悠悠。晴川历历汉阳树，芳草萋萋鹦鹉洲。日暮乡关何处是？烟波江上使人愁。”《唐才子传》说，李白登上此楼说：“眼前有景道不得，崔颢题诗在上头。”崔颢怀古，只是望着白云想念仙人。崔颢抒情，只是抒思乡之情。作者却写出了为革命前途担忧的伟大情怀。

（12）“茫茫九派流中国，沉沉一线穿南北。”鲍照《登黄鹤矶》：“九派引江流。”王维《汉江临眺》：“楚塞三湘接，荆门九派通。江流天地外，山色有无中。”指长江在这一带有许多河流汇合，水势广大。

（13）“把酒酹滔滔，心潮逐浪高！”苏轼《念奴娇·赤壁怀古》：“一尊还酹江月。”苏轼“酹江月”，是怀念三国时代的英雄人物，作者“酹江水”，是表达同反对势力斗争到底的决心！

早已森严壁垒，更加众志成城

《西江月·井冈山》

原文

山下旌旗在望，山头鼓角相闻。敌军围困万千重，我自岿然不动。早已森严壁垒，更加众志成城。黄洋界上炮声隆，报道敌军宵遁。

注释

(14)“早已森严壁垒，更加众志成城。”《国语·周语下》：“故谚曰：众心成城。”这里作“众志”是词律要用仄声而改。

酒向人间都是怨，
一枕黄粱再现。
收拾金瓯一片，
分田分地真忙

《清平乐·蒋桂战争》

原文

风云突变，军阀重开战。洒向人间都是怨，一枕黄粱再现。　　红旗跃过汀江，直下龙岩上杭。收拾金瓯一片，分田分地真忙。

注释

（15）“洒向人间都是怨，一枕黄粱再现。”唐沈既济小说《枕中记》说，卢生在邯郸客店里向道士吕翁诉说自己穷困不得志，当时店主正在蒸黄粱（黄小米）做饭；吕翁给卢生一个瓷枕，要他枕了睡，卢生枕后在梦里果然享尽荣华富贵，醒来黄粱还没有蒸熟。

（16）“收拾金瓯一片，分田分地真忙。”《南史·朱异传》引梁武帝说：“我国家犹若金瓯，无一伤缺。”“收拾金瓯一片”，指红四军在闽西建立革命根据地，开展土地革命，局部改变了军阀割据、四分五裂的局面。

人生易老天难老
一年一度秋风劲，
不似春光。
胜似春光，
寥廓江天万里霜

《采桑子·重阳》

原文

人生易老天难老，岁岁重阳。今又重阳，战地黄花分外香。　一年一度秋风劲，不似春光。胜似春光，寥廓江天万里霜。

注释

（17）“人生易老天难老”。从李贺《金铜仙人辞汉歌》“天若有情天亦老”句转变过来。

（18）“一年一度秋风劲，不似春光。胜似春光，寥廓江天万里霜。”刘禹锡《秋词》：“自古逢秋悲寂寥，我言秋日胜春朝。”黄庭坚《登快阁》：“落木千山天远大。”

宁化、清流、归化，路隘林深苔滑

《如梦令·元旦》

原文

宁化、清流、归化，路隘林深苔滑。今日向何方，直指武夷山下。山下山下，风展红旗如画。

注释

（19）“宁化、清流、归化，路隘林深苔滑。”李白《峨眉山月歌》：“峨眉山月半轮秋，影入平羌江水流。夜发清溪向三峡，思君不见下渝州。”李白四句入地名者五，目为古今绝唱，作者一句连用三个地名。

六月天兵征腐恶，万丈长缨要把鲲鹏缚

《蝶恋花·从汀州向长沙》

原文

六月天兵征腐恶，万丈长缨要把鲲鹏缚。赣水那边红一角，偏师借重黄公略。　　百万工农齐踊跃，席卷江西直捣湘和鄂。国际悲歌歌一曲，狂飙为我从天落。

注释

（20）“六月天兵征腐恶，万丈长缨要把鲲鹏缚。”“天兵”指红军。《易·革卦》：“汤武革命，顺乎天而应乎人。”“长缨”，《汉书·终军传》：“愿受长缨，必羁南越王而致之阙下。”“鲲鹏”，《庄子·逍遥游》：“北冥有鱼，其名为鲲，鲲之大不知其几千里也。化而为鸟，其名为鹏，鹏之背不知其几千里也。”

不周山下红旗乱

《渔家傲·反第一次大“围剿”》

原文

万木霜天红烂漫，天兵怒气冲霄汉。雾满龙冈千嶂暗，齐声唤，前头捉了张辉瓒。　　二十万军重入赣，风烟滚滚来天半。唤起工农千百万，同心干，不周山下红旗乱。

注释

（21）“不周山下红旗乱。”关于共工头触不周山的故事：

《淮南子·天文训》：“昔者共工与颛顼争为帝，怒而触不周之山，天柱折，地维绝。天倾西北，故日月星辰移焉；地不满东南，故水潦尘埃归焉。”

《国语·周语》：“昔共工弃此道也，虞于湛乐，淫失其身，欲壅防百川，堕高堙庳，以害天下。皇天弗福，庶民弗助，祸乱并兴，共工用灭。”（韦昭注：“贾侍中〔按指后汉贾逵〕云：共工，诸侯，炎帝之后，姜姓也。颛顼氏衰，共工氏侵陵诸侯，与高辛氏争而王也。”）

《史记》司马贞补《三皇本纪》：“当其（按指女娲）末年也，诸侯有共工氏，任智刑以强，霸而不王，以水乘木，乃与祝融战，不胜而怒，乃头触不周山崩，天柱折，地维缺。”

毛按：诸说不同。我取《淮南子·天文训》，共工是胜利的英雄。你看，“怒而触不周之山，天柱折，地维绝。天倾西北，故日月星辰移焉；地不满西南，故水潦尘埃归焉。”他死了没有呢？没有说。看来是没有死，共工是确实胜利了。

枯木朽株齐努力
飞将军自重霄入
横扫千军如卷席

《渔家傲·反第二次大“围剿”》

原文

白云山头云欲立，白云山下呼声急，枯木朽株齐努力。枪林逼，飞将军自重霄入。　　七百里驱十五日，赣水苍茫闽山碧，横扫千军如卷席。有人泣，为营步步嗟何及！

注释

（22）“枯木朽株齐努力”。西汉司马相如《谏猎疏》：“枯木朽株尽为害矣。”认为汉武帝坐车出去打猎，要是碰上猛兽扑来，要驾车退避，林中的枯木朽株都会阻碍他的退路，给他作难。毛泽东这里反其意而用之，指各种力量一齐帮助红军，阻碍敌人逃跑。

（23）“飞将军自重霄入”。《史记·李将军列传》：“（李）广居右北平，匈奴闻之，号曰‘汉之飞将军’”。

（24）“横扫千军如卷席”。杜甫《醉歌行》：“笔阵独扫千人军。”贾谊《过秦论》：“席卷天下。”

赤橙黄绿青蓝紫，谁持彩练当空舞？

《菩萨蛮·大柏地》

原文

赤橙黄绿青蓝紫，谁持彩练当空舞？雨后复斜阳，关山阵阵苍。当年鏖战急，弹洞前村壁。装点此关山，今朝更好看。

注释

（25）“赤橙黄绿青蓝紫，谁持彩练当空舞？”明《皇明政要》说，洪武初年，明太祖朱元璋口占《霓虹诗》：“谁把青红线两条，和云和雨系天腰。”这诗只分青红两色，比较简单，又称为线，似太细。这首词分列七色，比作彩练，当空舞动，表现了作者丰富的想象力。

踏遍青山人未老

战士指看南粤，

更加郁郁葱葱

《清平乐·会昌》

■ 原文

东方欲晓，莫道君行早。踏遍青山人未老，风景这边独好。　会昌城外高峰，颠连直接东溟。战士指看南粤，更加郁郁葱葱。

注释

（26）“踏遍青山人未老”。《左传·襄公二十八年》：“师直为壮，曲为老。”以军队理直而气势旺盛为“壮”，理曲而士气低落为“老”。红军为革命而战，为反帝反封建而战，是正义的，是“师直为壮”，战士的士气是旺盛的。毛泽东自注：“一九三四年，形势危急，准备长征，心情又是郁闷的。这一首《清平乐》，如前面那首《菩萨蛮》一样，表露了同一的心境。”

（27）“战士指看南粤，更加郁郁葱葱。”《后汉书·光武帝纪》：“气佳哉，郁郁葱葱然。”

离天三尺三

《十六字令三首》

原文

山，快马加鞭未下鞍。惊回首，离天三尺三。

其二

山，倒海翻江卷巨澜。奔腾急，万马战犹酣。

其三

山，刺破青天锷未残。天欲堕，赖以拄其间。

注释

（28）“离天三尺三”。湖南民谣：“上有骷髅山，下有八面山，离天三尺三。人过要低头，马过要下鞍。”

乌蒙磅礴走泥丸

《七律·长征》

■ 原文

红军不怕远征难，万水千山只等闲。五岭逶迤腾细浪，乌蒙磅礴走泥丸。金沙水拍云崖暖，大渡桥横铁索寒。更喜岷山千里雪，三军过后尽开颜。

注释

（29）“乌蒙磅礴走泥丸”。《汉书·蒯通传》：“坂上走丸。”泥丸从山上滚下来，成一条起伏跳动的线，可比山势的起伏。

飞起玉龙三百万，
搅得周天寒彻
夏日消溶，
江河横溢，
人或为鱼鳖
安得倚天抽宝剑，
把汝裁为三截？

《念奴娇·昆仑》

原文

横空出世，莽昆仑，阅尽人间春色。飞起玉龙三百万，搅得周天寒彻。夏日消溶，江河横溢，人或为鱼鳖。千秋功罪，谁人曾与评说？

而今我谓昆仑：不要这高，不要这多雪。安得倚天抽宝剑，把汝裁为三截？一截遗欧，一截赠美，一截还东国。太平世界，环球同此凉热。

注释

（30）“飞起玉龙三百万，搅得周天寒彻。”南宋魏庆之《诗人玉屑·知音》：姚嗣宗条“战罢玉龙三百万，败鳞残甲满天飞。”这首词里把这两局概括为“飞起玉龙三百万，搅得周天寒彻。”指飞雪了。因为雪大，整个天空都冷透了。

（31）“夏日消溶，江河横溢，人或为鱼鳖。”《左传·昭公元年》：“微（没有）禹，吾其鱼乎！”没有禹，人可能就变成鱼了！

（32）“安得倚天抽宝剑，把汝裁为三截？”宋玉《大言赋》：“方地为车，圆天为盖。长剑耿介，倚天之外。”李白《大猎赋》：“于是擢倚天之剑，弯落月之弓。昆仑叱兮可倒，宇宙噫兮增雄。”辛弃疾《水龙吟》：“举头西北浮云，倚天万里须长剑。”作者把剑的倚天，改为人的倚天，突出了人民的高大形象，把昆仑裁为三截，抒发了诗人的伟大抱负。

今日长缨在手，何时缚住苍龙？

《清平乐·六盘山》

原文

天高云淡，望断南飞雁。不到长城非好汉，屈指行程二万。　　六盘山上高峰，红旗漫卷西风。今日长缨在手，何时缚住苍龙？

注释

（33）“今日长缨在手，何时缚住苍龙?”“苍龙”，古代用来指凶神恶煞，这里用来指蒋介石。《后汉书·张纯传》注：“苍龙，太岁也。”

江山如此多娇，
引无数英雄竞折腰
稍逊风骚
只识弯弓射大雕
俱往矣，
数风流人物，
还看今朝

《沁园春·雪》

原文

北国风光，千里冰封，万里雪飘。望长城内外，惟余莽莽；大河上下，顿失滔滔。山舞银蛇，原驰蜡象，欲与天公试比高。须晴日，看红装素裹，分外妖娆。　　江山如此多娇，引无数英雄竞折腰。惜秦皇汉武，略输文采；唐宗宋祖，稍逊风骚。一代天骄，成吉思汗，只识弯弓射大雕。俱往矣，数风流人物，还看今朝。

注释

（34）“江山如此多娇，引无数英雄竞折腰。”典出《晋书·陶潜传》：“不能为五斗米折腰。”竞折腰，指折腰、倾倒、躬着腰侍候，这里是说争着为江山奔走操劳。

（35）“稍逊风骚”。风骚本指《诗经》里的《国风》和《楚辞》里的《离骚》，后来泛指文章辞藻，批判封建统治者文治方面的不足。

（36）“只识弯弓射大雕”。《史记·李将军列传》称匈奴中最好的射手为射雕手。“只识弯弓射大雕”，指他们只有武功，缺乏文治。

（37）“俱往矣，数风流人物，还看今朝。”苏轼《念奴娇·赤壁怀古》：“大江东去，浪淘尽，千古风流人物。”

虎踞龙盘今胜昔，
天翻地覆慨而慷。
宜将剩勇追穷寇，
不可沽名学霸王。
天若有情天亦老，
人间正道是沧桑。

《七律·人民解放军占领南京》

原文

钟山风雨起苍黄，百万雄师过大江。虎踞龙盘今胜昔，天翻地覆慨而慷。宜将剩勇追穷寇，不可沽名学霸王。天若有情天亦老，人间正道是沧桑。

注释

（38）“虎踞龙盘今胜昔，天翻地覆慨而慷。”《太平御览》记载诸葛亮看到吴国都城建业（今南京市南）的地势，曾说：“钟山龙盘，石头虎踞，此帝王之宅。”曹操《短歌行》：“慨当以慷。”

（39）“宜将剩勇追穷寇，不可沽名学霸王。”《左传·成公二年》：“欲勇者贾余余勇。”《孙子·军争》：“穷寇勿追。”“沽名”，指猎取名誉。秦朝末年，项羽和刘邦都起兵反秦。刘邦先占据秦都咸阳拒项羽；项羽歼灭了秦兵主力，拥四十万大军入咸阳。他当时为了避免“不义”之名，没有利用优势兵力消灭刘邦，后来反为刘邦所灭。

（40）“天若有情天亦老，人间正道是沧桑。”李贺《金铜仙人辞汉歌》：“空将汉月出宫门，忆君清泪如铅水。衰兰送客咸阳道，天若有情天亦老。”“沧桑”，沧海变为桑田。葛洪《神仙传》：“麻姑谓王方平曰：‘接待以来，已见东海三为桑田。’”

观鱼胜过富春江

《七律·和柳亚子先生》

原文

饮茶粤海未能忘，索句渝州叶正黄。三十一年还旧国，落花时节读华章。牢骚太盛防肠断，风物长宜放眼量。莫道昆明池水浅，观鱼胜过富春江。

注释

（41）“观鱼胜过富春江”。“观鱼”指严光在富春江钓台隐居。因为富春江钓台高数百丈，不可能在钓台上观鱼，只能隐居。

长夜难明赤县天

《浣溪沙·和柳亚子先生》

原文

一九五〇年国庆观剧，柳亚子先生即席赋浣溪沙，因步其韵奉和。

长夜难明赤县天，百年魔怪舞翩跹，人民五亿不团圆。　　一唱雄鸡天下白，万方乐奏有于阗，诗人兴会更无前。

注释

（42）“长夜难明赤县天”。《史记·孟子荀卿列传》称中国为“赤县神州”。

往事越千年，魏武挥鞭，东临碣石有遗篇

《浪淘沙·北戴河》

原文

大雨落幽燕，白浪滔天，秦皇岛外打鱼船。一片汪洋都不见，知向谁边？　　往事越千年，魏武挥鞭，东临碣石有遗篇。萧瑟秋风今又是，换了人间。

注释

（43）“往事越千年，魏武挥鞭，东临碣石有遗篇。”汉献帝建安十二年（公元二〇七年），曹操北征乌桓族，七月，出卢龙塞。历史上，秦皇汉武都到过碣石。曹操在《步出夏门行》的《观沧海》里说：“心意怀游豫，不知当复何从。经过至我碣石，心惆怅我东海。东临碣石，以观沧海。”

才饮长沙水，
又食武昌鱼
子在川上曰：
逝者如斯夫！
一桥飞架南北，
天堑变通途
更立西江石壁，
截断巫山云雨，
高峡出平湖

《水调歌头·游泳》

原文

才饮长沙水，又食武昌鱼。万里长江横渡，极目楚天舒。不管风吹浪打，胜似闲庭信步，今日得宽余。子在川上曰：逝者如斯夫！　风樯动，龟蛇静，起宏图。一桥飞架南北，天堑变通途。更立西江石壁，截断巫山云雨，高峡出平湖。神女应无恙，当惊世界殊。

注释

（44）“才饮长沙水，又食武昌鱼。”长沙水，见毛泽东自注：民谣：“常德德山山有德，长沙沙水水无沙。”所谓长沙水，地在长沙城东，有一个有名的“白沙井”。武昌鱼，借用三国时代吴国的童谣加以化用。《三国志·吴书·陆凯传》称：吴主孙皓要把都城从建业（故城在今南京市南）迁到武昌，老百姓不愿意，有童谣说：“宁饮建业水，不食武昌鱼。宁还建业死，不止武昌居。”当时孙皓迁都，使百姓服劳役。百姓用船送迁都物资，逆流而上，深感烦苦，所以有这首童谣。事实上，当时作者已经初步找到了一条符合中国的路线，反映中国客观经济规律，人民安乐。所以作者对这首童谣，反其意加以化用，写成“才饮长沙水，又食武昌鱼”了。

（45）“子在川上曰：逝者如斯夫！”《论语·子罕》：“子在川上，曰：‘逝者如斯夫！不舍昼夜。’”朱熹集注：“欲学者时时省察，而无毫发之间断也。”

（46）“一桥飞架南北，天堑变通途。”《南史·孔范传》记载，隋伐陈，孔范向陈后主说：“长江天堑，古来限隔，虏军岂能飞渡?”

（47）“更立西江石壁，截断巫山云雨，高峡出平湖。”宋玉《高唐赋·序》说，楚怀王在游高唐时，梦中见到巫山神女，神女自称：“旦为朝云，暮为行雨。”这里借用这个故事，说明拦河坝可以截断巫山的云雨，使在高峡中出现一个平湖，神女也应当感到惊叹！

我失骄杨君失柳，
杨柳轻飏直上重霄九
问讯吴刚何所有，
吴刚捧出桂花酒
寂寞嫦娥舒广袖，
万里长空且为忠魂舞

《蝶恋花·答李淑一》

原文

我失骄杨君失柳，杨柳轻飏直上重霄九。问讯吴刚何所有，吴刚捧出桂花酒。　　寂寞嫦娥舒广袖，万里长空且为忠魂舞。忽报人间曾伏虎，泪飞顿作倾盆雨。

注释

(48)“我失骄杨君失柳，杨柳轻飏直上重霄九。”古代神话认为天有九重，指的是极高处。

(49)“问讯吴刚何所有，吴刚捧出桂花酒。”“吴刚”，段成式《酉阳杂俎》称他是汉朝西河人，跟仙人学修仙，犯了错误，被罚在月宫中砍桂树。桂树高五百丈，砍下去的斧头刚举起，桂树被砍伤的地方立即长好，因此他一直在砍。由于吴刚跟桂树的关系，所以他用桂花酒来待客，也可以想象吴刚已经从罚作砍树的劳役中释放出来，成为月宫接待贵宾的人员。曹植《仙人篇》：“玉樽盈桂酒。”也以桂酒为仙人饮料。

(50)“寂寞嫦娥舒广袖，万里长空且为忠魂舞。”《淮南子·览冥训》：“弈请不死之药于西王母，姮娥窃之奔月宫。”姮娥，后羿妻。汉文帝名恒，汉人改姮为嫦。李商隐《嫦娥》诗：“嫦娥应悔偷灵药，碧海青天夜夜心。”说嫦娥在月宫夜夜看到碧海青天的单调景物，不免感到寂寞，所以说“寂寞嫦娥”。

送瘟神
绿水青山枉自多，
华佗无奈小虫何！
千村薜荔人遗矢，
万户萧疏鬼唱歌
坐地日行八万里，
巡天遥看一千河
春风杨柳万千条，
六亿神州尽舜尧
红雨随心翻作浪

《七律二首·送瘟神》

原文

读六月三十日《人民日报》，余江县消灭了血吸虫。浮想联翩，夜不能寐。微风拂煦，旭日临窗。遥望南天，欣然命笔。

绿水青山枉自多，华佗无奈小虫何！千村薜荔人遗矢，万户萧疏鬼唱歌。坐地日行八万里，巡天遥看一千河。牛郎欲问瘟神事，一样悲欢逐逝波。

其二

春风杨柳万千条，六亿神州尽舜尧。红雨随心翻作浪，青山着意化为桥。天连五岭银锄落，地动三河铁臂摇。借问瘟君欲何往，纸船明烛照天烧。

注释

（51）“送瘟神”，典出韩愈《送穷文》。把迷信传说中的司瘟疫之神送走。意谓动员起来的群众力量同科学知识相结合，将有可能彻底消灭危害中国长江流域以南很多省份广大人民的血吸虫病。

（52）“绿水青山枉自多，华佗无奈小虫何！”“华佗”，汉末著名的医生。

（53）“千村薜荔人遗矢，万户萧疏鬼唱歌。”《史记·廉颇蔺相如列传》说赵国名将廉颇被废，到了楚国。赵王想再起用他，派使者到楚国去看廉颇，使者拿了反对廉颇的人的钱，回来诳报说：“廉颇将军虽老，尚善饭。然与臣坐，顷之，三遗矢矣。”这里指患血吸虫病的人下泻不止，濒于死亡。“鬼唱歌”，李贺诗：“秋坟鬼唱鲍家诗。”

（54）“坐地日行八万里，巡天遥看一千河。”地球的自转和公转。八万里，指地球自转一周，地球的赤道全长四万公里，正合八万里。“遥看一千河”，地球在自转时，同时在公转，作者想象飞腾，遥看天上无数星河。

（55）“春风杨柳万千条，六亿神州尽舜尧。”《史记·孟子荀卿列传》称中国“赤县神州”。《孟子·告子下》：“人皆可以为尧舜。”

（56）“红雨随心翻作浪”。李贺《将进酒》：“桃花乱落如红雨。”

别梦依稀咒逝川

《七律·到韶山》

原文

一九五九年六月二十五日到韶山。离别这个地方已有三十二周年了。

别梦依稀咒逝川，故园三十二年前。红旗卷起农奴戟，黑手高悬霸主鞭。为有牺牲多壮志，敢教日月换新天。喜看稻菽千重浪，遍地英雄下夕烟。

注释

（57）“别梦依稀咒逝川”。唐张泌《寄人》：“别梦依依到谢家。”

陶令不知何处去，桃花源里可耕田？

《七律·登庐山》

原文

一山飞峙大江边，跃上葱茏四百旋。冷眼向洋看世界，热风吹雨洒江天。云横九派浮黄鹤，浪下三吴起白烟。陶令不知何处去，桃花源里可耕田？

注释

（58）“陶令不知何处去，桃花源里可耕田？”陶渊明（三六五——四二七），东晋诗人，做过彭泽令，故称陶令。他家就住在庐山附近，他的《饮酒》之五说：“采菊东篱下，悠然见南山。”南山即庐山。作者登上庐山，想到陶渊明。陶渊明写了《桃花源记》，把桃花源说成是与世隔绝，过着和平而没有剥削生活的农村。现在的农村，和平而没有剥削，不正是陶渊明所向往的桃花源吗？

飒爽英姿五尺枪 中华儿女多奇志

《七绝·为女民兵题照》

原文

飒爽英姿五尺枪，曙光初照演兵场。中华儿女多奇志，不爱红装爱武装。

注释

（59）“飒爽英姿五尺枪”。杜甫《丹青引》：“褒公鄂公毛发动，英姿飒爽来酣战。”

（60）“中华儿女多奇志”。钟嵘《诗品》评张华诗：“恨其儿女情多，风云气少。”今天的中华儿女已经大不相同，中华儿女多奇志了，不爱红装爱武装！

九嶷山上白云飞，
帝子乘风下翠微
斑竹一枝千滴泪，
红霞万朵百重衣
洞庭波涌连天雪，
长岛人歌动地诗
我欲因之梦寥廓，
芙蓉国里尽朝晖

《七律·答友人》

原文

九嶷山上白云飞，帝子乘风下翠微。斑竹一枝千滴泪，红霞万朵百重衣。洞庭波涌连天雪，长岛人歌动地诗。我欲因之梦寥廓，芙蓉国里尽朝晖。

注释

（61）“九嶷山上白云飞，帝子乘风下翠微。”九嶷山又名苍梧山，在湖南省南部宁远县城南六十里。古代传说，尧帝有二女，名娥皇、女英，同嫁舜帝。舜南巡死于苍梧，即葬其地。二妃寻舜至湘江，悼念不已，泪滴竹上而成斑点，称为湘妃竹。“帝子”，即指尧的二女。《楚辞·九歌·湘夫人》：“帝子降兮北渚。”“翠微”，轻淡青葱的山色，指“未及山顶”的高处（见《尔雅·释山》疏）。这两句是说，九嶷山上的白云在飞，尧的二女乘风从半山里下来。

（62）“斑竹一枝千滴泪，红霞万朵百重衣。”李白《清平调》：“云想衣裳花想容。”

（63）“洞庭波涌连天雪，长岛人歌动地诗。”李商隐《瑶池》：“黄竹歌声动地哀。”苏轼《念奴娇·赤壁怀古》：“惊涛拍岸，卷起千堆雪。”

（64）“我欲因之梦寥廓，芙蓉国里尽朝晖。”李白《梦游天姥吟留别》：“我欲因之梦吴越。”五代谭用之《秋宿湘江遇雨》：“秋风万里芙蓉国，暮雨千家薜荔村。”芙蓉国，指湖南省。

天生一个仙人洞，无限风光在险峰

《七绝·为李进同志题所摄庐山仙人洞照》

原文

暮色苍茫看劲松，乱云飞渡仍从容。天生一个仙人洞，无限风光在险峰。

注释

（65）“天生一个仙人洞，无限风光在险峰。”马克思《〈资本论〉第一卷法文版序言》：“只有不畏劳苦沿着陡峭山路攀登的人，才有希望到达光辉的顶点。”

一从大地起风雷，
便有精生白骨堆。
僧是愚氓犹可训，
妖为鬼蜮必成灾。
金猴奋起千钧棒，
玉宇澄清万里埃。
今日欢呼孙大圣，
只缘妖雾又重来。

《七律·和郭沫若同志》

原文

一从大地起风雷，便有精生白骨堆。僧是愚氓犹可训，妖为鬼蜮必成灾。金猴奋起千钧棒，玉宇澄清万里埃。今日欢呼孙大圣，只缘妖雾又重来。

注释

（66）“一从大地起风雷，便有精生白骨堆。”《周易说卦》：“动万物者莫疾乎雷，挠万物者莫疾乎风。”风和雷是推动万物变化的巨大力量，这里比作革命。《西游记》第二十七回，“尸魔三戏唐三藏，圣僧恨逐美猴王”。写唐僧到西天取经，在路上碰到白骨精。白骨精先后变成美女、老妇、老翁，三次想引诱唐僧进入魔窟，孙悟空三次认出他们是妖精，用金箍棒来打，妖精三次逃跑了。唐僧认为孙悟空三次打死了三个人，把他赶走。孙悟空一走，唐僧被白骨精捉去。猪八戒把孙悟空请回来，消灭了白骨精，救出了唐僧。唐僧与孙悟空重新和好。

（67）“僧是愚氓犹可训，妖为鬼蜮必成灾。”唐代高僧玄奘，曾去印度研究佛学，取经文回来，大量翻译佛经，民间流传唐僧取经的神话传说，明代吴承恩编成小说《西游记》。

（68）“金猴奋起千钧棒，玉宇澄清万里埃。”“金猴”指孙悟空。《西游记》写他被太上老君投入八卦炉烧了四十九天，炼成铜头铁臂，火眼金睛，所以称金猴。“千钧棒”，指孙悟空的金箍棒。“钧”，三十斤为一钧。《西游记》说孙悟空的金箍棒重一万三千五百斤，可以缩小成绣花针。

（69）“今日欢呼孙大圣，只缘妖雾又重来。”“孙大圣”，即孙悟空，他自称“齐天大圣”，与玉皇大帝对抗。

读陆游咏梅词，反其意而用之

《卜算子·咏梅》

原文

读陆游咏梅词，反其意而用之。

风雨送春归，飞雪迎春到。已是悬崖百丈冰，犹有花枝俏。　俏也不争春，只把春来报。待到山花烂漫时，她在丛中笑。

注释

（70）“读陆游咏梅词，反其意而用之。”陆游（一一二五——一二一〇），字务观，号放翁，山阴（今浙江绍兴）人。南宋爱国的大诗人。他生在封建统治阶级向外来侵略势力委曲求和的时代，爱国抱负不为时用，晚年退居家乡。他在《咏梅》词中表现出孤芳自赏、凄凉抑郁的调子。本词用陆游原调原题，但情调完全相反，所以说“反其意而用之”。

雪压冬云白絮飞，万花纷谢一时稀

《七律·冬云》

原文

雪压冬云白絮飞，万花纷谢一时稀。高天滚滚寒流急，大地微微暖气吹。独有英雄驱虎豹，更无豪杰怕熊罴。梅花欢喜漫天雪，冻死苍蝇未足奇。

注释

（71）“雪压冬云白絮飞，万花纷谢一时稀。”称雪为白絮，本十《世说新语·言语》：谢安问：“白雪纷纷何所似?”谢朗说：“撒盐空中差可拟。”谢道韫说：“未若柳絮因风起。”安大悦。这时候，万花纷纷谢落，还开放的花是少了。这里虽然没有点出梅花来，但“一时稀”和结尾的“梅花”呼应，实际上是指梅花。

蚂蚁缘槐夸大国，
蚍蜉撼树谈何易
正西风落叶下长安

《满江红·和郭沫若同志》

原文

小小寰球，有几个苍蝇碰壁。嗡嗡叫，几声凄厉，几声抽泣。蚂蚁缘槐夸大国，蚍蜉撼树谈何易。正西风落叶下长安，飞鸣镝。　　多少事，从来急；天地转，光阴迫。一万年太久，只争朝夕。四海翻腾云水怒，五洲震荡风雷激。要扫除一切害人虫，全无敌。

注释

（72）“蚂蚁缘槐夸大国，蚍蜉撼树谈何易。”唐李公佐《南柯太守传》：淳于棼在大槐树下喝酒，醉卧，梦中被人引入大槐安国，做南柯太守，享尽荣华富贵，醒后才知是一梦。韩愈《调张籍》：“蚍蜉撼大树，可笑不自量。”

（73）“正西风落叶下长安”。贾岛《忆江上吴处士》：“秋风生渭水，落叶满长安。”

记得当年草上飞

斥鷃每闻欺大鸟，

昆鸡长笑老鹰非

《七律·吊罗荣桓同志》

原文

记得当年草上飞，红军队里每相违。长征不是难堪日，战锦方为大问题。斥鷃每闻欺大鸟，昆鸡长笑老鹰非。君今不幸离人世，国有疑难可问谁？

注释

（74）“记得当年草上飞”。借用黄巢《自题像》诗句。

（75）“斥鷃每闻欺大鸟，昆鸡长笑老鹰非。”《庄子·逍遥游》说，斥鷃笑鹏鸟飞得太高，认为自己在蓬蒿中飞翔，也是飞得最好了。俄国克雷洛夫寓言《鹰和鸡》中说，鹰因为低飞而受到鸡的耻笑，认为鹰飞得跟鸡一样低；鹰答道：“鹰有时比鸡还飞得低，但鸡永远不能飞得像鹰那样高。”

人世难逢开口笑，
上疆场彼此弯弓月
有多少风流人物？
盗跖庄屩流誉后，
更陈王奋起挥黄钺

《贺新郎·读史》

原文

人猿相揖别。只几个石头磨过，小儿时节。铜铁炉中翻火焰，为问何时猜得，不过几千寒热。人世难逢开口笑，上疆场彼此弯弓月。流遍了，郊原血。　　一篇读罢头飞雪，但记得斑斑点点，几行陈迹。五帝三皇神圣事，骗了无涯过客。有多少风流人物？盗跖庄屩流誉后，更陈王奋起挥黄钺。歌未竟，东方白。

注释

（76）“人世难逢开口笑，上疆场彼此弯弓月。”杜牧《九日齐山登高》：“尘世难逢开口笑，菊花须插满头归。”苏轼《江城子·密州出猎》：“会挽雕弓如满月。”

（77）“有多少风流人物？盗跖庄屩流誉后，更陈王奋起挥黄钺。”《庄子·盗跖》篇说他“从卒九千人，横行天下，侵暴诸侯。”说明他是反剥削阶级的英雄。庄屩是战国时楚人。楚威王时，他率众起义。后率众至滇池（云南），在那里称王，他反对楚威王而起义，也是起义英雄。《荀子·不苟》篇说盗跖“名声若日月”，赞美他的名声。更有秦朝的陈胜领导农民起义，称为陈王。陈王奋勇起来，挥动黄色大斧，这里借用。《史记·周本纪》称周武王“以黄钺斩纣头”。

可上九天揽月，可下五洋捉鳖

《水调歌头·重上井冈山》

原文

久有凌云志，重上井冈山。千里来寻故地，旧貌变新颜。到处莺歌燕舞，更有潺潺流水，高路入云端。过了黄洋界，险处不须看。　　风雷动，旌旗奋，是人寰。三十八年过去，弹指一挥间。可上九天揽月，可下五洋捉鳖，谈笑凯歌还。世上无难事，只要肯登攀。

注释

(78)“可上九天揽月，可下五洋捉鳖”。九天，指天的极高处。《孙子·形》:“善攻者，动于九天之上。”“揽月”，摘取月亮。李白《宣州谢朓楼饯别校书叔云》:“俱怀逸兴壮思飞，欲上青天览明月。”“五洋”，泛指海洋，泛指世界。“捉鳖”，元康进之《李逵负荆》第四折：“管教他瓮中捉鳖，手到拿来。”

鲲鹏展翅，九万里，翻动扶摇羊角

《念奴娇·鸟儿问答》

原文

鲲鹏展翅，九万里，翻动扶摇羊角。背负青天朝下看，都是人间城郭。炮火连天，弹痕遍地，吓倒蓬间雀。怎么得了，哎呀我要飞跃。

借问君去何方，雀儿答道：有仙山琼阁。不见前年秋月朗，订了三家条约。还有吃的，土豆烧熟了，再加牛肉。不须放屁，试看天地翻覆。

注释

（79）“鲲鹏展翅，九万里，翻动扶摇羊角。”《庄子·逍遥游》说有大鱼叫鲲，变化成大鸟叫鹏，“抟扶摇而上者九万里”，大鹏凭着旋风的力量，飞上九万里高空。

（二）副编

衡阳雁声彻，
湘滨春溜回。
城隈草萋萋，
涔泪侵双题。
子期竟早亡，
牙琴从此绝。

《五古·挽易昌陶》

原文

去去思君深，思君君不来。愁杀芳年友，悲叹有余哀。衡阳雁声彻，湘滨春溜回。感物念所欢，踯躅南城隈。城隈草萋萋，涔泪侵双题。采采余孤景，日落衡云西。方期沆瀣游，零落匪所思。永诀从今始，午夜惊鸣鸡。鸣鸡一声唱，汗漫东皋上。冉冉望君来，握手珠眶涨。关山蹇骥足，飞飙拂灵帐。我怀郁如焚，放歌倚列嶂。列嶂青且茜，愿言试长剑。东海有岛夷，北山尽仇怨。荡涤谁氏子，安得辞浮贱。子期竟早亡，牙琴从此绝。琴绝最伤情，朱华春不荣。后来有千日，谁与共平生？望灵荐杯酒，惨淡看铭旌。惆怅中何寄，江天水一泓。

注释

（80）“衡阳雁声彻，湘滨春溜回。”湖南衡阳有回雁峰，唐朝高适《送王少府贬长沙》有“衡阳归雁几封书”句，指到衡阳去回来的雁子可以带信来。现在易君不在了，只有雁声响彻衡阳，不再有信来了。

（81）“城隈草萋萋，涔泪侵双题。”宋李重元《忆王孙·春词》：“萋萋芳草忆王孙。”“涔泪”，不断流下的泪。“浸双题”，谢惠连《捣衣诗》：

“微芳起两袖，轻汗染双题。”“双题”，额的两侧。

（82）“子期竟早亡，牙琴从此绝。”《吕氏春秋·本味》：“伯牙鼓琴，钟子期听之。方鼓琴而志在太山，钟子期曰：‘善哉乎鼓琴，巍巍乎若太山。’少选之间，而志在流水，钟子期曰：‘善哉乎鼓琴，汤汤乎若流水。’钟子期死，伯牙破琴绝弦，终身不复鼓琴，以为世无足复为鼓琴者。”

君行吾为发浩歌，
鲲鹏击浪从兹始
名世于今五百年，
诸公碌碌皆馀子
平浪宫前友谊多，
崇明对马衣带水
东瀛濯剑有书还，
我返自崖君去矣

《七古·送纵宇一郎东行》

原文

云开衡岳积阴止，天马凤凰春树里。年少峥嵘屈贾才，山川奇气曾钟此。君行吾为发浩歌，鲲鹏击浪从兹始。洞庭湘水涨连天，艟艨巨舰直东指。无端散出一天愁，幸被东风吹万里。丈夫何事足萦怀，要将宇宙看稊米。沧海横流安足虑，世事纷纭从君理。管却自家身与心，胸中日月常新美。名世于今五百年，诸公碌碌皆馀子。平浪宫前友谊多，崇明对马衣带水。东瀛濯剑有书还，我返自崖君去矣。

注释

（83）“君行吾为发浩歌，鲲鹏击浪从兹始。”《庄子·逍遥游》说鲲鱼化为大鹏，大鹏起飞时，“水击三千里”，用翅膀击水击了三千里才起飞。

（84）“名世于今五百年，诸公碌碌皆馀子。”《孟子·公孙丑下》：“五百年必有王者兴，其间必有名世者。”《后汉书·祢衡传》：“常称曰：‘大儿孔文举（融），小儿杨德祖（修），馀子碌碌，莫足数也。’”

（85）“平浪宫前友谊多，崇明对马衣带水。”《南史·陈后主纪》：隋文帝说隋和陈只隔“一衣带水”，把长江比做一条衣带。这里指中日相距极近。

（86）“东瀛濯剑有书还，我返自崖君去矣。”“濯剑”，《晋书·张华传》：张华托雷焕找到龙泉、太阿两宝剑，后两宝剑在延平津里化为两龙。《庄子·山木》：“送君者皆自崖而反（返），君自此远矣！”

寂寞披衣起坐数寒星

《虞美人·枕上》

原文

堆来枕上愁何状，江海翻波浪。夜长天色总难明，寂寞披衣起坐数寒星。　晓来百念都灰尽，剩有离人影。一钩残月向西流，对此不抛眼泪也无由。

注释

（87）“寂寞披衣起坐数寒星”。宋玉《九辩》：“愿寄言夫流星兮。”王逸注：“欲托忠策于贤良也。”把流星比作贤良。鲁迅《自题小像》：“寄意寒星荃不察”，改流星作寒星。这里用寒星也应指贤良。

地主重重压迫，农民个个同仇

《西江月·秋收起义》

原文

军叫工农革命，旗号镰刀斧头。匡庐一带不停留，要向潇湘直进。

地主重重压迫，农民个个同仇。秋收时节暮云愁，霹雳一声暴动。

注释

（88）“地主重重压迫，农民个个同仇。”《诗·秦风·无衣》：“修我戈矛。与子同仇。”

纤笔一枝谁与似？三千毛瑟精兵

《临江仙·给丁玲同志》

原文

壁上红旗飘落照，西风漫卷孤城。保安人物一时新。洞中开宴会，招待出牢人。　　纤笔一枝谁与似？三千毛瑟精兵。阵图开向陇山东。昨天文小姐，今日武将军。

注释

（89）“纤笔一枝谁与似？三千毛瑟精兵。”孙中山一九二二年八月二十四日《与报界的谈话》：“常言谓：一枝笔胜于三千毛瑟枪。”

外侮需人御，将军赋采薇

《五律·挽戴安澜将军》

原文

外侮需人御，将军赋采薇。师称机械化，勇夺虎罴威。浴血东瓜守，驱倭棠吉归。沙场竟殒命，壮志也无违。

注释

（90）“外侮需人御，将军赋采薇。”《采薇》是《诗·小雅》中抗击敌人侵略的诗，称“岂敢定居？一月三捷”。

征马嘶北风

《五律·张冠道中》

原文

朝雾弥琼宇，征马嘶北风。露湿尘难染，霜笼鸦不惊。戎衣犹铁甲，须眉等银冰。踟蹰张冠道，恍若塞上行。

注释

（91）“征马嘶北风”。《诗经·小雅·车攻》：“萧萧马鸣。”

故里鸿音绝

《五律·喜闻捷报》

原文

中秋步运河上，闻西北野战军收复蟠龙作。

秋风度河上，大野入苍穹。佳令随人至，明月傍云生。故里鸿音绝，妻儿信未通。满宇频翘望，凯歌奏边城。

注释

（92）“故里鸿音绝”。《汉书·苏武传》说大雁可以传达书信。这里指故乡没有音信。

颜斶齐王各命前

《浣溪沙·和柳亚子先生》

原文

颜斶齐王各命前，多年矛盾廓无边，而今一扫纪新元。　　最喜诗人高唱至，正和前线捷音联，妙香山上战旗妍。

注释

（93）“颜斶齐王各命前”。颜斶，战国时齐国士子。《战国策·齐策四》：“齐宣王见颜斶曰：‘斶前！’斶亦曰：‘王前！’宣王不悦。……斶对曰：‘夫斶前为慕势，王前为趋士。与使斶为慕势，不如使王为趋士。’”这是比喻蒋介石要柳亚子听从他的反革命主张，柳亚子要蒋介石听从他的革命主张。

尊前谈笑人依旧，
域外鸡虫事可哀
莫叹韶华容易逝，
卅年仍到赫曦台

《七律·和周世钊同志》

原文

春江浩荡暂徘徊，又踏层峰望眼开。风起绿洲吹浪去，雨从青野上山来。尊前谈笑人依旧，域外鸡虫事可哀。莫叹韶华容易逝，卅年仍到赫曦台。

注释

(94)“尊前谈笑人依旧，域外鸡虫事可哀。”杜甫《缚鸡行》：“小奴缚鸡向市卖，鸡被缚急相喧争。家中厌鸡食虫蚁，不知鸡卖还遭烹。虫鸡于人何厚薄？吾叱奴人解其缚。鸡虫得失无了时，注目寒江倚山阁。”鸡虫得失的小事情不必关心，国际上为了这些小事情而争执是可悲的。

(95)“莫叹韶华容易逝，卅年仍到赫曦台。”宋代朱熹称岳麓山顶为赫曦，后因称山上的台为赫曦台。清代因山上的台已毁，将原“赫曦台”匾额悬于岳麓书院前台，由此前台更名赫曦台。

雪花飞向钓鱼台
人山纷赞阵容阔，
铁马从容杀敌回

《七绝·观潮》

原文

千里波涛滚滚来，雪花飞向钓鱼台。人山纷赞阵容阔，铁马从容杀敌回。

注释

（96）“雪花飞向钓鱼台”。钓鱼台在富春江边，为东汉严光（字子陵）隐居钓鱼处。

（97）“人山纷赞阵容阔，铁马从容杀敌回。”陆游《十一月四日风雨大作》：“夜阑卧听风吹雨，铁马冰河入梦来。”

千载长天起大云，中唐俊伟有刘蕡

《七绝·刘蕡》

原文

千载长天起大云，中唐俊伟有刘蕡。孤鸿铩羽悲鸣镝，万马齐喑叫一声。

注释

（98）“千载长天起大云，中唐俊伟有刘蕡。”李商隐《哭刘司户蕡》：“路有论冤谪，言皆在中兴。”

屈子当年赋楚骚，手中握有杀人刀

《七绝·屈原》

原文

屈子当年赋楚骚，手中握有杀人刀。艾萧太盛椒兰少，一跃冲向万里涛。

注释

（99）“屈子当年赋楚骚，手中握有杀人刀。”屈原作《离骚》，好比手中握有杀人的刀。

剑南歌接秋风吟，一例氤氲入诗囊

《七绝二首·纪念鲁迅八十寿辰》

原文

博大胆识铁石坚，刀光剑影任翔旋。龙华喋血不眠夜，犹制小诗赋管弦。

其二

鉴湖越台名士乡，忧忡为国痛断肠。剑南歌接秋风吟，一例氤氲入诗囊。

注释

（100）“剑南歌接秋风吟，一例氤氲入诗囊。”“剑南歌”，指陆游的诗集《剑南诗稿》。“秋风吟”，指秋瑾作的《秋风曲》和被清政府杀害前书写的唯一供词“秋风秋雨愁煞人”。“诗囊”，装诗稿的袋子。李商隐《李长吉小传》称，李贺“背一古破锦囊，遇有所得，即书投囊中”。

到得洪都又一年，
祖生击楫至今传
闻鸡久听南天雨，
立马曾挥北地鞭

《七律 · 洪都》

原文

到得洪都又一年，祖生击楫至今传。闻鸡久听南天雨，立马曾挥北地鞭。鬓雪飞来成废料，彩云长在有新天。年年后浪推前浪，江草江花处处鲜。

注释

（101）“到得洪都又一年，祖生击楫至今传。”“洪都”，指南昌市。王勃《滕王阁序》：“南昌故郡，洪都新府。”“祖生”，东晋时的祖逖。当时匈奴族刘渊，侵占黄河流域，建立了汉国。晋元帝在健康（南京）建都。祖逖率领亲族投靠晋元帝，元帝封他为奋威将军、豫州刺史。祖逖带领百余家渡长江，在中流击楫，发誓说：“祖逖不能收复中原，决不回来！”祖逖这种爱国精神，到现在还在流传。

（102）“闻鸡久听南天雨，立马曾挥北地鞭。”《晋书 · 祖逖传》说：祖逖与刘琨两人都在司州（治所在洛阳）做主簿（长官手下的属官），感情极好，共被同寝。半夜听见鸡叫，祖逖推醒刘琨说：“这不是恶声。”两人起身舞剑。《诗经 · 郑风 · 风雨》：“风雨如晦，鸡鸣不已。”

贾生才调世无伦，
哭泣情怀吊屈文。
梁王堕马寻常事，
何用哀伤付一生。

《七绝·贾谊》

原文

贾生才调世无伦，哭泣情怀吊屈文。梁王堕马寻常事，何用哀伤付一生。

注释

（103）“贾生才调世无伦，哭泣情怀吊屈文。”李商隐《贾生》：“贾生才调更无伦”。贾谊贬为长沙王太傅后，渡湘江时有感于屈原忠而见疏，作《吊屈原赋》。

（104）“梁王堕马寻常事，何用哀伤付一生。”贾谊被征拜为梁怀王太傅，因梁怀王堕马而死，他认为自己“为傅无状”，忧郁自伤，不久去世。

后 记

当《毛泽东用典》完稿的时候，适值党的二十大胜利召开；而本书出版，又恰逢伟大领袖毛泽东同志130周年诞辰，献上这份礼物，我们感到由衷的欣慰。

“东方红，太阳升，中国出了个毛泽东。他为人民谋幸福，他是人民大救星。”《东方红》的歌曲唱遍祖国大地，这是亿万人民群众发自内心的呼声。

毛泽东始终把人民放在心中最高位置。1960年5月27日，毛泽东会见英国陆军元帅蒙哥马利。蒙哥马利说：“我衡量一个政治领袖的标准是看他是否会为了地位而牺牲他的原则。你同意不同意这样一种标准？如果一个领袖为了取得很高的地位而牺牲他的原则，他就不是一个好人。”毛泽东说：“我的意见是这样的，一个领袖应该是绝大多数人的代言人。”蒙哥马利说：“但是他也不能牺牲他的原则啊！”毛泽东说：“这就是原则，他应该代表人民的愿望。”蒙哥马利说：“他必须带领人民去做最有利的事。”毛泽东说：“他必须是为了人民的利益。”蒙哥马利说：“但是人民并不经常知道什么对他们最有利，领袖必须带领他们去做对他们有利的事情。”毛泽东说：“人民是懂事情的。终究还是人民决定问题。”

一位大国元首曾经问毛泽东：“你有什么特长？”毛泽东回答说：“为人民服务。”这位元首听了，向毛泽东深深鞠躬表示敬意。

毛泽东全心全意为人民服务的伟大光辉的一生诠释了江山就是人民、人民就是江山的伟大真理。

“横空出世，莽昆仑，阅尽人间春色。飞起玉龙三百万，搅得周天寒彻。夏日消溶，江河横溢，人或为鱼鳖。千秋功罪，谁人曾与评说？

而今我谓昆仑：不要这高，不要这多雪。安得倚天抽宝剑，把汝裁为三截？一截遗欧，一截赠美，一截还东国。太平世界，环球同此凉热。”这是毛泽东《念奴娇·昆仑》绘就的改造世界的宏伟画卷。毛泽东青年时期就立志“改造中国与世界”。壁立千仞昆仑气概，海纳百川云水襟怀。不用思量今古，试看天地翻覆。

本书在成书过程中，首都医科大学丁淑波同志、文化和旅游部办公厅刘宏志同志，付出了令人感动的辛勤劳动，在此一并表示诚挚感谢！

李洪峰

2023 年 11 月于北京